주옥 같은 대표기도문

주옥같은 대표기도문

· 초판 1쇄 발행 2012년 9월 20일
· 초판 2쇄 발행 2023년 4월 10일

· 지은이 김주한
· 펴낸이 민상기 · 편집장 이숙희 · 펴낸곳 도서출판 드림북

· 등록번호 제 65 호 · 등록일자 2002. 11. 25.
· 경기도 양주시 광적면 부흥로847 양주테크노시티 220호
· Tel (031)829-7722, 070-8882-4445   Fax(02)2272-7809
· 인쇄 예림인쇄
· 총판 : 하늘유통

· 책번호 54
· 잘못된 책은 교환해 드립니다.
· 이 출판물은 저작권법에 의해 보호를 받는 저작물이므로 무단 복제할 수 없습니다.
· 독자의 의견을 기다립니다.

영혼을 생동케 하며 응답받는 **예배 대표기도**

주옥
같은 **대표기도문**

김 주 한 지음

부록1: 구역예배 대표기도 시리즈
부록2: 명절, 추도예배식순(기도+설교)

드림북

서문

처음 대표기도문을 쓰도록 권유를 받고 조금 놀라기도 하고 생소하기도 했습니다. 기도문이라고 하는 범주는 로마 가톨릭에서나 있을 법한 것으로 알았기 때문입니다.

우리의 기도가 마음으로 드리는 기도임으로 겉으로 나타난 말의 형식을 중요시하는 것은 자칫 잘못하면 외식하는 바리새인의 기도가 될 수 있다는 생각이 저의 주관이었고 더 나아가 기도를 문자로 써서 한다는 것은 아무래도 개신교 목사의 정서하고는 좀 거리가 있는 것이었습니다.

그러나 의외로 꼭 그렇지만은 않다는 것을 금세 알게 되었습니다. 사람은 마음이 먼저고 그리고 그 뒤에 말이 뒤따른 것만이 옳은 것으로 알았는데 알고 보니까 그 반대인 경우도 있다는 것을 깨닫게 되었습니다.

우리가 마음이 기뻐서 찬송하는 경우도 있지만 찬송함으로 마음이 기쁜 경우가 그와 같은 경우라고 할 수 있을 것입니다. 마음이 우리의 말을 주관하기도 하지만 거꾸로 말이 우리의 마음을 움직일 때도 있다는 말씀입니다. 그리고 또한 목회를 하다보니까 의외로 기도의 방법으로 인해 고민하고 계신 많은 성도분들이 계시다는 것을 쉽게 접하게 되었습니다. 개인기도 하듯이 공중기도하시는 분들이 계시고 공중기도하듯이 개인기도하시는 분도 계신 것을 보게 되었습니다. 이것을 보고 기도의 모범이 없이는 올바른 기도로 나아갈 수 없다는 것을 깨달았습니다. 더욱이 개인기도가 아니라 많은 사람들 가운데서 드려지는 대표기도와 공중기도의 경우에는 그 필요성이 더욱 절감되었습니다.

일단 화려한 수식어구나 형용사들을 배제시켰습니다. 기도는 화려함에 있지 않고 진정성에 있기 때문입니다. 또한 오래 기도하는 것만을 능사로 아는 경우가 있는 것 같아서 대표기도시간을 3분으로 단일화시켰습니다.

기도문이다 보니 말하듯이 구어체로 썼음으로 문법에 맞지 않는 부분이 있지만 이를 고치지 않았습니다. 당부하고 싶은 말씀은 기도문을 너무 빨리 읽지 말라고 하는 말씀을 드리고 싶습니다. 운율에 맞추어서 천천히 또박 또박 읽어 나가시다 보면 우리의 마음을 성령께서 움직이실 것이고 기도하는 이와 듣는 이 사이에서 감화와 감동을 주실 줄을 믿습니다.

아울러 후반부에 가서는 부록으로 주일학교(학생회) 대표기도와 구역예배 대표기도 시리즈 그리고 명절추모예배 식순(설교와기도)을 같이 실어 활용토록 했습니다. 모쪼록 부족한 기도문이 성도들의 기도생활에 작은 도움이 되길 바라며 모든 영광을 주님께 돌립니다.

가을로 들어서는 계절에.
2012년 9월 10일

차 례

서문 / 4

주제(월)별 기도문 (50)

1월 : 창조와 섭리 감사와 찬양 공의와 사랑 율법과 복음 / 11
2월 : 교회와 성도 연단과 인내 헌신과 충성 정직과 성실 / 24
3월 : 구원과 소망 칭의와 성화 거룩과 성결 믿음과 행위 봄기도 / 36
4월 : 고난과 영광 부활과 승리 겸손과 섬김 기도와 간구 / 519
5월 : 가정과 화목 사랑과 희생 칭찬과 격려 기쁨과 평강 / 63
6월 : 나라와 민족 소명과 사명 열심과 방향 여름기도 / 75
7월 : 회개와 중생 긍휼과 용서 예배와 제사 지혜와 지 식 / 87
8월 : 전도와 선교 자유와 해방 봉사와 섬김 치유와 회복 / 99
9월 : 기도와 응답 비전과 성취 부흥과 성장 가을기도 / 122
10월 : 온유와 사랑 은혜와 축복 성공과 승리 진리와 말씀 / 123
11월 : 믿음과 신뢰 천국과 재림 신유와 기적 용기와 희망 / 135
12월 : 성경과 계시 성령과 충만 긍정과 능력 평안과 안식 겨울기도 / 147

절기별 기도문

51. 신년예배기도 / 164
52. 사순절기도 / 167
53. 종려주일기도 / 170
54. 고난주간기도 / 173

55. 부활주일기도 / 176

56. 어린이주일기도 / 179

57. 어버이주일기도 / 182

58. 성령강림주일기도 / 185

59. 맥추감사주일기도 / 188

60. 종교개혁주일기도 / 191

61. 추수감사주일기도 / 194

62. 성서주일기도 / 197

63. 대강절기도 / 200

64. 성탄절기도 / 203

65. 송구영신예배기도 / 206

공동예배 기도문

66. 주일오후예배기도 / 210

67. 삼일저녁예배기도 / 213

68. 금요심야기도 / 216

69. 성찬식기도 / 219

70. 세례기도 / 222

71. 헌금기도 / 225

헌신예배기도문

72. 남전도회헌신예배 / 230

73. 여전도회헌신예배 / 233

74. 주일학교헌신예배 / 236

75. 중고등부헌신예배 / 239

76. 청년회(대학부)헌신예배 / 242

77. 성가대헌신예배 / 245

78. 구역장(속회)헌신예배 / 248

79. 제직헌신예배 / 251

80. 교사헌신예배 / 254

심방 기도문

81. 배우자를 위한기도 / 258

82. 결혼한 성도를 위한기도 / 261

83. 임신을 위한기도 / 264

84. 태중의 아기를 위한 기도 / 267

85. 백일, 첫돌 기도 / 270

86. 입학을 위한기도(안수기도) / 273

87. 졸업을 위한기도(안수기도) / 276

88. 수험생(입시)을 위한 기도(안수기도) / 279

89. 직장을 얻기 위한기도(안수기도) / 282

90. 군입대를 위한기도(안수기도) / 285

91. 생일을맞은 성도를 위한기도 / 288

92. 이사한 성도를 위한 기도 / 291

93. 개업한 성도를 위한 기도 / 294

94. 병환중에 있는 성도를 위한기도 / 297

95. 수술을 앞둔 성도를 위한기도 / 300

96. 고난을 당한 성도를위한 기도 / 303

97. 시험에 들은 성도를 위한기도 / 306

98. 환갑(진갑)을맞으신성도를위한기도 / 309

99. 임종을 앞둔 성도를 위한기도 / 312

100. 장례예배기도 / 315

부록1 : 구역예배기도문

구역예배 기도 1, 2, 3, 4, 5, 6, 7 / 320

부록2 : 특별기도문

야외예배기도 / 336

수련회기도 / 338

직장신우회기도 / 340

선교사 파송기도 / 342

부흥회(전도집회)기도 / 345

부록3 : 주일학교, 학생회예배 대표기도문

주일학교대표기도문 1, 2 / 348

학생회(중,고등부) 대표기도문 1, 2 / 352

아들을 위한기도문, 딸을 위한기도문, 주일학교기도문 / 357

부록4 : 명절추모예배식순(설교+기도)

추도예배식순1, 2 / 366

성묘예배식순 / 376

추석명절예배식순 / 381

설명절예배식순 / 385

주제(월)별 기도문 (50)

1. 창조와 섭리 일월 - 첫째주

"만물이 그에게 창조되되 하늘과 땅에서 보이는 것들과 보이지 않는 것들과 혹은 보좌들이나 주관들이나 정사들이나 권세들이나 만물이 다 그로 말미암고 그를 위하여 창조되었고"(골로새서 1:16)

거룩하신 하나님 아버지!

오늘도 거룩한 주일을 맞이해서 주의 몸된 전으로 우리를 불러주시니 감사합니다. 허물과 죄악으로 죽었던 우리를 십자가로 살리시고 하나님 백성 삼으신 은혜를 감사하며 이 자리에 섰사오니 우리의 예배 가운데 임재 하시고 영광을 받아 주시옵소서!

만물을 창조 하시고 친히 주관하시는 이가 우리 하나님이신 줄을 믿습니다. 하늘의 해와 달과 땅에 있는 미물들과 왕들의 보좌와 모든 권세가 전능하신 하나님의 손에서 창조된 것을 믿습니다. 인간사 생사화복을 주장하시는 이도 우리 하나님이신 것을 믿습니다.

우리의 믿음이 세상을 지으신 창조의 하나님을 바라보며 온전 하여짐을 믿사오니 이 시간 우리가 주님을 예배하면서 우리의 믿음이 창조주 하나님을 바라보는 믿음위에 든든히 서게 하여 주시옵소서!

전능하신 하나님 아버지!

창세로부터 그의 보이지 아니하는 것들 곧 그의 영원하신 능력과 신성이 그의 지으신 만물위에 분명히 보여 알게 된다고 하셨습니다. 들에 핀 꽃 한 송이를 볼 때도 그 속에서 창조주 하나님의 솜씨를 보게 하여 주시옵소서! 하늘의 별들을 바라볼 때도 그 안에 담아두신 하나님의 지혜를 깨닫게 하여 주시옵소서! 들녘의 곡식을 바라볼 때도 풍성하신 하나님의 부요함을 알게 하여 주시옵소서!

이 모든 하나님의 작품 속에는 지으신 하나님의 성품과 솜씨가 담겨 있음을 믿습니다. 주님의 작품인 창조물들 속에서 주님의 지혜와 주님의 사랑과 주님의 은혜를 볼 수 있도록 우리의 영안을 열어 주시옵소서!

그리하여서 이 시간 기도하오니 우리 모든 인생들이 주님 지으신 작품들이 되기를 소망합니다. 토기장이 되신 주님께서 귀하게 쓰시는 그릇들로 빚어지기를 소망합니다. 우리를 지으신 이가 우리의 부족한 부분들을 채워주시고, 우리의 연약함에 능력이 되시고, 우리의 낙심 중에 소망이 되시고, 우리의 질병 중에 회복이 되어 주실 줄을 믿습니다. 지금 우리의 인생 속에 미완성의 부분이 있다 할지라도 이제 곧 우리 주님께서 아름다운 작품으로 우리의 삶을 완성시키실 줄을 믿습니다.

긍휼이 많으신 주님!

이 모든 주의 창조물들이 모두가 다 주님의 보호아래 주님의 영광을 나타내고 있지만 하나님의 형상을 입어 지음 받았다는 우리는 도리어 하나님의 영광을 가리우며 살 때가 많았음을 고백합니다.

들에 백합을 입히시며 공중의 새를 먹이시는 하나님이 어찌 자녀인 우리에게 필요한 것으로 날마다 공급하지 않으시겠습니까! 그럼에도 우리는 늘 하나님의 살아계심과 도우심을 의심하면서 살았습니다. 우리의 죄악과 믿음 없음을 불쌍히 여겨 주시옵소서!

하나님이 보이지 않는다고 하여 창조주 하나님을 부인하는 어리석은 자들과 같이 되지 않게 하시고 만물을 지으신 이가 지금도 살아 계시고 그 하나님이 선하신 뜻대로 이 모든 만물을 다스리고 계신다는 믿음을 잃어버리지 않게 하여 주시옵소서!

우리를 지으신 하나님이 친히 다스리시고, 섭리 하시며, 경륜하심을 믿사오니 우리를 지으신 하나님이 또한 우리를 책임지신다는 믿음이 든든한 반석위에 서게 하여 주시옵소서!

이 시간 살아계신 창조주 하나님의 말씀이 주의 종인 목사님의 입을 통하여 우리에게 전해질 때 성령의 크신 역사가 모임 중에와 각 사람마음 가운데 가득하게 하여 주시옵기를 간절히 원하오며 우리를 지으시고 우리 모든 인생의 삶을 책임 지시는 우리주님 예수 그리스도의 이름으로 기도합니다! 아멘.

2. 감사와 찬양 일월 - 둘째주

"그리스도의 말씀이 너희 속에 풍성히 거 하여 모든 지혜로 피차 가르치며 권면하고 시와 찬미와 신령한 노래를 부르며 마음에 감사함으로 하나님을 찬양하고"(골로새서 3:16)

감사와 찬양과 영광과 존귀를 받으시기에 합당하신 하나님 아버지!

거룩한 성일을 맞이하여 세상으로부터 거룩하게 구별하신 하나님의 자녀들을 주의 성전에 모으시고 이 시간 우리들이 드리는 예배와 기도와 찬양가운데에 함께 하시니 감사하옵고 감사하옵나이다!

지난 한 주간을 살면서 우리의 삶을 뒤돌아보면 주님 앞에 너무도 부끄러운 모습이 많이 있음을 고백합니다.

하나님나라의 거룩한 백성으로 구별된 삶을 살지 못하고 하나님의 아들과 딸로써 합당한 삶을 살지 못했음을 회개하오니 우리의 죄를 용서하여 주시옵소서!

범사에 감사하는 삶을 살지 못하고 쉽게 불평하고 원망했던 시간들이 있었습니다. 하나님을 찬양하는 일보다 나 자신을 높이며 교만했던 시간도 있었습니다. 하나님보다 세상을 더 바라보고 살았던 시간도 있었습니다. 기도하오니 이 모든 허물에서 우리를 깨끗하게 하여 주시옵소서!

감사하신 주님!
세상에서 얻는 그 어떤 위로보다 주님 주시는 위로가 더 크게 경험되는 이 시간이 되게하여 주시기를 기도합니다. 주님을 바라볼 때 세상이 주는 그 어떤 기쁨과 소망보다도 더 큰 힘과 소망이 되는 믿음을 우리에게 허락하여 주시옵소서!
시편의 기자가 "내 영혼아 여호와를 찬양하라!"고 스스로에게 말했던 것처럼 이 시간 우리가 모든 염려와 걱정거리를 내려놓고 우리 자신을 향하여 "내 영혼아 하나님을 찬양하라!"고 외치게 하여 주시옵소서!
우리는 늘 찬양할 일이 없다는 핑계로 또한 감사할 일이 없다는 이유로 우리의 입술에서 감사와 찬양을 잃어버리고 살았습니다.
그러나 우리의 입술에서 먼저 감사와 찬양이 끊이지 않을 때 우리의 삶 가운데 더욱 감사한 일들과 찬양할 일들이 넘쳐나게 하심을 믿사오니 우리의 마음을 주장하시어서 감사의 입술과 찬양의 혀를 갖게 하여 주시옵소서!

사랑이 많으신 하나님 아버지!
이 백성은 내가 나를 위하여 지었나니 나의 찬송을 부르게 하려 함이니라! 고 말씀하신 것을 기억합니다. 우리를 지으신 이유가 찬양을 받으시기 위함임을 믿사오니 우리의 입술에서 찬양이 끊이지 않게 하시고 그 찬양의 내용 속에 우리를 구원하신 하나님을 향한 감사와 감격이 가득하게 하여 주시옵소서!

오늘도 주를 예배하는 이 한 시간을 통해 주의 성령께서 하나님을 찬양하는 성도들의 심령에 빛을 비춰심으로 찬양하는 행복을 알게 하시고 감사하는 기쁨을 알 수 있도록 역사하여 주시옵소서!

행복해서 찬양하는 것이 아니라 찬양해서 행복한 것을 알게 하여 주시옵소서!

지금은 처음시간이오니 마치는 시간까지 주의 성령께서 홀로 영광 받아 주시옵시기를 간절히 원하오며 우리의 영원한 찬양의 이름이 되시는 우리주님 예수 그리스도의 이름으로 기도합니다. 아멘!

3. 공의와 사랑 일월 - 셋째주

"오직 공법을 물 같이, 정의를 하수 같이 흘릴찌로다!"(아모스 5:24)

공의로우신 하나님 아버지!

오늘도 거룩한 주일아침을 우리에게 허락 하시고 우리의 발걸음을 주님의 전으로 인도하여 주심을 감사드립니다.

세상죄로 말미암아 지옥의 무서운 형벌가운데 떨어져야 할 죄인들을 하나님이 특별히 사랑하심으로 독생자의 핏값으로 구원 하시고 천국백성 삼아주신 은혜에 감사찬송 드리기 위하여 이렇게 모였사오니 모임 중에 함께 하시고 영광을 받아 주시옵소서!

지난 일주일간을 살면서도 알고도 짓고, 모르고도 지은 죄가 하나님 앞에 많이 있음을 고백합니다. 우리가 스스로 죄 없다 하지 아니하고 우리의 마음을 높은 곳에 두지 아니하며 겸손히 낮은 곳으로 행하기를 원하옵나이다. 십자가 앞에 엎드려 주님의 긍휼을 구하오니 우리의 죄와 허물을 사하여 주시옵소서!

죄를 지었다고 그 자리에서 벼락을 치셨다면 이 자리에 앉아 있을 사람이 어디에 있겠습니까! 하나님은 죄인인 우리를 향하여 오래 참으셨고 또 참으신 것을 믿습니다. 죄 가운데 행하고 있는 우리 안에 찾아오시고 우리를 깨닫게 하시고 더러움에서 건져주시고 깨끗게 하신 주님이신 것을 믿습니다.

노하시기를 더디 하시며 인내가 한이 없으신 하나님이신 것을 알지 못하고 하나님을 없다고 하는 미련하고 어리석은 자들과 같이 되지 않게 하여 주시옵소서!

긍휼이 풍성하신 주님!

죄를 향한 무서운 심판이 우리의 죄를 대신 지신 예수님의 십자가 위로 떨어진 것을 믿습니다. 그러므로 예수 믿는 우리에게는 하나님의 무서운 심판이 없는 것을 믿습니다.

죄 하나 없으신 주님께서 십자가를 통하여 우리의 죄값을 모두 담당하신 것으로 하나님의 공의를 이루시고 또한 죄인을 구원하시는 하나님의 사랑을 이루어주신 주님의 십자가를 이 시간 깊이 생각하기 원합니다. 그 안에서 하나님의 지혜를 발견하게 하여 주시옵소서!

주님은 마치 소돔 고모라 같은 이 세상에서 롯과 같이 우리를 구원해 주셨건만 우리는 아직도 세상에 미련이 남아서 뒤를 돌아다보는 롯의 아내와 같은 모습을 할 때가 있습니다. 원하오니 우리를 불쌍히 여기심으로 세상을 사랑하지 않고 하나님을 사랑할 수 있는 우리의 믿음이 되게 하여 주시옵소서!

사랑이 많으신 주님!

우리를 향한 하나님의 사랑을 기억할 때에 우리의 말과 행위가 우리 주위의 이웃에게 오래 참음과 사랑으로 대할 수 있는 우리의 성품이 되도록 주의 성령께서 역사하여 주시옵소서!

우리의 입술에서 쉽게 분노하고 혈기 내는 일을 삼가하게 하시고 모든 일에 오래 참음과 사랑으로 행하게 하여 주시옵소서!

하나님의 성품에 참예한 자가 되길 원하오니 주님을 예배하는 이 한 시간을 통하여 주님의 마음을 닮게 하시고 세상을 살아갈 때에 주님의 향기와 빛을 나타내는 성도들이 되게 하여 주시옵소서!

오늘도 거룩한 하늘양식으로 우리에게 먹이시는 주의 종 목사님에게 한 없는 은혜를 베푸심으로 말씀의 꼴을 통해 우리의 믿음이 자라고 지혜가 자라게 하여 주시기를 간절히 원하오며 우리를 죄에서 구원하신 우리주님 예수 그리스도의 이름으로 기도합니다. 아멘!

4. 율법과 복음 일월 - 넷째주

"곧 창세 전에 그리스도 안에서 우리를 택하사 우리로 사랑 안에서 그 앞에 거룩하고 흠이 없게 하시려고 그 기쁘신 뜻대로 우리를 예정하사 예수 그리스도로 말미암아 자기의 아들들이 되게 하셨으니"(에베소서 1:4)

사랑이 많으신 하나님 아버지!

세상의 많은 사람들 가운데서 우리를 선택하여 주시고 거룩한 하나님의 백성이 되게 하시며 또한 하나님을 아바아버지로 부를 수 있는 자녀가 되게 하신 은혜에 감사와 찬송을 드립니다.

이 시간 주일예배로 모여 주님의 십자가 성호를 높이며 하나님을 예배하고자 하오니 모임중에와 각 사람 마음 가운데 좌정하셔서 영광을 받아 주시옵시고 주를 예배하는 우리 모두에게 한 없는 은혜를 부어 주시옵소서!

은혜로우신 주님!

우리의 구원은 우리의 공로가 하나님께로 간 것이 아니라 하나님의 사랑이 우리에게 흘러왔기 때문인 것을 믿습니다. 우리 믿음의 조상 아브라함이 갈대아우르에서 하나님을 잘 섬기고 있을 때 아브라함을 불러 세우신 것이 아님을 믿습니다. 아브라함은 아버지 데라와 함께 우상장사를 하고 있었습니다. 그러나 그 가운데 아브라함을 택하시고 열국의 아비가 되게 하시며 믿음의 조상으로 세우신 이가 우리 하나님이신 것을 믿습니다.

우리의 의로움을 보시고 우리를 부르신 하나님이 아니라 죄악 가운데 있는 우리를 부르시고 십자가의 보혈로 씻기시며 거룩한 백성 삼으신 이가 바로 우리 하나님이신 것을 믿습니다. 이것이 곧 성경이고, 복음이며, 하나님의 기쁘신 뜻인 것을 믿습니다.

행위를 보지 않고 믿음을 보시는 주님!

행위와 율법으로는 주 앞에 의롭다 함을 받을 육체가 없다 했습니다. 행위를 자랑하고 공로를 내세우는 교만한 율법주의자들이 되지 않게 하여 주시옵소서!

우리가 믿음으로 구원받고 오직 은혜로 구원 받았는데 그 누구를 향하여 정죄하며 비난할 수 있겠습니까! 구원받을 내 모습이 하나도 없는 가운데 오직 하나님의 긍휼과 은혜와 자비하심으로 구원을 받았는데 우리가 누구를 향하여 죄 있다고 정죄할 수 있겠습니까! 이것을 정말로 깨달았다면 우리 모두는 오직 사랑으로 모든 이들을 대할 수 있게 됨을 믿습니다.

사람들의 부족한 모습을 보았을 때 오히려 그 모습을 통해서 나의 부족한 모습을 볼 수 있는 은혜를 허락하여 주시옵소서!

그러나 우리가 율법주의자가 된다면 우리는 바리새인처럼 우리보다 행위가 나은 사람들 앞에서는 질시와 투기를 할 것이며 또한 우리보다 행위가 못한 사람들 앞에서는 비난과 조롱을 일삼으며 살 것입니다.

긍휼이 풍성하신 주님!

이 시간 기도하오니 우리에게 복음을 주신 하나님의 깊으신 뜻이 무엇인지를 알게하여 주시기를 기도합니다. 오직 믿음으로, 오직 은혜로 구원받게 하신 것은 우리의 교만을 막기 위함이고 또한 우리가 서로 사랑하고 살게 하기 위함인 것을 이 시간 깨닫게 하여 주시옵소서!

주를 예배하는 이 한 시간을 통하여 복음의 진리를 밝히 알 수 있게 하여 주옵시기를 간절히 원하오며 우리를 오직 십자가 은혜로 구원하신 우리주님 예수 그리스도의 이름으로 기도합니다. 아멘!

5. 교회와 성도 이월 - 첫째주

"만물을 그의 발 아래에 복종하게 하시고 그를 만물 위에 교회의 머리로 삼으셨느니라 교회는 그의 몸이니 만물 안에서 만물을 충만하게 하시는 이의 충만함이니라!" (에베소서 1:23)

　사랑이 많으신 하나님 아버지!

　오늘도 주님께서 거룩하게 구별하여 세우신 주의 날을 맞이해서 주님의 몸된 교회에 나와 하나님을 예배할 수 있도록 지난 한 주간도 우리를 지켜 주시고 보호하여 주신 은혜를 감사드립니다.

　주님은 우리에게 육신의 가정뿐만 아니라 영적인 가정인 교회를 허락 하시고 이곳에서 하나님을 아버지로 부르며 섬길 수 있는 은혜를 주셨습니다.

　그러나 저희들은 육신의 가정에만 마음을 두고서 살았지 영적가정인 주의 몸된 전에 나와 하나님 아버지를 예배하고 기도하는 일에는 소홀했음을 고백합니다.

　탕자와도 같이 세상길로만 향했던 우리를 십자가 보혈의 피로 용서 하시고 이 시간 드리는 예배와 경배를 받아 주시옵소서!

은혜로우신 주님!

'그리스도는 교회의 머리라!' 하셨고 또한 '교회는 그리스도의 몸이라!' 하셨습니다. 우리를 위해 십자가를 지신 주님을 우리 모든 성도의 머리로 삼고 지체가 된 우리 모든 성도들이 한 몸이 되길 원합니다.

몸에는 손이 하는 일, 입이 하는 일, 발이 하는 일, 눈이 하는 일이 있어서 모든 지체가 하는 일이 각기 다른 것처럼 우리 모든 성도들 또한 받은 은사대로 교회를 세우기 위하여 섬기는 일, 봉사하는 일, 충성하는 일 등이 있음을 믿습니다. 이 모든 일에 나보다 남을 더 훌륭하게 여기고 맡겨진 사명에 충실할 때 주님의 몸이 아름답게 세워짐을 믿사오니 우리 가운데 분열이 없게 하시고 자기만 주장하는 이기심이 없게 하여 주시옵소서!

긍휼이 풍성하신 주님!

우리교회가 주님 오실 때를 대비하며 믿음에 깨어 있어서 신부단장 하는 교회가 되길 원합니다. 우리교회의 모든 성도들이 신랑되신 주님을 기다리는 지혜로운 다섯 처녀가 되길 원합니다. 그리하여 이 세상 마지막 날에 있을 어린양의 혼인잔치에 들어가는 거룩한 주님의 신부들이 되길 원합니다.

그날이 도적 같이 임한다고 하셨는데 우리 성도들 모두가 경성하고 깨어 있어서 믿음의 예복을 입고 믿음의 기름 등불을 밝히 들고 이제 오실 주님을 맞이하게 하여 주시옵소서!

감사하신 주님!

우리의 이름이 교회에 기록된 것으로 인하여 천국의 생명책에 기록되게 하시고 우리의 신앙생활이 온전히 교회중심이 되게 하시고, 주님의 십자가 핏값으로 세워진 교회를 우리 마음을 다해 사랑하게 하여 주시옵소서!

주님 말씀하신 것처럼 지상의 교회가 광야교회라 이 안에도 연약함이 있고, 상처가 있고, 문제가 있을 수 있습니다. 그러나 이 모든 문제 가운데 하나님이 주시는 위로와 소망과 채우심을 경험하게 하여 주시옵소서!

오늘도 목사님을 통하여 우리에게 말씀을 주실 줄을 믿사오며 이 예배 가운데 함께 하시는 우리주님 예수 그리스도의 이름으로 기도합니다. 아멘!

6. 연단과 인내 이월 - 둘째주

"내 형제들아 너희가 여러가지 시험을 만나거든 온전히 기쁘게 여기라 이는 너희 믿음의 시련이 인내를 만들어 내는줄 너희가 앎이라 인내를 온전히 이루라 이는 너희로 온전하고 구비 하여 조금도 부족함이 없게 하려 함이라!" (야고보서 1:2)

사랑이 많으신 하나님 아버지!

지난 한 주간 동안도 하나님의 은혜와 사랑안에 보호하여 주셨다가 이렇게 주일이 되어 하나님 전에 나와 기도하고 찬송하며 하나님의 말씀을 들을 수 있는 복된 날을 허락하시니 감사합니다.

죄 많은 세상을 살다가 세상 죄악 가운데 물든 우리의 허물과 죄를 주님께서 불쌍히 여기시고 이 시간 십자가로 용서 하시며 하나님을 예배하는 이 한 시간을 통하여서 우리가 주님을 닮는 시간되게 하여 주시옵소서!

바라옵기는 주님처럼 세상을 이기는 성도가 되게 하여 주시기를 기도합니다. 세상을 살면서 당하는 어려움과 고난을 주님이 지신 십자가를 바라보며 극복하기를 원합니다. 세상에 끌려다니고, 환경에 이끌리고, 사람들이 하는 말에 따라 요동하는 우리의 믿음이 아니라 시냇가에 심은 나무와도 같이 말씀에 반석위에 견고한 뿌리를 내린 우리의 믿음이기를 기도합니다.

긍휼이 풍성하신 주님!

우리에게 닥치는 믿음의 시련이 유혹과 절망으로의 시련이 아니라 훈련과 연단으로의 시련이기를 소망합니다. 악한 영의 미혹에 이끌린 가룟유다의 시련이 아니기를 기도합니다. 욥과 같이 하나님의 영광을 나타내는 일에 쓰임 받는 시련이 되게 하여 주시옵소서!

그리하여 주께서 나를 단련하신 후에는 내가 정금 같이 나올 것이라고 하는 믿음의 고백을 우리도 할 수 있게 하여 주시옵소서!

환란과 시련을 이겨내는 과정을 통해 우리에게 아픔이 있을 수 있고, 고통이 있을 수 있습니다. 그러나 주님께서 우리로 하여금 이 모든 어려움에서 능히 이기게 하실 것을 믿습니다.

주님은 말씀하시길 네가 물 가운데 행할지라도 물이 너를 범치 못할 것이며 불 가운데로 행할지라도 불이 너를 사르지 아니한다 하셨습니다. 또한 우리가 시험당할 즈음에는 능히 피할 길을 내사 너희로 능히 감당케 하신다 하셨사오니 시험을 두려워하지 않게 하여 주시옵소서! 도리어 주님의 도우시는 능력의 손길을 체험하는 계기로 삼게 하여 주시옵소서!

시련을 극복하면서 우리의 믿음이 자라게 하시고, 우리 모두가 더욱 하나되게 하시며, 하나님 보시기에 더욱 충성되고 신실한 모습으로 세움 받는 역사가 있게 하여 주시옵소서!

감사하신 주님!

이와 같은 믿음의 연단을 통하여서 주님이 우리 안에 이루고자 하시는 오래 참는 인내의 성품을 이루게 하심을 믿습니다! 노하기를 더디 하시며 오래 참으시는 하나님의 성품에 참여한 자가 되게 하심을 믿습니다!

　모든 것을 구비하여 조금도 부족함이 없는 인내를 우리 안에서 온전히 이루게 하심으로 성령의 열매 중에 우리가 성도로서 맺어야 할 인내의 열매를 결실하여 주님께 드리는 성도가 되게 하여 주시옵소서!

　주님을 예배하는 이 시간, 앞에 있는 즐거움을 위하여 십자가를 참으신 주님의 인내를 배우게 하여 주시옵소서! 그리하여 우리의 믿음이 주님 앞에 인정받고 칭찬받는 믿음이 되게 하여 주시옵소서!

　예배의 시종을 주님께 맡기오며 오늘도 말씀으로 우리의 마음을 어루만지실 우리주님 예수 그리스도의 이름으로 기도합니다. 아멘

7. 헌신과 충성 이월 - 셋째주

"충성된 사자는 그를 보낸 이에게 마치 추수하는 날에 얼음 냉수 같아서 능히 그 주인의 마음을 시원케 하느니라"(잠언 25:13)

　사랑이 많으신 하나님 아버지!
　오늘도 거룩한 주일을 우리에게 허락 하시고 우리의 발걸음을 주의 전으로 행케 하시오니 감사를 드립니다. 엿새 동안의 우리의 모든 생활을 내려놓고 이 시간 주님 주시는 은혜를 바라며 주의 전을 찾았사오니 한 심령 한 심령을 만나 주시고 위로 하시며 소망 주시는 시간되게 하여 주시옵소서!
　먼저 주님 앞에 우리의 죄를 고백하는 시간을 갖기를 원합니다. 지난 일주일을 살아가면서 우리가 얼마나 하나님 앞에 헌신하고 충성하는 삶을 살았는지 돌아볼 때에 부끄럽고 죄스러운 마음뿐인 것을 고백합니다. 주님은 우리 죄를 위하여 목숨을 주셨건만 우리는 주님께 기도하는 일에 게을렀고, 말씀을 보며 묵상하는 일에 소홀히 행하였으며, 전도하는 일 또한 미루어 두었습니다.
　하나님은 우리를 믿고 이와 같은 존귀한 일들을 맡기셨는데 우리들은 세상일 바쁘다는 핑계로 이 모든 주의 일을 행하는 데에 게을리 행한 것을 회개하오니 주님께서 불쌍히 여기시고 우리의 허물을 사하여 주시옵소서!

은혜로우신 주님!
　마지막시대에 포도원 일꾼으로 부름받은 우리들인 줄을 믿습니다. 더욱 감사한 마음으로 맡기신 주의 일을 위해서 더욱 열심을 다하는 일꾼이 되게 하여 주시옵소서! 주신 은사와 달란트대로 주의 몸된 교회를 섬기게 하시고 맡은 직분에 따라 주님 앞에 더욱 헌신 충성할 수 있는 우리의 믿음이 되기를 소망합니다.
　지극히 작은 일에 충성한 자가 큰일에도 충성할 것이라 하셨습니다. 또한 "무슨 일을 하든지 마음을 다하여 주께 하듯 하고 사람에게 하듯 하지 말지니라!" 말씀하신고로 우리 앞에 있는 모든 일 가운데 작은 일이라 하여 소홀히 행하는 일이 없게 하시고 모든 일을 행함에 있어서 주님을 앞에 모시고 충성되이 행하는 일들이 되게 하여 주시옵소서.
　악하고 게으른 종이 되어 주님 앞에 책망 받았던 한 달란트 받는 자가 되지 않게 하시고 맡은 일에 최선을 다함으로 주님께 칭찬받았던 열심 있는 일꾼이 되게 하여 주시옵소서!
　우리주님은 지금도 열심 있는 충성된 일꾼을 찾고 계시는 주님인 것을 믿습니다. "주께서 이르시되 내가 누구를 보내며 누가 우리를 위하여 갈꼬 하시니 그 때에 내가 이르되 내가 여기 있나이다. 나를 보내소서!" 하고 외쳤던 이사야 선지자의 마음을 우리 또한 품게 하여 주시옵소서!

은혜로우신 주님!

"맡은자에게 구할것은 충성이라!" 하셨습니다. 우리의 헌신과 충성을 통하여 주의 나라가 세워지며 확장되는 역사가 일어나게 하여 주시옵소서! 한 알의 밀알이 땅에 묻혀 썩어 없어짐으로 이후에 많은 열매를 거두게 되는 것과 같이 우리의 헌신이 이후에 많은 열매로 나타나게 하여 주시옵소서!

아낌없이 우리의 몸과, 시간과, 정성을 드려 헌신충성 할 때 주님은 우리의 삶에 복을 주시고 필요한 것과 일용할 것으로 채워 주심을 믿습니다. 주님의 일꾼들에게 내려주시는 하늘의 만나와 메추라기로 날마다 공급하심을 믿습니다.

이 시간도 목사님을 통해 주시는 말씀으로 신령한 하늘의 양식을 공급하여 주실 줄을 믿사오며 우리를 충성되이 여겨 주의 일꾼으로 부르신 우리주님 예수 그리스도의 이름으로 기도합니다. 아멘!

8. 정직과 성실 이월 - 넷째주

"솔로몬이 이르되 주의 종 내 아버지 다윗이 성실과 공의와 정직한 마음으로 주와 함께 주 앞에서 행하므로 주께서 그에게 큰 은혜를 베푸셨고"(열왕기상 3:6)

사랑이 많으신 주님!

주님의 부르심으로 주님나라의 거룩한 백성이 되고 주의 몸된 교회에 거룩한 성도로 부름 받은 자녀들이 주께서 복주시마 약속하신 날을 맞이해서 주의 전으로 나왔습니다. 세상을 살면서 지은 우리의 죄와 허물을 십자가로 속량 하시고 이 시간 주님 앞에 나온 우리들을 만나 주시기를 간절히 기도합니다.

지난 한 주간을 살면서 우리의 입술에 거짓이 있지 않았는지 돌아보길 원합니다. 우리의 행위에 게으름과 나태함이 있지는 않았는지 회개하기를 원합니다.

정직한 자와 성실한 자의 이름은 예수 믿는 자의 또 다른 이름인 것을 믿습니다. 우리의 입술에 정직이 있게 하시고 우리의 몸에 성실이 있게 하여 주시옵소서!

다윗이 "하나님이여 내 속에 정한 마음을 창조 하시고 내 안에 정직한 영을 새롭게 하소서!" 하고 기도한 것처럼 이 시간 우리도 우리 안에 정직한 영을 주시고 주의 성실로 교훈하여 주시기를 간절히 기도합니다.

은혜로우신 주님!
기도하오니 우리의 믿음에 주님을 향한 진실이 항상 있게 하시고 바리새인 같은 위선이나 가식이 없게 하시기를 기도합니다. 타성에 젖은 믿음이나 억지로 하는 믿음, 습관적인 믿음은 없어지게 하시고 언제나 첫사랑의 마음을 가지고 사모하는 마음으로 주님 앞에 나오는 주의 성도들이 되게 하여 주시옵소서!
진실된 마음으로 주의 일을 열심히 행하기를 원합니다. 우리 앞에 있는 모든 일들이 주님이 맡기신 일인고로 하루하루를 성실히 행하며 나아가기를 원합니다.
우리의 입술에 거짓이 없을 때에 하나님을 향하여 한번 말씀드린 것은 해가 될지라도 그것을 꼭 준행하게 하시고 또한 사람을 향하여 한번 내 뱉은 약속 또한 그것을 꼭 지키게 하여 주시옵소서! 우리의 삶에 거짓이 없을 때 우리는 믿는 대로의 삶을 살게 될 것을 믿습니다.

긍휼이 풍성하신 주님!
우리의 입술 뿐만 아니라 우리의 행위에도 거짓이 없게 하여 주시옵소서! 입으로만 교회에서만 믿는 자의 말을 하지 않게 하시고 우리가 속한 곳이 어디이든지 그곳에서 믿는 자의 말과 행위를 보일 수 있도록 역사하여 주시옵소서!

　또한 우리가 하나님 앞에 기도하고 예배할 때 마다 하나님을 향하여 믿는다고 고백하였음으로 세상을 살아갈 때에도 정말 하나님을 믿는 믿음으로 세상을 두려워하지 않게 하시고 세상이 가져다 주는 염려와 걱정근심에 쌓이지 않게 하여 주시기를 원합니다. 주님을 믿는다 했으면서도 조그만 문제 앞에 두려워하고 근심에 쌓인다면 우리의 믿음은 의심으로 가득한 거짓된 믿음이 될 것입니다.

　주님을 나의 왕이요, 나의 방패요, 나의 요새요, 나의 산성이라고 고백하며 주님을 믿는다고 했으니 그 믿음 그대로 세상에 대하여 두려워하지 않는 정직하고 진실된 믿음이 되게 하여 주시옵소서!

　이것이 하나님께서 기뻐 받으시는 정직한 우리의 믿음이 됨을 믿습니다. 우리의 믿음에 정직이 있게 하시고 또한 그 믿은 바를 성실히 준행하는 행위가 우리 모두에게 있게 하여 주시옵소서!

　오늘도 우리에게 말씀으로 은혜를 주시며 이 예배에 함께 하시는 우리주님 예수 그리스도의 이름으로 기도합니다. 아멘!

9. 구원과 소망 삼월 - 첫째주

"하나님이 가라사대 저가 나를 사랑한즉 내가 저를 건지리라 저가 내 이름을 안즉 내가 저를 높이리라 저가 내게 간구하리니 내가 응답하리라 저희 환난 때에 내가 저와 함께 하여 저를 건지고 영화롭게 하리라 내가 장수함으로 저를 만족케 하며 나의 구원으로 보이리라"(로마서 8:24)

사랑이 많으신 하나님 아버지!

지난 한 주간 동안도 우리를 주의 날개아래 보호하여 두셨다가 이렇게 거룩한 주일을 맞이하여 주님계신 교회로 불러주시니 감사하옵고 또한 감사하옵나이다!

거룩하신 하나님을 뵙기 전에 먼저 우리의 죄를 아뢰옵기 원하옵나이다. 우리가 하나님나라의 거룩한 백성으로 이 땅을 살아가면서 하나님이 말씀을 통해 주시는 위로와 소망보다 세상이 가져다 주는 안위와 안락에만 마음을 두고 살았음을 고백합니다.

아침안개와도 같이 잠시 있다 없어지는 나그네 인생길을 살아가면서 마치 이곳에 영원히 머물러야 할 것처럼 이 세상에 우리의 모든 것을 쌓으려고 했습니다. 우리의 믿음 없음을 불쌍히 여겨 주시고 천국에 우리의 것을 쌓을 수 있는 믿음을 허락하여 주시옵소서!

감사하신 주님!

죄 많은 우리에게 천국으로 입성할 수 있는 영혼구원의 소망을 주신 것이 얼마나 크고 놀라운 은혜인지를 이 시간 우리가 깨달아 알기를 소망합니다.

세상에 있는 은과 금을 다 가지고 온다고 해도 들어갈 수 없는 곳이 천국임을 믿습니다. 세상에서 아무리 높은 직위를 얻었다고 해도 갈 수 없는 곳임을 믿습니다. 세상의 인기와 명예로도 갈 수 없고 지혜와 지식으로 갈 수 없으며 공로와 선행으로도 갈 수 없는 곳이 천국인 것을 믿습니다.

우리를 세상죄악에서 구원하는 능력은 오직 우리주님의 십자가 보혈의 공로인 것을 믿습니다. 오직 주님의 십자가로 우리가 구원받아 천국에 이르게 된 것을 믿사오니 자신의 공로와 율법의 의를 높이는 미련한 자가 되지 않게 하시고 예수십자가 공로만을 높이며 살아가는 우리의 믿음이 되게 하여 주시옵소서!

은혜로우신 주님!

죽음을 두려워하지 않게 하여 주시옵소서! 죽음은 소멸이 아니라 분리인 것을 믿습니다. 죽음을 소멸로 아는 어리석은 자가 되지 않게 하여 주시옵소서! 우리의 육신이 영혼과 분리될 때 주님은 우리의 영혼을 천국으로 영접하실 것을 믿습니다. 주님을 부인함으로 무서운 지옥에 떨어지는 안타까운 일이 없도록 우리의 믿음을 붙들어 주시옵소서!

이 시간 또한 주님 앞에 구하옵기는 지옥의 무서운 형벌 가운데서 구원하신 주님께서 우리 모든 삶 가운데 임한 문제와 어려움 가운데서 우리를 구원하시기를 기도합니다. 세상을 살면서 얻게 된 이 모든 마음의 상처와, 육신의 질병과, 경제적 고통에서 우리를 구원 하시기를 간절히 기도합니다.

"너는 환난날에 나를 부르라 내가 너를 건지리라!"하셨습니다 "저가 나를 사랑한즉 내가 저를 건지리라 저가 내 이름을 안즉 내가 저를 높이리라!" 하심을 믿사오니 우리의 환난 날에 구원이 되어 주시옵소서!

우리에게 소망이 있음은 우리의 구원자이신 주님께서 언제나 임마누엘로 우리의 삶과 함께 하시기 때문인 것을 믿습니다.

오늘도 주를 예배하는 이 한 시간을 통하여 우리의 구원을 이루어 주실 것을 믿사오며 예수님의 이름으로 기도합니다. 아멘!

10. 칭의와 성화 삼월 - 둘째주

"누가 능히 하나님의 택하신 자들을 송사하리요 의롭다 하신 이는 하나님이시니 누가 정죄하리요!"(로마서 8:33)

사랑이 많으신 하나님 아버지!

오늘도 거룩한 주일 아침을 우리에게 허락 하시고 죄 많은 우리를 주님전으로 인도해 주시니 감사드립니다.

이 시간 주님 앞에 설 때에 먼저 우리의 허물을 주님 앞에 내려 놓기를 원합니다. 우리 모두를 십자가의 보혈로 깨끗하게 맑히시고 세상의 죄악으로부터 우리를 자유케 하여 주시옵소서!

오라 우리가 변론하자 너희 죄가 주홍 같을지라도 눈과 같이 되리라 너희 죄가 피와 같이 붉을 지라도 양털 같이 되리라 말씀하신 죄사함의 능력이 이 시간 우리의 것이 되게 하여 주시옵소서!

거룩하신 주님!

하나님의 말씀인 성경을 통해 우리에게 일러주신 구원은 오직 예수 십자가를 바라보는 믿음에서 이루어진 것을 믿습니다. 오직 믿음으로 하나님 앞에 의롭게 된다고 하는 이신칭의 교리를 잃어버리지 않게 하여 주시옵소서!

사람의 행위와 의를 높이며 살아가는 어리석은 바리새인 같은 모습이 우리 가운데 없게 하시며 우리의 모든 죄를 다 덮고도 남음이 있는 십자가 대속의 의(義)를 높이며 사는 참다운 믿음의 사람이 되게 하여 주시옵소서!

앞에 있는 구원을 얻으려 신앙생활을 하는 것이 아니라 이미 예수 믿고 구원받은 백성으로 우리의 모든 행위가 이루어지게 하여 주시옵소서! 구원받은 은혜에 감사하여 드리는 우리의 모든 선한 행위가 되게 하여 주시옵소서! 우리의 의로움을 나타내기 위한 말씀의 순종이 아니라 하나님의 의를 드러내기 위한 말씀 순종이 되게 하여 주시옵소서!

은혜로우신 주님!

"너희가 그 은혜를 인하여 구원을 얻었다!" 하셨습니다. 그렇지만 또한 "두렴과 떨림으로 너희 구원을 이루라!"고도 하셨습니다. 우리에게는 이미 이루어진 구원이 있지만 또한 우리가 이루어가야 할 구원이 있음을 믿습니다. 예수님과 함께 이미 우리 가운데 와 있는 천국이 있지만 또한 우리가 들어가야 할 천국이 있음을 믿습니다.

우리의 영혼구원은 예수믿음으로 이미 이루어졌지만 우리의 삶 가운데 임한 구원은 현재 진행형인 것을 믿습니다.

믿음으로만 구원 얻는다 하여 율법은 소용없다 말하는 어리석은 율법폐기론자들이 되지 않게 하시고 말씀을 온전히 준행하며 사는 것을 통하여 우리의 삶 가운데 임한 문제와 어려움과 고통에서 구원을 얻게 하여 주시옵소서!

주의 계명을 기쁨으로 준행하는 것을 통해 주님을 닮게 하시고 우리의 성화를 이루게 하시며 주님을 향한 우리의 사랑을 증명하게 하여 주시옵소서!

"나의 계명을 지키는 자라야 나를 사랑하는 자니 나를 사랑하는 자는 내 아버지께 사랑을 받을 것이요 나도 그를 사랑하여 그에게 나를 나타내리라!" 말씀하셨습니다.

우리가 주님오시는 날까지 신앙의 열심을 잃어버리지 않게 하시며 긴장의 끈을 놓지 않게 하시고 끝까지 주님의 말씀을 붙들고 그 말씀 그대로 준행하며 살아가게 하여 주시옵소서!

오늘도 목사님을 통하여 생명의 양식을 우리게 주시옵시고 그 말씀 앞에 온전한 순종과 행함이 따르게 하여 주시옵소서! 우리를 의롭다 하시고 성화시키시는 우리주님 예수 그리스도의 이름으로 기도합니다. 아멘!

11. 거룩과 성결 삼월 - 셋째주

"이 뜻을 따라 예수 그리스도의 몸을 단번에 드리심으로 말미암아 우리가 거룩함을 얻었노라!"(히브리서 10:10)

　우리의 영원한 대속의 재물이 되신 주님!
　거룩한 주일을 맞이해서 우리를 위해 피 흘리신 주님께 감사찬송과 영광을 돌리기 위하여 오늘도 주의 전에 모였습니다.
　우리의 대제사장이 되심으로 친히 자신의 피를 들고 보좌 앞에 나아가 단번에 의의 제사를 이루신 주님을 바라보며 이 시간 하나님을 경배하기 원합니다.
　"피흘림이 없은즉 죄사함이 없다!" 말씀하신고로 속죄의 피흘림 없이 하나님을 뵈올 수 없음을 믿습니다. 그러나 우리가 더 이상 송아지나 염소의 피로 인하여 제사하는 일이 없음은 주께서 흘리신 보혈이 이 가운데 흐르고 있기 때문인 것을 믿습니다.
　이 시간 우리 모두가 하나님과 원수 되었던 우리를 십자가로 화목케 하신 주님을 높이며 찬송하기 원하오니 이 가운데 오셔서 좌정하심으로 우리의 예배를 받아 주시옵소서!

거룩하신 주님!

하나님을 직접 뵈올 수 있는 왕 같은 제사장이 되게 하셨음에도 불구하고 우리는 여전히 세상 죄에 이끌리고 세상낙에 취하여 하나님의 법을 잊을 때가 있습니다. 죄 앞에 연약하기 그지 없는 우리들을 불쌍히 여겨 주시옵소서!

사도바울의 고백과 같이 우리가 마음으로는 하나님의 법을 따르기 원하지만 우리 마음속에 또 다른 법이 있어 우리를 죄의 법 아래로 사로잡아 오는 것을 볼 때가 있습니다.

성령의 소욕은 육체를 거스르고 육체의 소욕은 성령을 거스린다 했습니다. 기도하오니 믿음에 경성하여 깨어있게 하시고 죄악된 세상으로부터 우리의 믿음을 지키게 하여 주시옵소서! 성령의 온전한 지배를 받는 우리의 육신이 되게 하여 주시옵소서!

내가 거룩하니 너희도 거룩하라 말씀하신 주님!

거룩은 외적인 모습이 아닌 것을 믿습니다. 겉으로 나타난 우리의 모습 속에서 거룩을 찾지 않게 하시고 세상의 죄와 악으로부터 철저히 구별된 삶을 살아가는 것을 통해 거룩을 말하게 하여 주시옵소서!

하나님은 우리의 외모기 아니라 중심을 보시는 하나님이신 것을 믿습니다. 우리가 이 세상을 살면서 어디서 무엇을 하고 있든지 언제나 우리의 중심은 주님을 바라게 하시고 주님 주시는 위로와 소망과 평안 가운데 거하는 신실한 주의 백성이 되게 하여 주시옵소서!

바라옵기는 마지막시대에 주님의 거룩한 신부가 되기 위하여 신부 단장하는 우리교회와 성도들이 되길 원합니다! 신랑을 맞이하기 위하여 기름등불을 들고 새벽을 깨우며 기다리는 지혜로운 다섯 처녀가 되길 원합니다.

신부가 지켜야 할 정조와 순결을 악한 세상에 내어주는 어리석음이 없게 하여 주시옵소서! 믿음의 기름등불을 준비하지 않는 미련함이 우리 가운데 없게 하여 주시옵소서! 하나님 앞에 드려야 할 거룩과 성결을 내어버리는 아둔함이 이 가운데 없게 하여 주시옵소서!

오늘도 주를 예배하는 이 한 시간을 통하여 신랑되신 주님 앞에 신부된 우리의 정결과 정조를 확인하게 하시고 더욱 순결한 모습으로 주님 앞에 나아가는 우리 모든 성도가 되게 하여 주시옵소서!

거룩한 이 주일예배시간 우리와 함께 하시고 영광을 받아주실 줄을 믿사오며 우리 모든 성도의 신랑이 되신 우리주님 예수 그리스도의 이름으로 기도합니다. 아멘!

12. 믿음과 행위 삼월 - 넷째주

"그러므로 사람이 의롭다 하심을 얻는 것은 율법의 행위에 있지 않고 믿음으로 되는 줄 우리가 인정하노라!"(로마서 3:28)

감사하신 주님!

이날은 주의 세우신 주의 날입니다. 주님이 구별하여 세우신 주의 백성들로 거룩한 보좌앞으로 나아오게 하시니 감사드립니다.

지옥의 자녀요 진노의 백성이요 심판의 대상이었던 우리를 이 모든 죄악과 형벌에서 건져내시고 구원하신 주님을 예배하기 위해 모였습니다.

우리의 예배가운데 함께 하시고 영광을 받으시며 자리를 같이 한 우리 모든 성도들에게 한 없는 은혜를 주시기를 기도합니다.

거룩하신 주님!

이 시간 우리가 간절히 기도하옵기는 우리의 믿음에 행위가 있게 하시기를 기도합니다!

주님을 믿고 따르며 섬기는 자로써 우리의 행위와 실천이 뒤따르지 못한다면 우리는 도리어 주님 얼굴에 먹칠을 하는 결과가 됨을 잊지 않게 하여 주시옵소서!

입으로만 말로만 믿는자가 되지 않게 하시고 우리의 손과 발이 믿는 자리에 있게 하여 주시옵소서! 주님은 말씀하시길 너희의 착한 행실을 보고 하늘에 계신 아버지께 영광을 돌리라 하셨습니다.

우리의 모든 말 가운데 정직이 있게 하시고 우리가 대하는 모든 사람들 앞에 겸손히 섬기게 하시며 우리의 맡겨진 모든 일 앞에 성실한 생활이 따르게 하여 주시옵소서!

우리의 믿음은 교회에서만이 아니라 우리의 모든 생활의 현장에서 드러나는 것임을 믿습니다. 나의 모든 삶을 통하여 내안에 계신 예수님을 보인다고 하는 마음으로 우리의 모든 삶에 임하게 하여 주시옵소서!

예수의 제자로 살아가고자 하는 거룩한 부담이 우리 안에 있을 때에 우리의 경건생활에 큰 이익이 됨을 믿습니다. 예수믿는 믿음을 안일한 일로 여기는 일이 없도록 주님께서 우리의 믿음을 각성시켜 주시옵소서!

은혜로우신 주님!

또한 기도하옵기는 믿음은 뒷전으로 하고 행위만을 내세우는 행위론자들과 같이 되지 않게 하여 주시옵소서! 사랑은 율법의 완성임으로 사랑하고 살기만 하면 구원받는다고 하는 거짓진리에 물들지 않게 하여 주시옵소서!

성경에서 말하는 사랑은 인본주의의 사랑이 아닌 하나님이 본위가 된 신본주의 사랑인 것을 믿습니다. 그와 같은 하나님의 사랑을 깨달았다면 그 사랑은 곧 그리스도 예수 안에서 하나님이 주신 사랑인 것을 믿게 하여 주시옵소서!

우리가 예수믿고 나서 사랑하며 살 때에 하나님이 인정하시는 사랑이 되는 것을 믿습니다. 예수는 없는 사람끼리 울고 웃는 인본주의 사랑에 미혹되는 일이 없도록 주의 성령께서 우리의 믿음을 붙들어 주시기를 간절히 기도합니다!

예수믿는 믿음이 우리의 모든 삶에 첫 단추가 되게 하시고 그와 같은 믿음에 근거해서 우리의 나머지 모든 삶이 이루어지게 하여 주시옵소서!

진정으로 우리의 믿음에 행위가 따르게 하시고, 또한 우리의 행위에 앞서 믿음이 있음으로 하나님이 기뻐 하시고 하나님이 인정하시는 참다운 우리의 신앙이 되게 하여 주시기를 간절히 원하오며 우리를 죄악에서 구원하여 주신 우리주님 예수 그리스도의 이름으로 기도 했습니다. 아멘

13. 봄기도 삼월 - 다섯째주

"여호와께서 샘을 골짜기에서 솟아나게 하시고 산 사이에 흐르게 하사 각종 들짐승에게 마시게 하시니 들나귀들도 해갈하며 공중의 새들도 그 가에서 깃들이며 나뭇가지 사이에서 지저귀는도다 그가 그의 누각에서부터 산에 물을 부어 주시니 주께서 하시는 일의 결실이 땅을 만족시켜 주는도다!"(시편 104:10)

사랑하는 주님!

따사로운 봄기운이 가득한 계절에 주님의 자녀들인 우리가 주님의 거룩한 전으로 모였습니다.

얼어붙은 대지에 따스한 빛을 비추심으로 단단한 땅을 부드럽게 녹이시듯이 우리의 단단하고 강퍅한 마음에도 성령의 빛을 비추시기를 기도합니다.

강퍅하고 완악한 마음들이 녹아내리게 하시고 먼저 우리 모두가 하나님 앞에 죄인인 것을 깨닫게 하여 주시옵소서! 또한 그 죄를 해결할 수 있는 길은 오직 우리 주 예수 그리스도의 십자가 보혈 뿐이라는 것을 인정하고 주님 앞에 엎드리며 회개하는 시간되게 하여 주시옵소서!

우리 모든 성도의 마음들이 봄볕에 잘 갈아진 부드러운 흙과도 같은 마음밭들이 되길 원합니다. 가시밭이나 길가나 자갈밭 같은 마음이 아니라 옥토와 같은 우리의 마음밭이 됨으로 하나님 말씀이 심기워질 때 삼십배 육십배 백배의 열매를 맺는 우리의 믿음이 되게 하여 주시옵소서!

또한 기도하오니 때를 따라 내리시는 은혜의 단비를 우리에게 내려 주시옵소서! 촉촉한 단비로 대지를 적시듯이 빈들에 마른풀 같이 시들은 우리의 마음에 성령의 단비를 내리심으로 말씀의 뿌리가 깊이 내려가게 하시고 우리성도 모두가 천국에 심겨진 감람나무와도 같이 하나님의 기쁨이 되게 하여 주시옵소서!

은혜로우신 주님!

매섭고 추운 겨울이 지남 같이 우리의 삶 가운데 임한 추위도 물러나기를 기도합니다. 아무리 추위가 기승을 부린다고해도 따스한 봄이 결국 오는 것처럼 우리의 삶에 매서운 고난과 환란이 있다 할지라도 그것이 그리 오래가지 않을 것을 믿습니다.

생명은 오직 주님으로부터 말미암는 것을 믿습니다. 겨우내 죽은 듯 움츠려 들었던 가지에서 생명의 싹을 틔우듯이 우리의 삶 가운데 죽은 듯이 절망스럽게 보이던 모든 환경과 상황과 여건들 속에 생명이 돋아나는 역사가 있게 하여 주시옵소서!

생명 있는 모든 것들이 햇빛을 바라며 힘을 얻고 살아가듯이 우리 주님나라의 성도들은 오직 주님을 바라며 살아가는 것을 믿습니다. 여호와는 네게 복을 주시고 너를 지키시기를 원하며 그 얼굴빛으로 네게 비취사 은혜주시길 원하며 그 얼굴을 네게로 향하여드사 평강 주시길 원한다 하셨습니다.

　봄을 맞이한 우리의 삶속에 하나님이 베푸신 복과 은혜와 평강이 가득하게 하여 주시옵소서! 하나님의 불어 넣으시는 생명의 기운이 땅에 뿐만 아니라 하나님의 자녀들 모든 삶 가운데에도 임하기를 간절히 소망합니다! 약속하신 말씀대로 우리에게 이루어 주시옵소서!

　자비하신 주님!
　예배의 첫 시간입니다. 마치는 시간까지 주의 성령께서 홀로 영광 받아 주시옵시고 말씀을 전하시는 목사님에게도 성령의 두루마리를 입혀 주심으로 전해지는 말씀을 통해서 우리가 힘을 얻고 능력을 얻고 소망을 얻을 수 있도록 역사하여 주시옵소서! 이 모든 기도를 드릴 때에 따스한 봄을 우리에게 허락하시는 우리주님 예수 그리스도의 이름으로 기도합니다. 아멘!

14. 고난과 영광 사월 - 첫째주

"자녀이면 또한 후사 곧 하나님의 후사요 그리스도와 함께한 후사니 우리가 그와 함께 영광을 받기 위하여 고난도 함께 받아야 될 것이니라 생각건대 현재의 고난은 장차 우리에게 나타날 영광과 족히 비교할 수 없도다"(로마서 8:18)

사랑이 많으신 하나님 아버지!

오늘도 거룩한 주일을 맞이하여 몸된 주님의 전을 찾아왔습니다. 지난 한 주간도 눈동자와 같이 보호하여 주셨다가 우리의 발걸음을 주님계신 전으로 인도하여 주심을 감사드립니다.

이 시간 주님 앞에 우리의 죄를 회개하기 원합니다. 우리의 조상인 아담이래로 내려온 원죄와 우리 스스로가 지은 자범죄를 주님 앞에 아뢰기를 원합니다.

우리가 죄 없다 하지 아니하고 겸손한 마음으로 우리의 죄를 십자가 아래 내려 놓을 때 주님은 우리를 용서하시고 이 모든 형벌에서 구원하시는 자비로운 하나님이신 것을 믿습니다.

이 땅에 고통이 있고 고난이 있음은 우리의 죄로 인한 결과인 것을 믿습니다. 아담의 불순종으로 전에 없던 엉겅퀴와 가시가 땅에서 나오며 이 모든 고통이 우리에게 임한 것을 믿습니다.

우리 가운데 그 마음이 교만 하여져서 하나님을 대적함으로 10가지 재앙을 당했던 애굽의 바로 왕 같은 마음이 없게 하여 주시옵소서! 하나님의 말씀에 불순종함으로 물고기 뱃속에 던져진 요나 같은 마음이 없게 하여 주시옵소서!

우리 인생 가운데 임한 인생의 고난과 풍랑 가운데 많은 부분이 우리의 불순종과 불신앙으로 인한 결과임을 믿습니다. 요나가 온전히 말씀에 순종했다면 어찌 풍랑을 만나며 물고기 뱃속에 들어가는 고난이 있었겠습니까!

"고난당함이 내게 유익이라 이로써 내가 주의 율례를 배우게 되었도다!" 했습니다. 또한 "고난당하기 전에는 내가 그릇 행하였더니 이제는 주의 말씀을 지키나이다!"라고도 했습니다.

고난 당하기 전에 말씀에 온전히 순종하며 살아가는 지혜로운 우리 모든 성도가 되게 하여 주시옵소서!

은혜로우신 주님!

그러나 우리 인생 속에는 온전히 말씀을 순종하고 사는 가운데에도 닥치는 인생의 풍랑이 있음을 고백합니다. 예수님의 말씀에 순종해서 갈릴리 바다를 건너던 제자들이 풍랑을 만났듯이 우리 또한 주님의 말씀에 순종하는 길을 가다가 인생의 풍랑을 만날 때가 있음을 고백합니다.

제자들이 풍랑으로 말미암아 극심한 고통과 절망에 놓이듯이 우리의 인생 가운데도 이와 같은 환란과 시련이 있음을 고백합니다. 그러나 감사하신 주님! 주께서 우리에게 그와 같은 인생의 풍랑을 허락하심은 바로 주님이 일으키시는 기적과 표적을 보이시기 위함인 것을 믿습니다.

주님의 능력을 맛보기 위한 기회로 삼기 위함인 것을 믿습니다. 살아계신 주님의 영광을 보며 주님의 하나님 되심을 체험하는 시간 되게 하심을 믿습니다.

베드로처럼 물위를 걷는 역사가 있을 것이며 풍랑이 주님말씀 한 마디로 잔잔해지는 역사를 보게 하실 것입니다. 주님이 일으키시는 기적의 주인공들이 되게 하여 주시옵소서!!

비록 우리의 믿음이 베드로와 같이 연약하여 물속에 빠지는 일이 있다 하더라도 주님은 능력의 팔로 우리를 붙들어주시며 구원하심을 믿습니다. 고난 가운데 임한 하나님의 도우심과 영광을 맛보며 더욱 큰 믿음으로 성장하는 우리의 신앙이 되게 하여 주시옵소서!

환란과 풍파 속에서 우리를 구원하시는 우리주님 예수 그리스도의 이름으로 기도합니다. 아멘!

15. 부활과 승리 사월 - 둘째주

"보라 내가 너희에게 비밀을 말하노니 우리가 다 잠잘 것이 아니요 마지막 나팔에 순식간에 홀연히 다 변화하리니 나팔 소리가 나매 죽은 자들이 썩지 아니할 것으로 다시 살고 우리도 변화하리라 이 썩을 것을 불가불 썩지 아니할 것을 입겠고 이 죽을 것을 죽지 아니함을 입으리로다!"(고린도전서 15:51)

사랑이 많으신 하나님 아버지!

오늘도 우리의 발걸음을 주의 전으로 이끌어주시고 이 시간 우리를 구원하신 주님께 경배와 찬송으로 영광 돌리게 하시니 감사합니다.

우리 모두의 죄악을 홀로 짊어지시고 십자가에 죽으심으로 장사되었다가 사흘만에 부활하심으로 지금 우리와 성령으로 함께 하시는 주님을 뵈옵길 원합니다. 이 가운데 임재 하시고 우리 성도들이 드리는 예배를 통해 영광을 받으시며 주를 예배하는 우리에게도 부활의 소망을 주시기를 기도합니다.

사도바울을 통해 주신 말씀처럼 부활이 없다면 우리는 이 세상 사람 가운데 가장 불쌍한 자가 될 것이지만 우리에게 부활이 있음으로 우리는 세상에서 가장 영광스러운 자가 됨을 믿습니다.

그러나 자비로우신 주님! 우리에게 부활의 영광이 있기까지 그에 앞서 십자가의 고난과 죽음이 있다는 사실 또한 우리가 잊지 않게 하여 주시옵소서!

마귀는 자신이 예수를 십자가에 못 박았음으로 자신이 이긴 줄 알았지만 진정한 승리자는 우리 주님이셨습니다. 하나님은 온전한 자기부인으로 십자가의 길을 가신 주님께 사망권세 이기시고 부활하는 능력을 부여주셨음을 믿습니다.

"나의 뜻대로 마옵시고 아버지의 뜻대로 하옵소서!"하고 기도하셨던 주님의 겟세마네 기도를 기억하게 하여 주시옵소서! 사도바울 또한 "나의 약한 것을 자랑하노니 내가 약할 때 곧 강함이라!"고 하셨습니다. 하나님 앞에 내 능력이 부인되고 내 경험과 지식이 부인될 때 그곳에 하나님의 능력이 나타남을 믿습니다.

진정한 승리는 온전한 자기부인을 통해 하나님이 부어주시는 능력에서 나오는 것임을 이 시간 우리 모두가 깨닫게 하여 주시옵소서!

하나님 앞에 강한 자가 되지 않기를 소망합니다. 하나님 앞에 스스로 지혜롭다 여기지 않기를 기도합니다. 하나님 앞에 능력있다 하지 않기를 바랍니다. 영광스러운 부활의 승리는 우리의 모든 것을 온전히 부인되고 십자가 앞에 엎드릴 때에 하나님이 주시는 것임을 믿습니다.

부활의 첫 열매가 되심으로 우리 모든 성도의 부활의 원형이 되신 주님! 영광스런 부활의 몸을 입고 계신 주님과 같이 우리의 죽을 육신이 부활의 몸을 입게 될 날을 사모하며 기다립니다.

우리가 사는 날에 주님이 오시면 우리는 죽음을 맛보지 아니하고 홀연히 변화 되어 영광스런 몸을 입을 것이고, 우리가 죽어서 주님이 오신다면 잠깐 우리의 육신이 영혼과 분리되는 날이 있겠지만 두려워 하지 않게 하여 주시옵소서!

주님이 오시는 날 우리는 심판의 부활이 아니라 영생의 부활로 일어나게 됨을 믿습니다.

"나를 믿는자는 죽어도 살 것이요 살아서 나를 믿는자는 영원히 죽지 아니하리라! 이것을 네가 믿느냐?" 말씀하신 주님 앞에 "아멘! 주님 제가 믿습니다!"하고 대답할 수 있는 우리 모든 성도가 되게 하여 주시옵소서!

이 예배에 함께 하심으로 이 자리에 함께 한 우리 모든 성도들에게 부활의 믿음과 소망을 다시 한 번 굳게 세워 주시옵시기를 간절히 원하오며 믿는 자에게 부활의 영광을 허락하신 우리주님 예수 그리스도의 이름으로 기도합니다!

16. 겸손과 섬김 사월 - 셋째주

"나는 마음이 온유하고 겸손하니 나의 멍에를 메고 내게 배우라 그러면 너희 마음이 쉼을 얻으리니"(마태복음 11:29)

　사랑이 많으신 주님!
　죄인을 구원 하시고자 하늘영광 버리시고 낮고 천한 땅에 오신 주님을 경배하기 위해서 오늘도 이렇게 주의 전에 모였습니다. 이 시간 우리가 드리는 주일 예배 가운데 좌정 하시고 영광을 받아 주시옵소서!
　하나님과 원수되었던 우리를 화목케 하시고자 종의 형체를 가지고 사람의 모양으로 나타나시며 십자가에 죽기까지 복종하셨던 주님을 우리 모두가 바라보기 원합니다.
　세상을 지으신 전능하신 주님이 아무 능력도 없는 피조물과 같이 되어 아무 힘도 없이 십자가에 달리신 이 엄청난 사건 앞에서 우리는 참 겸손이 무엇인지를 배우게 됩니다.
　모든 것을 가졌으나 아무것도 갖지 않은 자가 되시고 모든 것을 아는 지혜를 가지셨으나 아무것도 모르는 자와 같이 되셨으며 이 모든 능력을 가지고 있으나 아무런 능력도 없으신 자와 같이 십자가 대속제물이 되신 주님을 우리가 닮게 하여 주시옵소서!

우리는 조금 아는 것으로도 크게 확대하며 작은 힘이라도 있으면 약한 자 앞에 군림하려들며 조그만 능력으로도 교만 하여지는 사람들인 것을 고백합니다. 기도하오니 우리 모두가 교만을 멀리하고 겸손을 택할 수 있는 은혜를 허락하여 주시옵소서!

긍휼이 풍성하신 주님!
이 시간 또한 바라옵기는 주님의 말씀 앞에서 언제나 겸손한 낮은 자의 마음을 갖게 하시길 기도합니다. 스스로 하나님이 되어서는 하나님 권위위에 올라서서 하나님을 향해 이러쿵 저렇쿵 못마땅한 소리를 뱉지 않게 하여 주시옵소서! 오직 두렵고 떨리는 마음만이 있게 하여 주시옵소서!
사람의 마음에 죄가 들어오고 그 마음이 완악하여지고 강퍅해지면서 이 마음이 없어졌습니다. 화인 맞은 양심이 되어 준엄한 심판의 소리가 들려오질 않고 스스로가 심판자가 되었습니다. 심판대 위에 서야 할 신분을 망각하고 오만하게도 재판장이 되려 하였습니다.
아담이 타락 할 때도 그랬고 노아시대 물로 망할 때에도 그랬으며 소돔 고모라가 불로 멸망할 때도 그러했다는 사실을 우리가 잊지 않게 하여 주시옵소서!

은혜로우신 주님!
우리 가운데 가장 낮은 자리에 임하시는 주님을 보게 하여 주시옵소서! 서로 높아지려고 싸우는 제자들을 향하여서 주님은 높은 자가 되려거든 먼저 섬기는 자가 되어야 한다고 말씀하신 것을 기억합니다. 허리에 수건을 동이고 제자들의 발을 씻기셨던 주님처럼 낮은 자리에서 섬기는 우리 모두가 되게 하여 주시옵소서!

　우리를 향하신 하나님의 사랑이 하늘보좌를 버리시는 겸손의 모습으로 나타났음을 우리 마음 깊이 새기게 하여 주시옵소서! 기독교를 사랑의 종교라고 하지만 그 사랑은 결국 겸손을 뿌리로 두고 피어난 한 송이 꽃과도 같은 것임을 보게 됩니다.

　무한한 하나님의 사랑을 받은 성도가 되어서 우리 모두가 역시 하나님을 사랑하며 살아갈 때에 주님과도 같이 우리의 삶 가운데 온전한 겸손을 이루게 하시기를 간절히 원하오며 이 예배에 함께 하시며 우리를 겸손의 자리로 이끌고 가시는 우리주님 예수 그리스도의 이름으로 기도합니다. 아멘!

17. 기도와 간구 사월 - 넷째주

"아무 것도 염려하지 말고 오직 모든 일에 기도와 간구로, 너희 구할 것을 감사함으로 하나님께 아뢰라"(빌립보서 4:6)

사랑이 많으신 하나님 아버지!

거룩한 주님의 날을 맞아 오늘도 예배당을 찾아 나오게 하신 주님의 은혜에 감사를 드립니다. 이날은 주님이 정하신 날이고 주님이 부활하신 날이며 이날은 주의 성령이 임하신 날인 것을 믿습니다.

오늘도 주의 성령께서 영으로 모임중에와 각 사람 마음 가운데 임재하여 주시옵시고, 특별히 이 시간 우리 모두에게 간구의 영과 기도의 영으로 부어주시기를 기도합니다.

주께로 나아오면서 우리가 습관적으로 타성에 매여 예배당을 찾은 것은 아닌지 돌아보며 회개하길 원합니다! 우리 가운데 많은 이들이 주님께 나아온다 하면서도 주님을 향한 간절함이 없었으며 사모함도 없었음을 고백합니다.

한나가 아들을 달라고 하는 간절한 기도의 제목을 가지고 주님 전을 찾아 기도하듯이 주님께 나와 기도하는 우리 모두가 되게하여 주시옵소서!

자비하신 주님!

우리의 삶에 문제가 있고 어려움이 있음으로 인해 우리로 하여금 기도하게 하신 하나님께 감사를 드립니다. 그와 같은 문제와 어려움이 없었다면 우리는 하나님을 찾지 않고 교만 하여져서 세상이 주는 안락에 취해 있었을 것입니다.

이스라엘 주변의 이방국가를 회초리로 사용하심으로 친히 하나님의 백성을 교육하신이가 우리 하나님이신 것을 믿습니다.

사도바울의 고백과 같이 우리의 육신가운데 가시가 있고, 우리의 인생가운데 문제가 있으며, 우리의 교회 가운데도 어려움이 있음은 이것이 다 하나님의 참 백성들로 하여금 깨어있게 하기 위함인 것을 믿습니다. 기도하게 하기 위함인 것을 믿습니다.

너는 내게 나아와 회개하고 기도하면 이방의 회초리는 주님이 꺾어버리신다 하신 말씀을 기억합니다. 우리의 대적이 크고 강대하다 하지만 주께서 기드온에게 말씀하셨듯이 너희의 수 많은 대적을 한 사람 치듯이 치실 것이고, 또한 우리의 기도로 저 막강한 여리고성이 무너지는 역사가 있을 것을 믿습니다.

우리 앞에 당한 문제를 두려워하지 않게 하여 주시옵소서! 우리 앞에 문제가 일어날 때 기도의 자리를 기억하게 하옵소서!

사단마귀는 문제를 해결하려면 보이시지 않는 하나님께 가지 말고 현실적인 문제로 가라하겠지만 이 자리에 있는 우리 모두는 문제로 가고, 사람에게로 가고, 물질로 가기 이전에 전능하신 하나님 앞에 먼저 나올 수 있는 믿음이 있게 하여 주시기를 기도합니다!!

은혜로우신 주님!

너는 "아무것도 염려하지 말고 오직 모든 일에 기도와 간구로 너희 아뢸바를 감사함으로 아뢰라!" 말씀하신 주님의 말씀이 우리 마음을 담대하게 합니다. 주님이 아니고서 누가 감히 이와같은 말씀을 하실 수 있겠습니까!

공중 나는 새 한 마리도 주님 허락 없이는 떨어지지 않는다 하셨는데 이 모든 것을 주장하시는 분이 하나님이시기 때문에 우리는 이 모든 염려와 걱정에서 놓이게 될 것을 믿습니다.

우리가 해야 할 것은 문제를 앞에 두고 염려하고 걱정하는 것이 아니라 기도인 것을 깨닫습니다. 이 모든 문제 앞에 기도와 간구로 하나님께 아뢰는 우리의 믿음이 되게 하여 주시옵소서!

이 시간 "내가 다윗의 집과 예루살렘거민에게 부어 주리라!" 약속하신 기도와 간구의 영을 우리 모든 성도에게 부어 주시기를 간절히 원하오며 우리주님 예수 그리스도의 이름으로 기도합니다. 아멘!

18. 가정과 화목 오월 - 첫째주

"모든 것을 하나님께로서 났으며 그가 그리스도로 말미암아 우리를 자기와 화목하게 하시고 또 우리에게 화목하게 하는 직분을 주셨으니"(고린도후서 5:18)

사랑의 주님!

가정의 달을 맞이하여 오늘도 주님의 전을 찾아온 하나님나라의 자녀들에게 복을 주시기를 기도합니다.

거룩한 주일아침 아버지께서 주시는 안식과 평강을 맛보기 위해서 정한 시간에 아버지를 뵈러 나왔사오니 우리 성도 한 사람 한 사람을 모두 만나주시기를 기도합니다.

우리가 주의 전을 찾기 전부터 하늘 아버지께서 우리를 먼저 기다리고 계심을 믿습니다. 주일마다 아버지를 뵐 때의 마음이 부모님을 뵈러갈 때의 마음과 같이 되게 하여 주시옵소서!

주님은 우리에게 육신의 가정을 주심과 같이 영적인 가정인 교회를 주심을 믿습니다. 이곳에서 하나님을 아바아버지로 부르며 하늘 아버지를 섬기게 하시니 그 은혜에 감사하옵고 또한 감사할 따름입니다.

자비하신 주님!

하나님은 태초에 가정을 창조하셨음을 믿습니다.

아담가정은 불순종과 타락으로 아버지와의 관계가 끊어졌지만 예수로 인해 하나님가정의 자녀로 입적된 우리는 하나님과 다시 끊어지는 일이 없음을 믿습니다. 그리스도안에 있는 하나님의 사랑에서 우리를 끊을 수 있는 것은 아무것도 없음을 믿습니다. 사망이나 생명이나 천사들이나 권세자들이나 능력이나 높음이나 깊음이나 다른 어떤 피조물이라도 우리를 우리 주 그리스도 예수 안에 있는 하나님의 사랑에서 끊을 수 없음을 믿습니다.

그러므로 이 시간 우리 모두가 죄인된 우리를 하나님과 화목케 하신 주님을 바라보기 원합니다. 하나님과 원수되었던 우리를 위하여 친히 화목제물이 되신 주님을 생각하길 원합니다. 바라옵기는 우리로 하여금 예수님처럼 화목케 하는 자가 되게 하시고 화평케 하는 일꾼이 되게 하여 주시옵소서!

우리 중 그 어느 누구도 분란을 일으키는 일에 앞장서지 않게 하시고 하나 되게 하는 일에 부름 받은 일꾼이 되게 하여 주시옵소서!

은혜로우신 주님!

"마른 떡 한 조각만 있고도 화목하는 것을 육선이 집에 가득하고 다투는 것보다 나으니라!" 하셨습니다.

우리의 가정이 화목하려면 마음이나 뜻이나 생각에 있어서 하나가 되어야 함을 믿습니다. 사탄은 우리를 하나로 만들지 않습니다.

흩어 놓고 분열시킬 것입니다. 반대로 성령은 우리 가정을 하나로 묶어 주심을 믿습니다.

　주님이 말씀하시길 "성령이 하나 되게 하신 것을 힘써 지키라!"고 하신고로 하나됨을 힘써 지키는 것이 우리의 직무인 것을 깨닫게 하여 주시옵소서! 그러나 주님! 하나됨을 지키고 하나 됨을 이루기 위해서는 누군가가 자신의 것을 내려놓는 희생이 필요합니다.

　예수님께서 자신의 몸을 십자가에 내려놓는 희생으로 그를 믿는 모든 사람이 하나님을 아버지로 모시는 가족으로 묶이게 되었던 것처럼 우리가 서로의 주장을 먼저 내려놓는 희생과 헌신이 있게 하여 주시옵소서! 그곳에 참된 화목이 있음을 믿습니다.

　우리 육신의 가정인 가족들과 영적인 가정인 교회의 성도들 간에 항상 하나님 주신 화목이 가득하게 하여 주시옵시기를 간절히 원하오며 우리의 화목제물이 되신 우리주님 예수 그리스도의 이름으로 기도합니다. 아멘!

19. 사랑과 희생 오월 - 둘째주

"사랑은 여기 있으니 우리가 하나님을 사랑한 것이 아니요 오직 하나님이 우리를 사랑하사 우리 죄를 위하여 화목제로 그 아들을 보내셨음이니라"(요한1서 4:10)

은혜로우신 주님!

오월의 따사로운 햇살을 주시고 촉촉한 단비를 내리심으로 대지에는 주님주신 생명의 기운이 가득한 계절에 하나님의 자녀들이 우리의 구원자이신 주님을 예배하러 나왔습니다.

예배당에 모인 우리에게도 성령의 단비를 내려 주시고 각 사람 마음에도 성령의 빛을 비추심으로 메마르고 어두웠던 우리의 심령이 기운을 얻게 하시며 새 힘을 발하게 하여 주시옵소서!

먼저는 주님 앞에 우리의 죄를 회개하길 원합니다. 주님의 크신 사랑을 받고 살면서도 우리의 삶에 사랑이 없었음을 고백합니다. 주님은 말씀하시길 "주는 자가 복이 있다!" 하셨음에도 우리는 주는 것에 인색했으며 받는 것을 더 좋아했습니다. 또한 자신의 들보는 보지 못하고 상대의 티를 용납지 못했음도 고백합니다. 이 모든 허물이 우리 안에 있사오니 우리를 불쌍히 보시고 용서해 주시기를 기도합니다!

아직도 주님의 사랑이 우리 안에서 온전히 이루어지지 않은 까닭인 줄을 믿사오니 우리가 더욱 주님의 사랑을 깊이 깨닫게 하시고 체험하게 하여 주시옵소서!

사랑하는 주님!
이 시간 자기 아들을 아끼지 아니 하시고 우리 모든 사람을 위하여 내어주신 하나님의 사랑을 깨닫기 원합니다. 아들을 내어주신 하나님께서 어찌 그 아들과 함께 모든 것을 우리에게 은사로 주지 아니하시겠느뇨! 하신 말씀을 또한 기억하기 원합니다.

아들을 내어주심으로 우리를 지옥의 심판에서 구원하신 하나님의 사랑이 우리의 모든 삶 가운데 임한 어려움과 문제들 가운데에서도 구원시키실 것을 믿습니다. 우리들 삶의 모든 문제 또한 맡아서 해결해 주실 것을 믿습니다. 우리를 사랑하시는 주님께 이 모든 세상의 염려와 걱정거리도 담대히 내어맡기기를 원하오니 "수고하고 무거운 짐진자들아 다 내게로 오라 내가 너희를 쉬게 하리라!" 하신 말씀을 우리 가운데 이루어 주시옵소서!

"사랑은 모든 두려움을 내어쫓는다!" 했습니다. 또한 "두려워하는 자는 사랑안에서 온전히 이루지 못하였다!" 하셨습니다. 하나님을 사랑하는 성도가 됨으로 이 모든 두려움과 세상걱성으로부터 놓임 받는 하나님나라의 자녀들이 되게 하여 주시옵소서!

자비로우신 주님!

하늘을 두루마리 삼고 바다를 먹물 삼는다고 해도 우리를 향하신 하나님의 사랑을 어찌 다 표현할 수 있겠습니까! 바라옵기는 하나님의 무한한 사랑이 우리에게 전해질 때 독생자의 십자가 희생 없이 말할 수 없다는 것을 한시도 잊지 않게 하여 주시옵소서!

또한 독생자의 십자가 사랑이 우리 안에 임할 때에도 우리의 입술과 말로만이 아닌 온전한 자기희생과 헌신을 통해 나타나게 하여 주시옵소서!

희생이 없이 어찌 사랑을 말할 수 있겠습니까! 자녀를 사랑하는 부모가 온갖 것을 쏟아 부으며 희생하면서도 거기에서 도리어 큰 기쁨을 경험하는 것과도 같이 우리의 온전한 헌신과 희생을 통하여 주님을 향한 우리의 사랑이 증거되게 하여 주시옵소서!

주님의 몸된 교회와 맡기신 사명과 속한 가정들을 위해 몸으로 물질로 시간으로 헌신할 때에 주님을 향한 사랑의 증명인 줄을 믿사오니 우리의 헌신과 희생이 결코 헛되지 않게 하시고 아름다운 열매와 결실로 나타나게 하여 주시옵소서!

주의 성령이 오늘 예배가운데 임재하실 때에 크신 감동으로 주의 사랑을 깊이 깨닫게 하시기를 간절히 원하오며 우리를 죄악에서 구원하신 우리주님 예수 그리스도의 이름으로 기도합니다. 아멘!

20. 칭찬과 격려 오월 - 셋째주

"도가니로 은을, 풀무로 금을, 칭찬으로 사람을 시련하느니라!"
(잠언 27:21)

거룩하신 하나님 아버지!

오늘도 좋은날을 주심으로 주님의 몸된 전을 찾아 거룩하신 하나님을 예배하게 하시니 감사합니다. 우리의 죄와 허물을 십자가의 보혈로 씻겨 주시옵시고 이 시간 우리 모든 한 사람 한 사람을 만나주시기를 기도합니다.

이 시간 주님 앞에 회개 하옵기는 우리의 입술로 하나님 앞에 범죄한 것을 용서하여 주시옵시기를 기도합니다! 우리의 입술로 감사를 말하고 위로와 격려의 말을 하기보다는 원망과 불평 그리고 남을 판단하는 말이 많이 있었음을 고백합니다.

기도하오니 우리의 입술로 범죄치 않게 하시며 내 귀에 들린대로 내가 너희에게 행하리라 하신 말씀을 기억하며 입술의 열매를 맺으시는 우리 여호아 하나님 앞에 우리 입술에 파수꾼을 세우게 하시고 우리 입의 말을 지키게 하여 주시옵소서!

자비하신 하나님!

우리의 입술이 사람을 세우는 입술이 되게 하여 주시기를 기도합니다. 우리는 모두가 다 인정받고 싶고 칭찬받고 싶고 격려받고 싶습니다. 그러나 우리들은 비난하고 비판하고 판단하는 일에만 익숙해 있음을 봅니다.

세상은 판단하고 비판하는 자를 높이지만 우리 하나님은 부족함에도 칭찬하고 격려하는 자를 사랑하심을 믿습니다. 세상은 칭찬을 아부하는 것으로 여기며 약점 드러내는 일을 똑똑하다 하지만 우리 주님은 연약함에도 칭찬하고 격려하는 일을 귀하게 보시는 것을 믿습니다. 무엇이든지 남에게 대접을 받고자 하는 대로 너희도 남을 대접하라 이것이 율법이요 선지자니라 말씀하신 것을 기억합니다.

우리의 입술로 치유의 말을 하고 위로의 말을 하며 소망을 주는 말을 함으로 사람을 살리고 세우는 역사를 이루어 주시옵소서! 입술을 잘못 사용하여 상처를 주고 고통을 주며 낙심케 하는 미련함과 어리석음이 우리 가운데 없게 하여 주시옵소서!

우리의 입은 상처를 치유하는 붕대와 약이 될 수도 있지만 우리의 세치 혀가 위험한 칼이 될 수도 있음을 잊지 않게 하여 주시옵소서! 치료하라고 주신 입을 상처주는 입으로 잘못 사용하지 않도록 은혜를 베풀어 주시옵소서!

자비하신 하나님!

특별히 우리 가정의 자녀들과 어린 심령들에게 많은 칭찬을 할 수 있도록 역사하여 주시옵소서. 잘못을 지적하고 나무라는 것을 통해서 사람이 되는 것이 아니라 칭찬과 격려의 말을 들으며 높은 자존감을 지닌 아이로 자라나게 될 것을 믿습니다.

지적을 받으면 우리는 누구나 움추려 들게 되고 방어하게 됩니다. 그러나 칭찬과 격려를 들으면 우리 속에 있던 불순물들이 떨어져 나가고 순금이 되는 것을 믿습니다. 도가니로 은을 풀무로 금을 만드는 것과 같이 칭찬으로 사람을 만든다고 하신 말씀을 기억하게 하여 주시옵소서!

우리의 입술이 칭찬에 인색하지 않게 하시고 혹 훈계할 일이 있다 하더라도 먼저는 칭찬거리를 찾아 칭찬하고 그리고 나서 훈계하는 지혜가 우리에게 있게 하여 주시옵소서!

오늘 예배가운데 성령이 은혜를 주시고 우리의 마음을 감동하실 때에 우리의 입술이 칭찬과 격려의 입술로 변화되는 역사를 이루어 주시옵시기를 간절히 원하오며 예수님 이름으로 기도합니다. 아멘!

21. 기쁨과 평강 오월 - 넷째주

"내가 이것을 너희에게 이름은 내 기쁨이 너희 안에 있어 너희 기쁨을 충만하게 하려 함이니라!"(요한복음 15:11)

감사하신 주님!

오늘도 거룩한 주일을 허락하시고 주님전을 찾아 나오는 기쁨을 우리에게 허락하신 것을 감사드립니다.

이 세상에는 여러 가지 기쁨이 있지만은 성도에게 있어서 가장 큰 기쁨은 우리 주님을 뵙는 기쁨인 것을 믿습니다.

우리 가운데 연약함이 있고 부족함이 있지만 이 시간 온전히 십자가의 보혈로 우리의 허물을 덮어주시고 주님 앞에 엎드린 우리 한 사람 한 사람을 만나주시기를 기도합니다.

은혜로우신 주님!

주님은 우리 인생의 필요한 것을 공급하시는 공급자가 되시며 위태할 때 도움자가 되시며 우리의 부족함을 채워주시는 주님이신 것을 믿습니다. "너희는 여호와를 맛보아 알지어다!" 말씀하신 주님! 우리의 삶속에서 항상 주님의 능력을 체험하게 하시고 주님의 살아계심을 경험할 수 있도록 역사하여 주시옵소서!

특별히 우리의 마음을 평강에서 평강으로 지켜주시고 세상의 환경에 의해서 흔들리지 않게 하시며 사람들의 말에 따라 요동치는 마음이 아니라 좌로나 우로나 치우치지 않고 온전히 주님 주시는 평강 가운데 항상 기뻐하는 인생을 살 수 있도록 우리의 심령을 붙들어 주시길 기도합니다.

내가 주는 평안은 세상이 주는 것 같지 않다고 말씀하신 그와 같은 평안으로 우리마음 가득히 채워주시고 세상의 것을 있고 없고에 따라서 있다 없다하는 평안이 아니라 세상의 환경에 상관없이 부어주시는 영원하신 하늘평안으로 우리 안에 가득히 채워 주시옵시기를 기도합니다!

"항상 기뻐하고 쉬지말고 기도하며 범사에 감사하라!" 하신 말씀대로 항상 모든 일에 기쁨과 감사로 행하게 하시고 원망이나 불평으로 행치 않게 하여 주시옵소서! 주님 주시는 은혜와 평강이 우리 안에서 언제나 넘쳐나게 하여 주시옵소서!

사랑하는 주님!

우리 안에 주신 기쁨은 세상에서 난 것이 아니라 주님이 주신 천국의 기쁨인 것을 믿습니다. 말씀을 통해 하나님 지식을 알아가는 기쁨을 알게 하시고 찬송하는 기쁨, 예배하는 기쁨을 알게 하여 주시옵소서!

한 걸음 더 나아가서 세상이 결코 알지 못하는 이 신령한 기쁨을 우리 주위에 전할 수 있는 우리 모두가 되게 하시며 그에 따르는 지혜와 용기도 허락하여 주시옵소서!

  예수안에 있는 기쁨과 평안이 우리 안에 가득할 때 우리의 모습에서 예수의 모습이 보이게 하시고 주님의 향기와 빛이 세상가운데 발하여 질 수 있도록 역사하여 주시옵소서!

  작은 예수로서의 삶을 온전히 살아가는 것을 통해 하나님께 영광을 돌리게 하여 주시옵소서!

  오늘도 목사님을 통해 주시는 하늘양식을 받아먹는 기쁨을 누리게 하시며 그 말씀이 우리의 영혼에 피와 살이 되게 하여 주시옵소서! 깊은 천국의 지식을 깨닫게 하여 주시고 우리의 심령에 큰 위로와 소망과 평안을 얻게 하시는 말씀으로 역사하여 주실 줄을 믿사오며 우리의 영원한 기쁨과 평강이 되시는 우리주님 예수 그리스도의 이름으로 기도합니다. 아멘!

22. 나라와 민족 유월 - 첫째주

"이 일 후에 내가 보니 각 나라와 족속과 백성과 방언에서 아무라도 능히 셀 수 없는 큰 무리가 흰 옷을 입고 손에 종려 가지를 들고 보좌 앞과 어린 양 앞에 서서"(요한계시록 7:9)

자비하신 주님!

어느덧 초 여름의 길목인 유월을 맞았습니다. 호국보훈의 달인 유월의 첫 주일을 우리에게 허락 하시고 우리의 발걸음을 주님 앞으로 인도해 주신 은혜에 감사드립니다. 우리의 예배가운데 찾아오시고 함께 하심으로 영광을 받아 주시옵소서.

이 시간 우리의 죄를 십자가의 보혈로 속량 하시고 우리의 간구에 귀기울여 주시기를 기도합니다. 간절히 바라옵기는 이 나라와 민족이 회개하고 주님의 십자가 아래 돌아오는 역사를 이루어 주시옵시기를 기도합니다! 진리를 구별하게 하심으로 조상숭배와 우상숭배의 죄악을 버리게 하시고 예수 안에서 하나님 주신 구원을 받을 수 있도록 이 민족을 불쌍히 여겨 주시옵소서!

헛된 미신을 섬기고 악한 영의 미혹에 빠져 있는 백성들로 하여금 성령의 감동을 주시고 예수를 주와 하나님으로 영접하여 하나님의 거룩한 백성으로 거듭나는 놀라운 역사를 이루어 주시옵시기를 간절히 기도합니다.

원하오니 이 나라가 온전히 복음화 되게 하심으로 또한 세계열방을 향하여 제사장나라가 되게 하시기를 기도합니다. 주님 기뻐하시는 선교의 사명을 감당하는 나라가 되게 하시며 이 나라와 민족을 통하여 세계 곳곳에 주의 몸된 교회가 세워지며 하나님나라가 확장되는 은혜를 허락하여 주시옵소서!

은혜로우신 주님!
이 나라의 대통령과 모든 위정자들에게도 함께 하심으로 위에서 군림하는 자들이 되지 않게 하시고 온전히 낮은 마음으로 섬기는 지도자들이 되게 하시며 자신들의 사리사욕이 아니라 나라의 미래를 바라보며 헌신하는 사람들이 되게 하여 주시옵소서!

이 나라 경제도 안정을 얻게 하심으로 경기가 살아나게 하시고 장사하시는 분들은 장사가 잘 되게 하시고 직장생활 하시는 분들은 안정된 일터가 되게 하심으로 모든 국민이 잘사는 나라가 되게 하시기를 기도합니다.

공부하는 학생들은 비전을 꿈꾸며 공부하는데에 걸림이나 장애나 불평등이 없게 하시고 우리의 젊은이들에게도 꿈을 주시고 그와 같은 꿈을 실현할 수 있는 이 나라가 되게 하여 주시옵소서!

또한 기도하옵기는 이 나라 안보 또한 주님께서 항상 불꽃 같은 눈으로 지켜주시고 계심을 믿습니다. 같은 민족끼리 대치하고 있는 상황에서 긴장국면이 일지 않도록 지켜주시며 어서 빨리 통일이 이루어질 수 있도록 역사하여 주시옵소서!

　이 시간 또한 북한의 지도자들을 위해서 기도하길 원합니다. 백성들은 굶어서 죽어가도 오로지 군비확대에만 혈안이 되어 있는 저들의 정치이념이 바뀌게 하시고 참으로 백성을 위한 지도자들이 될 수 있도록 그 길을 열어 주시옵시기를 간절히 기도합니다.

　사랑의 주님!
　우리나라가 세계 속에 잘사는 나라가 되었다고는 하지만 아직도 복지와 혜택을 누리는데에 있어서 사각지대에 있는 많은 사람들이 있습니다. 그들을 불쌍히 여기시고 저들을 일으켜 주시기를 기도합니다. 저들을 절망에서 일으켜 세워 주시옵시고 새로운 희망을 얻을 수 있도록 가진 자들이 먼저 저들을 향해 손을 펴게 하시며 나눌 수 있는 마음을 허락하여 주시옵소서!
　그리하여 가진 자들이 없는 이를 무시하는 일이 없고 없는 자들이 가진 자들을 시기하고 미워하는 일이 없음으로 우리 모두가 하나 된 사회를 이룰 수 있도록 역사하여 주시옵소서!
　우리나라 대한민국을 사랑하심으로 항상 복을 주시는 우리주님 예수 그리스도의 이름으로 기도합니다. 아멘!

23. 소명과 사명 유월 - 둘째주

"내가 달려갈 길과 주 예수께 받은 사명 곧 하나님의 은혜의 복음을 증언하는 일을 마치려 함에는 나의 생명조차 조금도 귀한 것으로 여기지 아니하노라!" (사도행전 20:24)

사랑의 하나님 아버지!

거룩한 주님의 날을 맞아 오늘도 주의 전을 찾은 백성들에게 은혜를 주실 줄을 믿습니다. 이 시간 우리의 회개와 통회를 받아 주심으로 한 사람 한 사람 친히 만나주시며 위로 하시고 구원의 소망 주실 것을 믿습니다.

하나님은 우리를 구원으로 부르심과 동시에 또한 세상에서 하나님의 일을 맡기시기 위해 부르셨음을 믿습니다. 하나님이 우리를 부르실 때는 우리를 향한 믿음이 있으셨다는 것을 깨닫게 하여 주시옵소서!

끝까지 충성할 것이라는 믿음이 있으셨기에 그 많은 사람들 가운데에서 우리를 택하시고 부르셨으며 하나님의 일을 맡기셨음을 믿습니다. 나를 믿고 자녀를 키우도록 맡기셨으며 역시 나를 믿으시고 가정생활과 직장생활 그리고 교회생활의 모든 일들을 맡기셨음을 우리가 잊지 않게 하여 주시옵소서!

이 모든 일이 내 일이 아니라 주님의 일이고 주님이 맡기신 일인

고로, 이 일 가운데 더욱 성실함과 책임감으로 감당케 하시며 또한 이 모든 일 가운데 하나님의 돌보심과, 지키심과, 인도하심이 있을 것이라는 견고한 믿음이 우리 안에 있게 하여 주시옵소서!

은혜로우신 주님!
우리의 모든 일은 사명으로 해야 함을 믿습니다. 사명으로 하면 하찮은 일은 아무것도 없음을 믿습니다. 사명감이 우리를 일하게 하는 동기의 첫번째가 되게 하여 주시옵소서! 그리할 때 우리는 일하다가 일이 어려워지고, 힘들어진다고 해서 결코 포기하는 일이 일어나지 않을 것입니다. 사명은 내 감정과 기분 위에 있는 것이기 때문입니다. 맡기신 이의 뜻과 섭리가 우선이기 때문입니다.

일을 맡기실 때 주님은 또한 그 일을 감당할 수 있는 능력도 함께 주심을 믿습니다. 주님은 마태복음 10:1에서 열 두 제자를 부르시고 모든 귀신을 쫓아내며 모든 약한 것과 모든 병을 고치는 권능을 주셨다고 했습니다.

주님의 일을 맡아 부름받은 자로써 언제나 주님 주시는 능력과 지혜와 새 힘을 받아서 일하게 하여 주시옵소서!

세상에서 해야 할 일이 있음과 동시에 믿음 안에서 해야 할 일이 있습니다. 하나님은 당신의 사녀들인 성도들에게 믿음을 주셨으며 그 믿음을 가지고 기도하는 일, 그리고 주일마다 하늘양식을 공급받는 일, 예배하는 일, 찬송하는 일 등등의 신앙생활이라고 하는 일을 주셨음을 믿습니다. 원하옵고 바라오니 이 모든 맡기신 일 가운데 아름다운 열매와 결실이 있게 하여 주시옵기를 간절히 기도합니다!

자비로우신 주님!

또한 주님이 가장 높은 곳에 주신 일이 있음을 믿습니다. 그것은 천국복음전파 사역인 것을 믿습니다. 주님의 지상 명령은 예수를 믿지 않는 사람에게는 하나도 중요하지 않습니다.

그러나 주님을 섬기는 사람들에게는 목숨과도 같다는 것을 믿습니다. 그래서 지금도 사도바울처럼 세상에서 얻은 것은 다 초개와 같이 버리고 오직 주의 나라와 복음전파를 위해 헌신하는 분들이 여기저기서 나오는 것을 보게 됩니다.

'나'라고 하는 작은 한 사람의 인생을 통해서 하나님의 거룩한 나라를 세우시고 확장해 가시는 아름답고 복된 일에 쓰임 받는 우리 모든 성도가 되게 하여 주시옵소서!

이 귀한 일에 부름 받아 주님의 손에 들린 그릇들이 되게 하여 주시옵시기를 간절히 원하오며 우리를 부르시고 사명을 주시는 우리 주님 예수 그리스도의 이름으로 기도합니다. 아멘!

24. 열심과 방향 유월 - 셋째주

"부지런 하여 게으르지 말고 열심을 품고 주를 섬기라!"(로마서 5:12)

감사하신 하나님 아버지!

거룩한 주일아침을 맞아 주님을 예배하는 기쁨을 안고 주의 전을 찾았습니다. 우리의 마음과 발걸음을 몸된 교회로 인도하신 주님께 감사를 드립니다.

이 시간 주님을 뵙기 전에 먼저 회개 하옵기는 우리가 일주일을 살면서 주님을 섬기는 일에 열심을 품지 못하고 기도하는 일과 말씀을 듣는 일 그리고 전도하는 일에 게을렀음을 고백합니다.

우리의 허물을 불쌍히 여겨 주시옵시고 우리의 믿음에 열심이 있게 하시고 마음을 다하여 주의 일을 힘써 행하는 성도가 되게 하시기를 기도합니다.

날마다 마음을 같이하여 성전에 모이기를 힘쓰게 하시며 모이기를 폐하는 어떤 사람들의 습관과 같이하지 말고 그날이 가까이옴을 볼수록 더욱 그리하라고 하신 것처럼 주님의 사역을 위하여 힘을 다하는 우리 모두가 되게 하여 주시옵시기를 기도합니다!

자비하신 하나님 아버지!

기도하오니 우리의 모임에 성령의 임재가 있게 하여 주시옵소서! 무엇보다 우리의 마음이 흩어지지 않고 하나 되게 하시며 분열로 인하여서 열심을 내는 성도가 없게 하시고 오직 하나 되는 일에 열심을 내는 성도가 되게 하여 주시옵소서!

"평안의 매는 줄로 성령이 하나 되게 하신 것을 힘써 지키라!" 말씀하신고로 우리의 열심과 헌신이 온전히 주의 교회를 하나 되게 하며, 성도로 하나 되게 하며, 말씀으로 하나 되게 하며, 비전과 뜻에서 하나 되게 하는 놀라운 역사를 이루어 주시옵시기를 간절히 원하옵나이다!

사도바울도 핍박자로 있을 때에는 열심히 주의 성도를 핍박하고 다녔습니다. 그 일이 하나님이 기뻐하시는 일인 줄 알고 그리 행했다 했습니다. 대제사장과 바리새인 서기관들도 열심히 주를 핍박했는데 그 일을 하나님이 원하시는 일인 줄 알고 그리 행했다 하였습니다.

바라옵고 원하오니 우리의 열심에 있어서 방향이 바로 서게 하여 주시옵시기를 기도합니다. 하나님이 참으로 기뻐 받으시는 열심과 헌신이 될 수 있도록 우리를 깨닫게 하시기를 기도합니다. 지금도 참으로 많은 사람들이 하나님의 일을 한다고 하면서 분열을 일으키고 다툼을 일으키는 것을 보게 됩니다.

어렵고 힘든 문제가 우리 앞에 있을수록 더욱 우리 모두의 마음이 분열되지 않고 하나 될 수 있도록 역사하여 주시옵소서!

사랑의 주님!

또한 바라옵기는 우리 모두의 신앙열심이 주님의 영광을 나타내는 것이 되게 하시기를 기도합니다. 사람에게 보이기 위한 것이 아니고 자신의 만족을 위한 것이 아니라 오직 하나님 앞에 기쁨이 되는 열심이 되게 하여 주시옵시기를 기도합니다!

우리의 열심이 말씀에 근거한 열심이 되게 하시고 진리위에 서 있는 열심이 되게 하시며 맹목적인 광신주의에 치우친 열심이 되지 않도록 우리를 붙들어 주시옵소서!

주의 일을 열심히 행한다 하면서 도리어 주님의 이름에 누를 끼치는 행위가 없는지 돌아보게 하여 주시옵소서!

오늘도 우리의 예배에 함께 하심으로 우리의 열심 가운데 올바른 방향을 주실 줄을 믿사오며 우리의 열심을 기뻐 받으시기 원하시는 우리주님 예수 그리스도의 이름으로 기도합니다. 아멘!

25. 여름기도 유월 - 넷째주

"내가 네 행위를 아노니 네가 차지도 아니하고 더웁지도 아니하도다 네가 차든지 더웁든지 하기를 원하노라 네가 이 같이 미지근하여 더 웁지도 아니하고 차지도 아니하니 내 입에서 너를 토 하여 내치리라!"
(요한계시록 3:15)

감사하신 하나님 아버지!

어느덧 계절이 뜨거운 여름을 향하여 치닫고 있습니다. 무덥고 습한 계절이지만 오늘도 온전한 주일성수를 위해 주님의 전을 찾은 성도들을 만나주시고 은혜 주시기를 기도합니다. 우리의 예배를 받으시고 영광을 받아 주시옵소서!

우리의 죄과를 아시는 주님! 우리가 회개하였을 때에 우리의 허물을 용서하시고 품어 주시며 위로 하시고 새로운 소망으로 가득 채워 주시는 시간이 되게 해 주시기를 기도합니다.

습관에 매여 나왔다가 주의 마당만 밟고 돌아가는 불행한 일이 없게 하시고 이 자리에 앉은 모두가 살아계신 주님의 음성을 듣는 역사를 허락하여 주시옵소서!

자비하신 주님!

쏟아지는 빗줄기와 함께 장마가 시작되었고 또한 이따금씩 작렬

열하는 태양아래 모든 생명이 약동하고 있습니다. 대지가 뜨거운 생명의 기운으로 가득한 이 시간 기도하오니 우리의 믿음이 미지근한 믿음이 되지 않기를 기도합니다.

우리의 마음이 뜨겁게 주님을 사랑하는 자리에 있게 하시고 내리는 빗줄기처럼 주님의 마음을 시원스럽게 해 드리는 성도가 되게 하시기를 기도합니다.

우리가 주님이 우리를 사랑하신 사랑에 비해서 주님을 얼마나 사랑하는지를 돌아보았을 때에 부끄럽고 죄스러운 마음 그지 없음을 고백합니다.

십자가에 자기 몸을 내어주시기까지 사랑하시는 그와 같은 열정적인 사랑을 우리에게 주셨는데 우리는 주님께 우리의 것을 드리는 데에 인색했고 미미했음을 고백합니다.

옥합을 깨뜨림으로 주님의 장사를 미리 준비한 막달라 마리아와도 같이 우리의 것을 깨뜨려 드림으로 주님을 사랑하게 하시고 그것을 아깝다 여기며 여인을 나무란 제자들과 같은 무지함이 우리 가운데 없게 하여 주시옵소서!

"너희는 마음을 다하여 네 하나님 여호와를 사랑하고 네 이웃을 네 몸과 같이 사랑하라!" 하신 말씀을 기억케 하시고 주님을 향한 뜨거운 사랑의 마음이 우리 안에 채워질 수 있도록 역사해 주시옵소서! 또한 주님을 향한 뜨거운 사랑이 이웃을 향한 사랑으로 완성될 수 있도록 우리를 주장하여 주시옵소서!

우리의 차가운 마음들이 뜨거운 태양과 같이 불타는 마음들이 되게 하시고 우리의 냉랭한 믿음이 주님을 향한 뜨거운 열정으로 채워질 수 있도록 주님께서 우리의 마음을 감동하여 주시옵시기를 기도합니다.

은혜로우신 주님!
우리의 이 예배 또한 사모함으로 드려지는 예배이길 원합니다. 기쁨과 감사로 드리는 예배이기를 원합니다. 타성과 냉랭함과 억지로 함의 예배가 아닌 것을 믿습니다. 우리의 예배에 주님을 향한 사랑의 열정이 있게 하여 주시옵소서!
오늘도 목사님을 통해 주시는 말씀으로 우리의 마음에 성령의 불을 지펴주시고 주님을 뜨겁게 사랑하는 마음이 불 같이 일어나게 하여 주시옵시기를 간절히 원하오며 우리의 영원한 사랑이 되시는 우리주님 예수 그리스도의 이름으로 기도합니다. 아멘!

26. 회개와 중생 칠월 - 첫째주

"내가 너희에게 이르노니 이와 같이 죄인 하나가 회개하면 하늘에서는 회개할 것 없는 의인 아흔 아홉을 인하여 기뻐하는 것보다 더하리라!"(누가복음 15:7)

감사하신 주님!

거룩한 주일을 맞이하여 주님 앞에 나오게 하신 은혜에 감사를 드립니다. 죄 많은 사람들이 주님의 십자가 대속의 은혜를 사모하며 오늘도 몸된 성전을 찾았아오니 주님 앞에 머리숙인 성도들 한 사람 한 사람을 만나주시고 이 모든 죄에서 정결하게 하시기를 기도합니다.

우리가 죄 없다 하지 않고 겸손한 마음으로 우리의 죄를 고백하길 원합니다. 모든 사람이 죄를 범하였음에 하나님의 영광에 이르지 못하더니 하나님의 은혜로 값없이 의롭다하심을 얻었다 했습니다. 모든 사람이 죄를 범했다고 하는 것이 성경인데 우리는 스스로 의롭다 여기며 하나님 앞에 범죄 했음을 부인했습니다.

이 시간 우리 스스로가 의롭다고 여기는 어리석음에서 깨어날 수 있도록 우리를 깨닫게 하여 주시옵소서! 우리의 죄값을 우리가 판단하는 미련함에서 벗어날 수 있도록 성령이 감동하여 주시옵시기를 기도합니다!

우리 스스로를 향하여서는 우리가 다 나름대로 의인이고 나름대로 선인이고 나름대로 법 없이 산다고하나 의로우신 하나님의 빛 앞에 서면 우리는 온갖 더럽고 추악한 모습이 드러나게 됨을 믿습니다.

아담 이래로 내려온 원죄와 자범죄와 고범죄가 있으며, 마음속과 생각 속에서 지은 은밀한 죄악들이 우리 앞에 있사옵고, 불순종과 교만과 완악함의 죄악이 우리 안에 가득하오니 우리를 불쌍히 여기시고 보혈의 피로 우리를 씻겨 주시옵소서!

긍휼이 풍성하신 주님!

우리에게 은혜를 주실 때에 원하오니 애통하며 회개할 마음이 우리 심령안에 가득하게 하여 주시옵소서! 우리가 받은 은혜는 회개할 때 하나님이 주시는 은혜인 것을 믿습니다. 우리가 받는 위로와 소망은 하나님 앞에 우리의 죄를 통회하며 자복할 때 하나님 주시는 위로와 소망인 것을 믿습니다.

이와 같은 하늘위로와 천국소망이 참으로 회개할 때 하나님이 주시는 은혜인 줄을 믿사오니 온전한 회개를 통하여 참다운 거듭남의 은혜를 체험하게 하시고, 예수안에 하나님의 자녀로 다시 태어나는 중생의 경험을 이룰 수 있도록 역사하여 주시옵소서!

또한 간절히 기도하옵기는 우리의 회개가 단순한 감정상의 뉘우침이 아니라 의지적 변화와 행동의 변화가 뒤 따르는 참다운 회개가 되게 하여 주시기를 기도합니다!

　눈물로 회개했으면서 또 다시 더러운 죄 가운데 돌아가는 어리석음이 없게 하시고, 또한 한번 회개하고 주님 앞에 용서함 받은 문제를 다시 꺼내서 죄책감에 사로잡히는 일이 없도록 우리의 마음을 주장하여 주시옵소서!

　자비하신 주님!
　택함받은 백성들임에도 계속해서 세상 가운데 행하며 불순종과 불신앙 가운데로 행하려할 때 주님은 사람막대기와 인생채찍으로 징계하신다 하셨습니다. 하나님의 징계가 있기 전에 미리 죄에서 돌아서는 지혜가 있게 하여 주시옵소서! 사람막대기와 인생채찍이 우리 앞에 내려치기 전에 깨닫게 하여 주시옵소서!
　잘못한 일로 인하여 부모에게 매를 맞는 자녀가 울며 매달리며 용서를 구하듯이 우리가 주님의 품에 안기게 하시고 다시는 그와 같은 죄악에 행하지 않도록 우리를 붙들어 주시옵소서!
　오늘도 우리의 예배에 함께 하시며 우리로 하여금 온전히 애통하며 회개할 마음으로 가득하게 하여 주시옵시기를 간절히 원하오며 우리의 회개를 받으시고 너그러이 용서하시는 우리주님 예수 그리스도의 이름으로 기노합니다. 아멘!

27. 긍휼과 용서 - 칠월 둘째주

"서로 인자하게 하며 불쌍히 여기며 서로 용서하기를 하나님이 그리스도 안에서 너희를 용서하심과 같이 하라!"(에베소서 4:32)

사랑이 많으신 하나님 아버지!

무더운 날이 계속되는 가운데 지나간 일주일도 주님께서 한 주간을 지켜주시고 보호하여 주셨다가 주의 날을 맞아 이렇게 주님의 전을 찾아 나오게 하시니 감사합니다.

주님을 예배하기 전에 먼저 주님의 자비와 긍휼과 용서를 구하기를 원합니다. 우리가 죄인이오나 주님께서는 우리를 불쌍히 여기심을 믿습니다. 우리가 허물이 많으나 우리의 허물을 긍휼히 보시는 하나님이신 것을 믿습니다.

오라 우리가 서로 변론하자! 너희의 죄가 주홍 같을지라도 눈과 같이 희어질 것이요 진홍 같이 붉을지라도 양털 같이 희게 되리라! 말씀하신 주님이신 것을 믿습니다.

자비하신 주님!

이 시간 기도하오니 우리마음 가운데 불쌍히 여기시는 주님의 마음이 가득하기를 기도합니다. 판단하고, 비난하고, 비판하며, 정죄하는 마음이 아니라 모든 일에 있어서 불쌍히 여기는 마음으로 다가서는 우리가 되기를 원하오니 우리의 마음과 심령을 주장하여 주시옵소서!

우리가 불쌍히 여김으로 우리가 또한 불쌍히 여김을 받는 것을 믿습니다. 우리의 마음이 주님의 마음과 합한 마음이 되었을 때에 우리는 용서하고 긍휼히 여기는 자리에 있게 됨을 믿습니다.

만일 누군가 너희에게 잘못한 일이 있거든 일곱 번씩 일흔 번이라도 용서하라! 하셨습니다. 무엇이든지 너희에게 행한 그대로 갚겠다 하지말라! 하셨습니다. 간음한 여인을 잡아온 사람들을 향하여서도 누구든지 죄 있는 자가 먼저 돌로치라 하셨습니다.

바라옵건대 용서하는 일은 그 무엇보다 나 자신을 위한 길임을 잊지 않게 하시기를 기도합니다. 복수의 마음과 앙심을 품는 마음으로는 결코 그 마음에서 천국이 경험되지 않을 것입니다. 그러나 용서하는 마음과 긍휼히 여기는 마음에서는 천국이 경험됨을 믿습니다.

우리마음 가운데 들리는 음성 중에 용서하라 하시는 음성은 주님의 음성이지만 행위를 따라 갚겠다하는 음성은 사탄의 음성인 것을 기억하게 하여 주시옵소서!

은혜로우신 주님!

이 시간 또한 기도하오니 우리의 용서가 서로용서가 되게 하여 주시옵소서! 서로용서가 먼저 됨으로 또한 서로사랑이 되게 하여 주시옵소서! 우리가 모두 부족함으로 서로 간에 오해가 생기고 분열이 생겼으니 우리의 부족함과 연약함을 서로가 먼저 인정하게 하시고 서로가 먼저 나서서 용서를 구하게 하여 주시옵소서!

우리가 용서하지 못했는데 어찌 하나님께 나의 죄를 용서받는다 하겠습니까? 내 형제를 용서하지 못하고서 어찌 하나님께 예물을 드리고 예배를 드린다고 할 수 있겠습니까?

원하오니 지옥의 무서운 형벌에 처해져야 할 죄인을 사랑하심으로 십자가에서 피를 흘려주신 큰 사랑을 깊이 깨달아 알 수 있도록 은혜를 주시옵소서! 내가 얼마나 커다란 죄를 용서받았는지 알게 되었다면 우리는 우리 앞에 죄 있는 사람을 향하여 결코 정죄하지 않을 줄을 믿습니다.

그리스도의 사랑으로 용서함을 통해 우리의 상처가 아물게 하시고 우리의 마음에 주님 주신 평강이 넘쳐나게 하여 주시옵소서!

오늘도 주님을 예배하는 이 한 시간을 통하여서 우리의 마음에 긍휼히 여기는 마음과 용서하는 마음으로 가득 채우시기를 간절히 소원하오며 우리의 죄악을 십자가로 용서하신 우리 주 예수 그리스도의 이름으로 기도합니다. 아멘!

28. 예배와 제사 - 칠월 셋째주

"그러므로 형제들아 내가 하나님의 모든 자비하심으로 너희를 권하노니 너희 몸을 하나님이 기뻐하시는 거룩한 산 제사로 드리라 이는 너희의 드릴 영적 예배니라!"(로마서 12:1)

자비하신 아버지 하나님!

아버지께 참으로 예배하는 자들은 신령과 진정으로 예배할 때가 오나니 곧 이때라 아버지께서는 이렇게 자기에게 예배하는 자들을 찾으신다고 하셨습니다. 이 시간 주님 앞에 예배하러 나온 하나님의 백성들을 만나 주시고 품어주시기를 기도합니다.

우리의 죄가 아무리 크다 하더라도 우리주님의 십자가보혈은 이 모든 죄악을 다 덮고도 남음이 있는 줄 믿사오니 우리의 죄악을 십자가 보혈로 맑히시고 우리의 예배를 받아 주시옵소서!

감사하신 주님! 이 시간 우리가 하나님을 예배하면서 구약의 이스라엘 백성처럼 양이나 소의 피로 제사하지 아니함은 이 가운데 속죄의 제물이 되신 주님의 십자가 보혈이 흐르고 있기 때문인 것을 믿습니다.

"피 흘림이 없은즉 죄사함이 없다!" 하심과 같이 이 시간 오직 자신의 피를 들고 지성소로 들어가 하나님 앞에 우리의 죄를 대속하신 주님의 공로를 높이기 원합니다. 오직 우리의 대제사장이 되어 의의 제사를 이루신 주님의 은혜를 찬양하고자 합니다.

이제 더 이상 지성소는 대 제사장만이 나아가는 자리가 아니라 우리 모두가 다 왕 같은 제사장이 되어 하나님을 직접 뵐 수 있는 자리가 된 것을 믿습니다. 이와 같은 역사를 십자가로 이루신 주님께 영광을 돌리기를 원합니다.

은혜로우신 주님!

우리의 모든 삶이 주님을 예배하는 산 예배가 되길 기도합니다. 입술로만 하나님을 예배하는 것이 아니라, 예배당에서만 주님을 예배하는 것이 아니라 우리의 모든 인생이 주님을 영화롭게 하는 예배의 시간들이 되기를 원하오니 우리의 삶 가운데 찾아오시고 우리의 몸으로 드리는 산 예배를 받아 주시옵소서!

우리의 입술에서 찬송이 떠나지 않게 하시고, 우리의 귀에는 주신 말씀으로 가득하게 하시며, 우리의 발은 비록 땅을 딛고 산다해도 우리의 눈은 항상 주님을 바라며 천국을 바라며 살아가는 천국의 시민권자들이 되게 하여 주시옵소서!

주님을 예배하는 자로써 세상 사람 앞에 덕이 되는 인생을 살게 하시고 우리를 통하여 예수의 향기와 빛이 발 하여지게 하시며 하나님의 살아계심이 온 천하에 드러나게 하여 주시옵소서!

긍휼이 풍성하신 주님!

오늘 주를 예배하는 이 시간을 통하여 말씀과 성령으로 임하시는 주님을 더욱 깊이 만나게 하여 주시옵기를 기도합니다!

말씀을 들음으로 하나님을 아는 지식이 깊어지게 하시고 믿음의 뿌리가 견고한 반석에 뿌리내리게 하여 주시옵소서! 우리의 찬송으로 천사가 화답하게 하시며 신령한 하늘의 은혜가 가득한 예배시간이 되게 하여 주시옵소서!

주의 성령이 우리마음을 주장 하심으로 이 시간 우리 모두가 두렵고 떨리는 마음으로 하나님 보좌 앞에 설 수 있게 하여 주시옵소서! 또한 우리가 하나님을 알 때에 죄를 심판하시는 두려운 하나님이 아니라 십자가를 통해 우리의 죄를 용서하시는 사랑의 하나님을 볼 수 있도록 역사하여 주시옵소서!

하나님을 만나는 이와 같은 존귀한 시간을 통하여 우리 육신의 질병이 치유 되게 하시며, 우리 마음의 상처가 위로받게 하시며, 세상의 무거운 짐에서 자유하게 되는 놀라운 역사가 나타나도록 우리 안에서 역사하여 주시옵소서!

예배의 시종을 주님께서 홀로 장중에 주관하여 주옵시기를 간절히 원하오며 우리의 예배를 통하여 영광을 받으시기 원하시는 우리 주님 예수 그리스도의 이름으로 기도합니다! 아멘!

29. 지혜와 지식 - 칠월 넷째 주

"너희 중에 누구든지 지혜가 부족하거든 모든 사람에게 후히 주시고 꾸짖지 아니하시는 하나님께 구하라 그리하면 주시리라"(야고보서 1:5)

은혜로우신 하나님 아버지!

지나간 한 주간도 눈동자와 같이 우리 성도들을 지켜 보호하여 주셨다가 거룩한 주일을 맞이하여 오늘도 우리의 발걸음을 주의 전으로 인도하여 주신 하나님 아버지의 은혜에 감사를 드립니다.

살아계신 하나님 앞에 이 시간 우리의 죄과를 먼저 아뢰옵기를 원하옵나이다. 하나님의 자녀로 이 땅을 살아가면서 온전히 하나님의 자녀다운 삶을 살지 못하고 세상길로 행했던 적이 많았음을 고백합니다.

말씀을 깨달았다고 하면서도 그 말씀을 실천하며 살지 못한 우리의 허물을 불쌍히 여겨 주시옵소서! 우리의 머리로만 은혜가 있었지 우리의 손과 발에는 은혜가 없었음을 고백합니다.

우리가 온전히 주님의 말씀을 준행하지 못한데에는 온전한 깨달음이 없었기 때문인 것을 믿습니다. 이 시간 기도하오니 우리에게 깨닫는 영으로 함께 하여 주시기를 기도합니다! 더욱 깊이 있는 하나님의 말씀을 깨닫게 하시고 그 위에 우리의 결단과 실천이 견고하게 세워지도록 역사하여 주시옵소서!

하나님이 주신 참된 은혜는 말씀을 통해 하나님의 지식을 알아갈 때 생기는 은혜인 것을 믿습니다. 온전한 하나님의 지식이 우리 가운데 임할 때에 우리가 온전히 변화된 삶을 살 수 있게 됨을 믿사오니 우리에게 하나님의 지식을 더하여 주시옵소서!

자비로우신 하나님 아버지!

우리의 인생가운데 처한 많은 어려움과 문제가 우리의 어리석음으로 인한 것임을 인정합니다. 우리 앞에 닥친 고난이 우리의 미련함의 소치인 것을 보게 됩니다. 이 많은 일을 그르치게 됨은 우리가 아둔해서임을 부인하지 않습니다.

기도하오니 우리로 하여금 이 모든 어리석음과 아둔함과 미련함에서 우리를 구원하여 주시기를 소망합니다. 이 시간 우리에게 천국의 지혜를 허락하여 주시옵소서! 너의 사모하는 모든 것에 비할 수 없다 하신 지혜를 이 시간 주님 앞에 나온 성도들에게 허락하시기를 소망합니다.

솔로몬에게 주신 지혜를 오늘날의 성도들에게도 허락하심으로 보이지 않던 하나님이 보이게 하시고, 깨닫지 못하던 진리가 깨달아지게 하시며, 지혜의 빛이 환하게 비취는 것을 통하여 우리의 가야 할 길이 보이게 하시고 우리의 모든 방황이 멈추게 하여 주시옵소서!

긍휼이 풍성하신 주님!

또한 우리의 자녀들에게도 지혜와 명철의 영을 더하여 주시옵시기를 기도합니다. 저들이 학업에 충실한 만큼 그에 따르는 성적의 진보를 허락하시고 학업에 자신감을 얻을 수 있도록 역사하여 주시옵소서!

하고자 하는 노력과 의욕은 있는데 지혜가 없음으로 감당하지 못하는 안타까움이 없도록 우리의 자녀들에게 깨닫는 영으로 함께 하시고, 집중할 수 있는 영으로 도와주시며, 하나를 알면 열을 깨달아 알게 되는 직관지식도 허락하여 주시옵소서!

주님이 이 땅에 주신 지식의 세계로 깊이 들어갈 수 있는 은혜를 주시고 그와 같은 지식을 이 땅에 주신 하나님을 발견하며 주님께 영광을 돌릴 수 있는 우리의 자녀들이 되게 하여 주시옵소서!

오늘도 우리의 예배에 지혜의 성령으로 함께 하여 주셔서 목사님을 통하여 말씀을 들을 때에 깊은 하나님의 지식과 지혜를 얻게 하시며 우리의 믿음이 하나님을 아는 지식의 반석위에 세워진 믿음이 되게 하여 주시옵소서!

어리석고 미련한 우리에게 지혜와 명철을 주시는 우리주님 예수 그리스도의 이름으로 기도합니다. 아멘!

30. 전도와 선교 - 팔월 첫째주

"오직 성령이 너희에게 임하시면 너희가 권능을 받고 예루살렘과 온 유대와 사마리아와 땅 끝까지 이르러 내 증인이 되리라 하시니라!"
(사도행전 1:8)

감사하신 하나님 아버지!

세상 많은 사람 가운데 허물 많은 우리들을 하나님의 자녀로 불러 주시고 이렇게 주님의 날 거룩한 성전에서 하나님을 예배할 수 있는 은혜를 허락하시니 감사하옵고 또한 감사하옵나이다!

우리가 허물이 많사오나 우리를 향하신 주님의 사랑은 그와는 비할 수도 없이 큰 것인 줄을 믿사오니 이 시간 우리를 찾아오시고 우리의 예배를 받아 주시며 우리의 영광이 되어 주시옵소서!

말할 수 없이 큰 사랑을 받은 자녀가 되었지만 그 사랑을 전하는 자리에 또한 있지 못했음을 회개합니다. 주님의 지상명령인 복음전파사역을 위해 온전히 헌신할 수 있는 우리 모든 성도가 되게 하시기를 간절히 기도합니다!

한 영혼을 천하보다 귀하게 여기시는 주님의 마음을 우리가 품을 수 있도록 역사해 주시옵소서! 우리에게 임하신 성령은 복음전하라고 임하신 성령이신 것을 믿습니다. 우리에게 임한 권능은 땅끝까지 이르러 주님의 증인되는 사역을 감당하기 위한 권능인 것을 믿습니다.

하늘나라 성도는 전도할 때만 참된 성도가 되며, 교회는 선교할 때 비로소 참된 교회가 되는 진리를 잊지 않게 하여 주시옵소서!

은혜가 많으신 주님!
하나님을 사랑하는 것과 사람을 사랑하는 것이 율법의 완성이라 하셨습니다. 하나님을 사랑하는 자는 하나님의 계명을 지킨다고 하셨으며 하나님의 계명 가장 높은 곳에는 복음전파사역이 있는 것을 믿습니다. 또한 사람을 향한 사랑 가장 높은 곳에도 그 영혼을 구원시키는 일이 있는 것을 믿습니다.

인간들은 돈을 주고 물질을 주면 사랑하는 줄 알지만 예수를 주고 복음을 주면 사랑하는 줄 모르며 거기에서 전혀 사랑을 느끼지 못합니다. 그러나 예수복음은 천국문 앞에서 필요한 것임을 믿습니다. 그곳에서는 천하 모든 금과 은이 있다 해도 들어갈 수 없는 곳임을 믿습니다. 오직 예수믿음이 있어야만 들어갈 수 있는 곳임을 믿습니다.

금방 고마운 것을 있고 시간이 흐르고 나중에야 그 고마움을 아는 것이 있습니다. 천국복음이 바로 그와 같은 것임을 믿습니다.

때를 얻든지 못 얻든지 나는 복음을 전하노라했던 사도바울과 같이 우리 주위에 있는 많은 불쌍한 영혼들에게 천국복음 예수복음을 전할 수 있는 용기를 우리에게 주시고 입술의 지혜 또한 허락하여 주시옵소서!

루디아의 마음 문을 여심으로 사도바울이 전하는 복음을 청종하게 하신 것처럼 우리가 담대히 복음을 전할 때 듣는 이들의 마음 문을 열어 주시고 복음을 받아드릴 수 있도록 역사하여 주시옵소서!

자비하신 아버지여!

이 시간 특별히 멀리 열방을 향하여 복음전도자로 파송된 선교사님들을 위해 기도하기 원합니다. 몸과 마음을 다 바침으로 충성하시는 선교사님들의 헌신이 결코 헛되지 않게 하여 주시옵소서!

한 알의 밀알이 썩어짐으로 많은 열매를 맺는 것과 같이 존귀한 선교 사역으로 인하여 그 땅이 변화되게 하시며 사람마다 회개의 물결이 일어나게 하시고 헛된 우상숭배를 버리고 주의 백성으로 거듭나는 놀라운 역사를 이루어 주시옵소서!

오늘도 주님을 예배하는 이 한 시간을 통하여서 선교의 열정을 회복하게 하심으로 "하나님이 누가 날 위해 갈꼬?" 하실 때에 "내가 여기 있나이다 날 보내소서!"하고 외쳤던 이사야 선지자와 같이 주님 앞에 헌신을 다짐하는 우리 모두가 되게 하여 주시옵시기를 간절히 원하오며 한 영혼이 회개하여 돌아오는 것을 천하를 얻는 것보다 기뻐하시는 우리주님 예수 그리스도의 이름으로 기도합니다. 아멘!

31. 자유와 해방 - 팔월 둘째주

"주 여호와의 신이 내게 임하셨으니 이는 여호와께서 내게 기름을 부으사 가난한 자에게 아름다운 소식을 전하게 하려 하심이라 나를 보내사 마음이 상한 자를 고치며 포로된 자에게 자유를, 갇힌 자에게 놓임을 전파하며"(이사야 61:1)

감사하신 하나님 아버지!

8.15 광복주일을 맞아 주님 앞에 예배하러 나온 성도들을 오늘도 맞아주시고 은혜 베풀어 주실 줄을 믿습니다. 우리의 죄악을 사하시기 위해 십자가를 지신 주님의 공로로 우리가 죄에서 자유케 되었듯이 주님의 크신 은혜와 사랑으로 이 나라가 자유를 되찾게 된 독립기념일을 맞았습니다. 이 시간 우리의 예배를 받아 주시고 우리 가운데 영광을 나타내 주시옵소서!

"우리영혼이 사냥꾼의 올무에서 벗어난 새 같이 되었나니 올무가 끊어지므로 우리가 벗어났도다!" 말씀하심과 같이 우리민족이 일제의 압제와 수탈로부터 자유와 해방을 얻게 하심을 감사드립니다.

이 시간 기도하옵기는 우리가 속한 이 민족과 이 나라를 사랑할 수 있는 마음을 우리 모두에게 허락하여 주시옵시기를 기도합니다. 우리가 작게는 한 부모님에게 속하여 있지만 또한 크게는 한 나라에 속해 있음을 믿습니다.

부모님이 있고 내가 있듯이 국가가 있고 또한 내가 있음을 믿습니다. 부모님 밑에 있는 내 모습만으로는 부족한 것을 깨닫게 하여 주시옵소서! 내가 속한 민족과 겨레를 사랑하며 그 안에서 온전한 국가관을 키울때에 우리는 보다 성숙한 모습으로 넓은 세상을 바라볼 수 있음을 믿습니다.

부모님 아래 있는 내 모습이 응석받이 수준이라면 국가 아래 있는 내 모습은 의무와 책임을 다하는 장성한 성인의 모습이라 할 수 있을 것입니다. 나라를 사랑함으로 온전한 세계관이 키워질 수 있는 은혜를 우리에게 허락하여 주시옵소서!

은혜로우신 하나님 아버지!
이 시간 우리가 누리는 이 자유는 그냥 얻어진 것이 아님을 믿습니다. 수많은 애국자들과 선각자들의 피와 목숨으로 이루어진 자유인 것을 잊지 않게 하여 주시옵소서!

우리 주님의 피값으로 우리가 죄의 노예에서 해방되었듯이 이 나라를 사랑하여 피 흘리신 애국지사들의 노고와 헌신이 아니었다면 우리가 지금 누리는 자유는 없는 것으로 믿습니다.

바라옵건대 우리민족 대한민국을 사랑하여 주심으로 이 나라에 하나님을 바로 섬기며 하나님을 두려워 할 줄 아는 위정자들이 많이 일어나게 하시고 모든 국민들의 마음이 흩어지지 않고 하나 될 수 있게 하심으로 이 나라의 미래가 형통하고 우리 후대의 자손들이 복을 받아 사는 나라가 되게 하여 주시옵소서!

자비하신 하나님 아버지!

진리를 알지니 진리가 너희를 자유케 할 것이라 하셨습니다. 우리를 참으로 자유케하는 진리는 이념의 진리가 아니고 철학의 진리가 아니며 머릿속의 진리가 아니라 내가 곧 길이요 진리요 생명이라 하신 우리주님이 진리이신 것을 믿습니다.

우리를 죄악의 사슬에서 자유하게 하시고자 십자가의 길을 가신 주님을 본받게 하시고 그리스도께서 우리를 자유롭게 하려고 자유를 주셨으니 그러므로 굳건하게 서서 다시는 종의 멍에를 메지 말라 말씀하신 주님의 말씀을 기억하며 우리가 더 이상 세상에 이끌리고 죄에게 이끌리며, 유혹에 이끌리는 죄된 인생을 살지 않도록 우리를 주장하여 주시옵소서!

우리가 가야 할 참다운 나라는 하나님이 계신 하늘나라인 것을 잠시도 잊지 않게 하시고 영원한 나라를 사모하며 살아가는 우리의 신앙생활이 될 수 있도록 역사하여 주시옵소서!

오늘도 우리에게 은혜를 주시며 복을 주실 때에 이 세상에서 얽매인 모든 것으로부터 자유와 해방을 주실 것을 믿사오며 우리의 구원이 되시는 우리주님 예수 그리스도의 이름으로 기도합니다. 아멘!

32. 봉사와 섬김 - 팔월 셋째주

"인자가 온 것은 섬김을 받으려 함이 아니라 도리어 섬기려 하고 자기 목숨을 많은 사람의 대속물로 주려 함이니라!"(마가복음 10:45)

사랑이 많으신 하나님 아버지!

지난 한 주간 동안도 주의 날개아래 품으시고 보호하여 주셨다가 이렇게 주의 날을 보게 하시고 몸된 전에 나아와 하나님을 예배할 수 있는 은혜를 허락하여 주시니 감사합니다.

이 시간 우리가 주님을 예배하기전 먼저 우리의 죄를 고백하기 원합니다. 우리가 한 주간을 살면서 사람들로부터 섬김 받는 일에만 몰두했으며 이웃을 섬기는 일에는 소홀했음을 고백합니다.

봉사와 섬김이 없는 믿음은 불완전한 믿음인 것을 믿습니다. 우리 모두가 주님의 섬김을 본받아 우리에게 맡기신 삶의 자리에서 섬기는 리더들이 되게 하시기를 기도합니다.

우리의 머릿속에 있는 하나님 지식과 우리 마음에 있는 주를 믿는 믿음이 우리의 손과 발을 통하여 봉사와 섬김으로 나타날 수 있도록 역사하여 주시옵소서!

감사하신 하나님 아버지!

우리의 인생이 복된 인생이 되려면 우리는 섬기는 인생을 살아야 할 줄을 믿습니다. 가정을 일으켜 세운 아내는 그 남편과 자녀에게 면류관을 씌워준 아내인 것을 믿습니다. 기업을 일으킨 리더는 직원들을 칭찬하고 높이는 일을 잘한 사람인 것을 믿습니다. 장사를 잘한 사장님은 우리가게 오는 손님을 높이고 그들을 어떻게 하면 행복하게 해 줄 수 있을까를 연구한 사람들인 것을 믿습니다.

내가 남편과 아내로부터 대접만 받고자하면 그 가정에는 평화는 없고 분란만 있을 것입니다. 내가 사장이니까 직원들을 향해 날 떠받들고 복종하라고 강요하면 그 기업은 크지 못할 것입니다. 장사를 해도 '어떻게 하면 손님주머니와 지갑을 열어서 물건을 사게 할까'를 연구하는 것이 아니라 '어떻게 하면 내가 파는 물건으로 저 손님을 높여주고 행복하게 할까!' 를 연구하면 그 장사는 잘 되게 됨을 믿습니다.

세상의 이치는 상대를 높이면 내가 낮아질 줄 압니다. 그러나 하나님의 이치는 상대를 높임으로 해서 내가 높아지는 것임을 믿습니다. 성경은 '스스로를 낮추는 자가 높아 질 것이라' 했습니다. '남이 나에게 대접 해줬으면 하는 것을 네가 그에게 하라' 고도 했습니다

우리는 모두가 다 칭찬받고 싶고, 높임받고 싶고, 인정받고 싶고, 사랑받고 싶습니다. 바로 그렇기 때문에 우리는 남을 높여주고 칭찬해 주고 사랑해 주는 인생을 살아야 함을 믿습니다. 남을 높일 때 사실은 내가 높아지고 있다는 사실을 우리 모두가 잊지 않게 하여 주

시옵소서!

은혜로우신 주님!
우리교회에도 자원하여 섬기는 봉사자들이 넘쳐나게 하심으로 은혜가 많은 교회가 되게 하여 주시옵소서! 봉사할 때의 기쁨이 사람마다 가득하게 하시고 식당에서 섬기며, 교사로 섬기고, 차량으로 섬기며 각자의 직분 맡은자로 섬길 때에 아름답게 주의 몸된 교회가 세워짐을 믿습니다.

서로가 서로에게 나보다 남을 낫게 여기며 이 모든 일들을 감당할 때에 우리 모두는 이 땅에 임한 천국을 경험하게 될 것을 믿습니다. 하지만 자기만 알고 자기만 높이고 자기만 섬기라고 하는 이기적인 모습에서는 지옥이 경험될 것을 믿습니다.

우리 모두의 믿음이 성숙한 신앙으로 자라날 때 온전히 섬기는 자가 되게 하시고 섬김을 받으려고만 하는 성인아이의 모습에서 우리 모두가 탈피할 수 있도록 은혜를 더해 주시옵소서!

만왕의 왕이신 예수님이 제자들의 발을 씻기신 모범을 보이신 것을 우리가 한시도 잊지 않도록 역사하여 주시옵소서!

자기목숨을 많은 사람의 대속물로 내어주심으로 온전한 섬김을 이루신 우리주님 예수 그리스도의 이름으로 기도합니다. 아멘!

33. 치유와 회복 - 팔월 넷째주

"상심한 자를 고치시며 저희 상처를 싸매시는도다!"(시편 147:3)

거룩하신 하나님 아버지!

상한 갈대를 꺾지 않으시고 꺼져가는 등불을 끄지 않으시는 자비하신 하나님 앞에 주일예배를 드리러 나왔습니다. 하나님이 구하시는 제사는 상한 심령이라 하시었고 상하고 통회하는 마음을 주께서 멸시치 아니하신다고 하셨습니다.

이 시간 보좌 앞에 나아와 우리의 상한 마음을 주님 앞에 쏟아 놓을 때에 주님께서 우리를 받으시고 우리를 품으시며 위로하여 주시옵시기를 간절히 기도합니다.

우리가 인생을 살면서 입은 마음의 상처와 아픔을 주님 앞에 치유받기를 원합니다. 우리가 여러모로 인격이 덜되고 믿음이 연약함으로 하나님 주신 높은 자존감 가운데 행치 못하고 낮은 자존감 가운데 행했음을 고백합니다.

그것이 우리의 인격에 장애가 되어 우리의 삶 가운데 많은 상처와 고통을 주었음을 고백합니다. 하나님은 우리에게 입술을 주실 때에 치유하고 위로하라고 주셨건만 우리는 그 입술을 치료하는 입으로 사용치 못하고 도리어 칼이 되어 서로의 마음에 상처를 입히는데 사용했음을 고백합니다.

　우리의 어리석음과 연약함과 허물을 불쌍히 여겨 주시옵소서!

　은혜로우신 주님!
　먼저 주님 앞에 높은 자존감을 갖기를 원합니다. 주님께서 "네 이웃을 사랑하라!" 하실 때 "네 몸과 같이 사랑하라!"고 하셨습니다. 네 이웃을 사랑하기 전에 먼저 해야 할 것이 있습니다. 그것은 내가 나를 사랑하는 일입니다. 나를 먼저 옳바로 사랑하지 않고는 우리가 온전한 사랑을 할 수 없는 것을 믿습니다.
　성경이 자기사랑을 죄악시하는 것은 이기적인 자기애(愛)적 사랑 안에 갇히기 때문인 것을 믿습니다. 그러나 먼저 자신을 돌볼 줄 모르고 자신을 지킬 줄 모르는 사람은 남을 사랑할 수 없습니다. 스스로를 학대하고 자해하며 자살까지 하는 사람들이야말로 정말 이기적인 사람들입니다. 자기만 아는 사람입니다. 가족이 겪게 되는 고통쯤은 아랑곳 하지 않는 사람이기 때문입니다.
　내 몸 사랑이 온전히 이루어지지 못하면 이웃을 사랑한다고 해도 병든 사랑을 합니다. 왜곡되고 굽은 사랑을 해서 도리어 상처를 주고 다치게 합니다.
　그래서 우리 주위에서는 나 같은 거는 무시 당해도 괜찮아, 나로 인해 여러 사람 힘들게 하지 말아야지, 그저 빨리 없어져 주는 것이 여러 사람 도와주는 길이야 라고 말하는 사람을 보게 됩니다.

사랑하는 주님!

사랑의 시작은 내가 먼저 날 사랑하는 데서부터 출발하게 됨을 믿습니다. 나 스스로를 돌봐야 하고 나를 지켜야 하며 나를 보호해야 합니다. 나 스스로를 인정하고 칭찬해야 합니다. 사랑해야 합니다. 소중히 여겨야 합니다. 기도하오니 우리 모두가 사랑과 배려와 관심의 대상이 되기에 충분하다고 생각할 수 있도록 우리의 마음을 주장하여 주시옵소서!

주님은 분명히 네 몸을 사랑하는 것 같이 네 이웃을 사랑하라 하셨습니다. 내 이웃을 사랑할 때 내 몸보다 더 사랑하라고 하지 않으셨습니다. 나를 사랑하는 것과 내 이웃을 사랑하는 것을 저울에 달았을 때 똑 같아야 함을 믿습니다.

내 몸과 내 자녀를 사랑하고 내 가정과 내게 속해 있는 것에 대한 깊은 사랑이 먼저 있어야 함을 믿습니다. 그리고 나서야 이웃을 진정으로 사랑할 수 있게 됨을 믿습니다.

참다운 치유와 회복은 내가 먼저 나를 사랑하게 되면서부터 임을 깨달아 알게 하여 주시옵소서!

그리스도께서 우리를 위하여 죽으실 만큼 하나님의 큰 사랑이 우리 안에 있다는 사실을 항상 잊지 않게 하시기를 기도하오며 우리의 치유자가 되시는 우리주님 예수 그리스도의 이름으로 기도합니다. 아멘!

34. 기도와 응답 - 구월 첫째주

"하나님의 구하시는 제사는 상한 심령이라 하나님이여 상하고 통회하는 마음을 주께서 멸시치 아니하시리이다"(시편 51:17)

감사하신 하나님 아버지!

오늘도 거룩한 주일을 맞아 하나님 앞에 예배드리기 위해 주님의 전을 찾아 나온 하나님의 자녀들을 만나주시고 은혜 베풀어 주시기를 기도합니다. 우리가 죄인이오나 우리를 내치지 않으시고 독생자의 보혈로 우리를 용서 하시고 품어 주심을 믿습니다.

먼저 회개 하옵기는 주님께서 말씀주시기를 세상을 사랑하는 것이 하나님과 원수되는 길이라 하셨음에도 우리는 세상이 주는 일락에 빠져 세상과 짝하고 살았던 시간들이 있었음을 고백하오니 우리를 불쌍히 여겨 주시옵소서!

감히 주님 앞에 설 수 없는 죄인이오나 예수 십자가의 공로에 의지해서 하나님전에 섰사오니 우리의 예배를 받아 주시고 긍휼을 베풀어 주시기를 기도합니다!

은혜가 많으신 하나님 아버지!

이 시간 주님 앞에 나올 때에 우리의 마음에 간절한 마음과 애타는 심령을 가지고 주의 전을 찾았습니다. 바라오니 우리의 간절함에 응답 하시고 우리의 애타는 마음 가운데 위로가 되어 주시옵시기를 기도합니다. 우리의 소원을 들어 응답하시기를 기도합니다.

"여호와께서 빈궁한 자의 기도를 돌아보시며 저희 기도를 멸시치 아니하셨도다!" 하셨습니다.

예수님의 옷자락이라도 잡고 치유를 받으려는 여인의 마음으로 주님을 바라보기 원합니다. 수로보니게 여인과 같이 주인의 상에서 떨어지는 부스러기를 사모하듯이 주님의 역사가 나타나기를 소원합니다.

이 시간 우리의 예배를 흠향하시고 우리의 찬송을 받으실 때에 또한 우리의 간절한 기도제목 가운데 응답을 주시옵소서!

질병가운데 신음하며 고통당하는 이들을 불쌍히 여기심으로 치유의 손길을 발하여 주시옵소서! 나뭇가지를 마라의 쓴물에 던지시며 '나는 너희를 치료하는 여호와라!' 말씀하신 줄을 믿사오니 우리의 병든 몸을 깨끗하게 하여 주시옵소서!

우리의 몸을 조성하신 분이 우리 하나님이신고로 또한 소생시키시고 고치시는 분도 우리 주님이심을 믿습니다. 오직 주님의 어루만지심으로 나음을 입고 회복을 경험하게 하여 주시옵소서!

또한 우리의 간절한 기도 가운데는 경제적 어려움으로부터 건짐받고자 하는 간절함이 있습니다. 우리의 머리카락까지 세시고 우리가 구하기 전에 우리의 구할 것을 아시는 주님께서 우리에게 물질의 복을 허락하심으로 우리 생활에 쓸 것으로 가득하게 하여 주시옵소서!

긍휼이 풍성하신 주님!

너희는 여호와를 맛보아 알지어다! 말씀하신 주님이신 것을 믿습니다. 우리가 주님께 계속해서 기도할 수 있음은 우리 앞에 우리의 기도를 들어주신 하나님의 역사가 있기 때문인 것을 믿습니다. 하나님이 우리의 기도를 들어 주시고 우리의 소원과 비전에 응답하신 경험이 우리의 삶에 가득하게 하시기를 기도합니다.

구하는 이마다 얻는다고 했고 찾는 이가 찾을 것이라 하셨으며 두드리는 자마다 열릴 것이라 하셨음을 기억합니다. 또한 이른 아침 벗된 친구 집을 찾아가 도움을 구할 때 벗됨을 인하여 주지 않고 강청함을 인하여 그 소원대로 준다 했사오니 우리의 기도에 강청이 있게 하시고 인내가 있게 하여 주시옵소서! 불의한 재판관을 찾아간 과부가 응답받은 것은 그의 인내에 있었음을 믿습니다.

악한 자라도 그 자녀에게 좋은 것으로 줄 줄을 알거든 하물며 하늘에 계신 너희 아버지께서 어찌 구하는 자에게 성령을 주시지 않겠느냐 말씀하셨음을 믿습니다!

우리의 기도에 응답주시는 하나님에 대한 확고한 믿음이 우리 모두에게 있게 하여 주시옵시기를 간절히 원하오며 오늘도 이 예배에 함께 하시며 우리의 기도를 들으시는 우리주님 예수 그리스도의 이름으로 기도합니다. 아멘!

35. 비전과 성취 - 구월 둘째주

"그를 이끌고 밖으로 나가 가라사대 하늘을 우러러 뭇별을 셀 수 있나 보라 또 그에게 이르시되 네 자손이 이와 같으리라 아브람이 여호와를 믿으니 여호와께서 이를 그의 의로 여기시고"(창세기 15:5)

거룩하신 하나님 아버지!

오늘도 거룩한 주님의 날을 우리에게 허락하여 주시어서 우리의 발걸음을 주님전으로 인도하여 주신 것을 감사드립니다. 주님 앞에 일주일의 삶을 돌아볼 때 부끄럽고 죄스러운 마음임을 고백합니다. 주님은 우리를 위해 십자가에 몸을 내어주시는 사랑을 주셨는데 우리는 주님을 온전히 사랑하지 못하고 세상을 사랑하고 살았음을 용서해 주시옵소서! 하나님의 마음을 헤아리며 말씀위에 굳건히 서 있지 못하고 세상과 사람의 눈치만 보며 살았던 시간이 있었음을 불쌍히 여겨 주시옵소서!

주님을 예배하는 이 한 시간을 통하여 이 모든 영적인 간음죄에서 우리를 건져 주시옵시기를 간절히 기도합니다.

은혜로우신 하나님 아버지!

마른막대기만도 못한 부족하고 연약한 우리에게 함께 하심으로 하나님은 우리 심령에 하나님을 바랄 수 있는 믿음을 주시고 또한 우리 마음에 소원을 주셨으며 비전을 꿈꾸게 하신 분이 바로 우리 하나님이신 것을 믿습니다.

아브라함의 믿음을 의로 여기시며 그에게 주신 약속과 비전대로 이루어 주신 주님을 바라보기 원합니다. 오직 주님주신 약속의 말씀 하나만 믿고 본토 친척 아비집을 떠나 광야로 들어갔던 아브라함의 믿음을 본받기를 원합니다. 아들이 없던 아브라함에게 "하늘의 별과 같이 바다의 모래 같이 너의 자손을 많아지게 할 것이다!"라는 말씀을 믿고 기다렸던 아브라함과 같은 믿음이 되길 원합니다!

우리 모두가 믿음의 조상인 아브라함의 후손이 되어 아브라함이 갔던 믿음의 길을 끝까지 행할 수 있도록 은혜를 베풀어 주시옵소서!

우리 하나님은 약속의 하나님이시며 또한 그 약속을 이루시는 하나님이신 것을 믿습니다. 우리에게 주신 말씀 또한 모두 약속의 형태를 띠고 있음을 믿습니다. 우리가 하나님의 말씀을 품고 있다고 할 때 그것은 곧 약속을 이루실 하나님을 기다린다는 의미임을 믿습니다.

우리가 믿음이 없어서 품은 주님의 말씀을 중간에 잃어버리는 일이 없도록 우리의 믿음을 굳센 반석위에 세워 주시옵소서!

긍휼이 풍성하신 하나님 아버지!

주께서 말씀 주시기를 "저가 평온함을 인하여 기뻐하는 중에 여호와께서 저희를 소원의 항구로 인도하신다!" 하셨습니다. "또 여호와를 기뻐하라 저가 네 마음의 소원을 이루어 주시리로다!" 말씀하신 분도 우리 하나님이신 것을 믿습니다. 우리 마음에 소원을 주시고 비전과 꿈을 주신분이 우리 하나님이신 것을 믿사오니 그 약속이 성취되기까지 주신 비전의 얼굴을 보기까지 우리 마음 가운데 말씀을 잘 품게 하여 주시옵소서!

아기를 품은 엄마는 열 달이 지나면 고대하고 기다리던 아기 얼굴을 보며 즐거워하듯이 우리에게 품게 하신 꿈과 비전도 하나님이 작정하신 기간이 지나면 우리가 바라던 꿈과 비전의 얼굴 볼 날을 허락하실 것을 믿습니다. 그 기쁨의 날을 보기까지 믿음이 없어서 중간에 우리의 꿈과 비전을 유산시키는 어리석음과 미련함이 없도록 우리의 믿음을 지켜 주시옵소서!

비전의 사람 요셉을 향하여 꿈꾸는 자라 했던 것처럼 성도는 꿈꾸는 자임을 믿습니다. 그 마음에 놀라운 비전을 품고 살아가는 사람들인 것을 믿습니다. 높은 비전과 이상을 꿈꾸며 하나님 앞에 소원을 바라며 사는 사람들인 것을 믿습니다.

비록 해산의 산고가 있다 하더라도 그러나 끝까지 인내하고 품고만 있다면 하나님께서는 친히 심으신 소원의 열매를 우리의 눈앞에 이제 곧 나타나게 하실 것을 믿습니다.

하나님은 우리 안에 소원을 심고 거두는 일을 하시고 성도는 믿음으로 소원 품는 일을 하는 것인 줄로 믿습니다. 하나님께서 거두러 가셨는데 품고 있는 안타까운 일이 없기를 간절히 기도하오며 우리에게 꿈과 비전을 주시고 그것을 또한 이루어주시는 우리 주님 예수 그리스도의 이름으로 기도합니다. 아멘!

36. 부흥과 성장 - 구월 셋째주

"여호와여 내가 주께 대한 소문을 듣고 놀랐나이다. 여호와여 주는 주의 일을 이 수년 내에 부흥케 하옵소서! 이 수년 내에 나타내시옵소서!"(하박국 3:2)

사랑이 많으신 하나님 아버지!

오늘도 거룩한 주일아침을 허락하시고 청명한 가을하늘 아래 주님의 전을 찾아 하나님을 예배하게 하신 것을 감사드립니다. 우리가 주의 전을 찾아 나오기 전에 벌써 주님이 먼저 우리를 기다리시는 자상하신 아바아버지이심을 믿습니다.

그러나 하나님 아버지 앞에 우리가 회개할 것이 있습니다. 일주일을 살면서 온전히 하나님으로 소망을 두지 못하고 허망한 세상에 소망을 두고 살았던 시간이 있었음을 고백합니다.

우리의 믿음이 연약하여 쉬이 낙심하고 사람들이 하는 말과 환경에 따라 우리의 마음과 믿음도 같이 요동했음을 불쌍히 여겨 주시기를 기도합니다. 이 모든 것이 우리의 믿음부족이오니 주님을 예배하는 이 한 시간을 통하여서 우리의 믿음을 바로 세워 주시옵소서!

감사하신 주 하나님 아버지!

이 시간 또한 기도하옵기는 우리의 믿음이 주의 말씀을 듣고 날마다 성장하는 은혜를 주시기를 기도합니다. 아이가 밥을 먹고 자라나 듯이 우리의 영혼 또한 주님의 말씀을 받아먹고 건강한 모습으로 자라나길 소원합니다.

　아이가 밥을 먹고도 자라지 않는다면 그 건강에 문제가 있는 것처럼 우리의 영혼 또한 주의 말씀을 먹고 자라지 않는다면 그 영혼은 병든 영혼이 될 것입니다.

　하나님 앞에 하늘나라 심기워진 푸른 감람나무와도 같이 무성한 나무로 자라날 수 있도록 우리의 믿음을 성장시켜 주시기를 기도합니다.

　바라옵기는 우리의 성장에 또한 성숙이 있기를 소망합니다. 덩치만 크고 정신연령이 어린 성인아이가 되지 않도록 우리 안에서 역사하실 때에 우리의 믿음이 모든 것을 구비하여 조금도 부족함이 없는 인내를 알게 하시고 모든 일에 사려 깊게 생각하고 행동하는 온전한 믿음이 되게 하여 주시옵소서!

　우리의 인격과 우리의 믿음과 우리의 생활 모든 면에서 외적인 성장과 함께 내적인 성숙이 이루어질 수 있도록 은혜를 베풀어 주시기를 기도합니다.

　긍휼이 풍성하신 하나님 아버지!
　또한 바라옵기는 우리교회의 부흥을 주시기를 기도합니다. 날마다 마음을 같이 하여 모이기를 힘쓰는 교회가 되게 하시고 모이면 기도하고 흩어지면 전도하는 교회가 되길 기도합니다.

전도의 열매가 맺힘으로 인하여서 빈자리가 채워지게 하시고 교회의 각 기관이 활성화되며 영적인 생명력이 가득한 주님의 지체들이 되게 하여 주시옵소서!

우리가 속한 교회가 부흥하여 복을 받을 때에 교회에 속한 성도들에게 복을 주시는 하나님이신 것을 믿습니다. 주님 앞에 복을 구하기 전에 먼저 주님 앞에 큰 기쁨이 된 우리의 믿음생활이 되게 하여 주시옵소서!

교회를 세우신 이 지역사회에 영혼구령사업을 온전히 감당하는 교회가 되게 하시고 또한 온전한 봉사와 헌신으로 사람들로 칭찬을 듣는 교회가 되게 하여 주시기를 기도합니다!

교회의 부흥을 위하여 수고하시는 목사님과 제직들 위에 은혜 더하여 주심으로 날마다 때마다 도우시는 하나님의 은혜를 힘입게 하시고 영육간에 강건함을 잃지 않도록 주님께서 붙들어 주시옵소서!

오늘도 이 예배에 함께 하심으로 우리의 기도와 찬송과 예물을 받아 주시고 우리에게 부흥과 성장을 주시며 더 나아가 이 모든 부분에서 성숙을 이루어 주실 줄을 믿사오며 우리를 죄악에서 구원하신 우리주님 예수 그리스도의 이름으로 기도합니다. 아멘!

37. 가을기도 - 구월 넷째주

"열매가 익으면 곧 낫을 대나니 이는 추수 때가 이르렀음이라!"
(마가복음 4:29)

감사하신 하나님 아버지!

오곡백과가 무르익고 온 들녘이 황금물결로 가득한 계절을 맞아 주님 앞에 감사의 예배를 드리기 위해 주의 전을 찾은 주님의 백성들을 오늘도 만나 주시고 은혜 베풀어 주실 것을 믿습니다.

오늘도 주님 앞에 설 때에 허물이 많고 한없이 부족한 모습뿐이지만 오직 긍휼을 베푸시기를 기뻐하시는 하나님께 머리를 숙였사오니 우리를 품어 주시고 은혜를 주시옵소서!

주님께서 말씀하시기를 좋은 나무가 좋은 열매를 맺으며 나쁜 나무가 나쁜 열매를 맺는다 했습니다. 그럼으로 열매로 그를 안다고 하셨습니다. 오늘 우리가 가을을 맞으며 무슨 열매를 맺었는지 돌아보길 원합니다. 우리가 천국의 성도로서 인생을 살아가면서 성령의 아홉 가지 열매인 사랑과 희락과 화평과 오래 참음과 자비와 양선 온유 충성 절제의 열매를 맺어야 하는데 우리의 삶 가운데 이와 같은 열매가 얼마나 열렸는지 생각할 때에 부끄러울 뿐입니다.

자비하신 하나님 아버지!

이 가을은 겨울을 준비하는 계절인 것을 믿습니다. 부지런히 이제 다가올 추운 겨울을 준비하게 하시고 게으른 베짱이가 되지 않도록 우리 모두를 성실히 일하게 하여 주시기를 기도합니다.

추운 겨울을 준비하기 위해 땅으로부터 모든 곡식과 소산물을 내게 하심은 모든 생명을 먹이시는 하나님의 성실하심이 그 가운데 있음을 믿습니다.

"여호와께서 샘을 골짜기에서 솟아나게 하시고 산 사이에 흐르게 하사 각종 들짐승에게 마시게 하시니 들나귀들도 해갈하며 공중의 새들도 그 가에서 깃들이며 나뭇가지 사이에서 지저귀는도다 그가 그의 누각에서부터 산에 물을 부어 주시니 주께서 하시는 일의 결실이 땅을 만족시켜 주는도다!" 말씀하셨습니다.

또한 "그가 가축을 위한 풀과 사람을 위한 채소를 자라게 하시며 땅에서 먹을 것을 나게 하셔서 사람의 마음을 기쁘게 하는 포도주와 사람의 얼굴을 윤택하게 하는 기름과 사람의 마음을 힘 있게 하는 양식을 주셨도다!" 하셨습니다.

하나님께서 이 땅에 풍족한 열매와 결실로 가득하게 하신 때에 또한 기도하오니 우리가 이 땅에서 수고한 모든 일들에 대한 결실이 있기를 간절히 소망합니다. 수고와 땀은 있는데 그에 따르는 결실이 없다면 이 어찌 안타까운 일이 아니겠습니까!

수고로이 공부한 우리 학생들에게는 입시의 문이 열리는 결실을 주시고, 일터에서 고되게 일하는 우리 부모님들에게는 그에 따르는 소득을 주시며, 우리의 모든 고생에 그에 따르는 보상과 대가가 있게 하여 주옵소서! 들판에 오곡백과들을 윤택하고 탐스럽게 하시듯이 우리의 모든 일에도 탐스럽고 풍성한 결실이 가득하게 하시기를 기도합니다.

은혜가 많으신 하나님 아버지!
우리는 또한 누구나 인생의 가을을 준비해야 할 것입니다. 인생의 황혼이 왔을 때에 천국준비를 하지 않는다면 그는 가장 어리석은 인생이 될 것입니다. 우리가 돌아가야 할 본향인 천국을 바라보며 이 땅에서의 나그네 인생길을 돌아보는 지혜가 우리 모두에게 있게 하여 주시옵소서!

또한 바라옵기는 이 좋은 계절에 더욱 말씀을 가까이 하게 하시기를 기도합니다.

소가 되새김질 하듯이 말씀을 묵상하는 가운데 하나님 주시는 큰 은혜를 입게 하시고 노아와 에녹처럼 온전히 주님과 동행함으로 하나님의 기쁨이 되는 시간이 되게 하여 주시옵소서!

무르익은 곡식들이 추수를 기다리고 있습니다. 주님의 추수 때가 되었을 때 속이 비인 쭉정이가 되지 않게 하시고 알곡이 되어 천국 창고에 들이는 주님의 백성들이 되게 하여 주시옵기를 간절히 원하오며 우리에게 이와 같이 아름다운 만추의 계절을 주신 우리주님 예수 그리스도의 이름으로 기도합니다. 아멘!

38. 온유와 사랑 - 시월 첫째주

"너희가 무엇을 원하느냐 내가 매를 가지고 너희에게 나아가랴 사랑과 온유한 마음으로 나아가랴!"(고린도전서 4:21)

사랑의 하나님 아버지!

지난 한 주일 동안도 은혜와 사랑으로 보살펴 주셨다가 이렇게 거룩한 주일이 되어 주의 전을 찾아오게 하시니 감사하옵고 또한 감사하옵나이다. 이 시간 먼저 기도하옵기는 세상을 살아가면서 하나님의 자녀답지 못한 삶을 살았던 시간들이 많이 있었음을 고백하오니 우리의 죄악과 추함을 독생자 예수의 피로 맑히시고 우리를 품어 주시기를 기도합니다.

믿음 가운데 굳건히 서지 못하고 쉬이 낙심했으며, 오래참고 기다리는 인내가 없었습니다. 주님 주신 평안가운데 거하지 못하고 모든 일에 초조하고 성급했습니다. 온전히 말씀의 길을 행치 못하고 좌로나 우로나 치우친 시간이 많이 있었음을 또한 고백합니다.

자비하신 하나님 아버지!

특별히 이 시간 고백하옵기는 우리가 사람들을 대할 때에 온유와 사랑으로 대하지 못하고 짜증과 분냄과 성냄으로 대했던 시간이 있었음을 고백합니다. 우리의 허물을 불쌍히 여겨 주시옵소서!

이 시간 기도하오니 온유함이 온 지면에서 승했다고 하는 모세와도 같은 온유함이 우리 안에 가득하기를 원합니다. 불순종과 완악함으로 일관했던 이스라엘 백성의 40년 광야길을 오직 온유함과 사랑으로 이끌었던 모세의 리더십을 우리가 본받기를 원합니다.

그러하오나 주님! 모세가 처음부터 온유의 사람은 아니었음을 알고 있습니다. 그는 혈기를 못 이겨 애굽사람을 죽인일로 미디안땅으로 도망갔으며 이스라엘을 처음 이끌고 광야로 나갔을 때에는 주님께서 직접 손가락으로 새겨주신 십계명 돌판을 내어 던질 정도로 혈기가득한 사람이었음을 보게 됩니다.

40년 광야생활 동안 온유와 사랑의 사람 모세로 훈련시키시는 분이 우리주님이신 것을 믿습니다. 우리 또한 인생의 광야길을 통해 연단과 훈련을 주심으로 우리로 하여금 온유와 사랑의 사람으로 만들어 주시기를 기도합니다.

인생을 살면서 단단하면 부러지는 이치를 잊지 않게 하시고 언제나 부드러운 우리의 마음이기를 원합니다. 끝까지 그 마음을 완악하고 강퍅한 마음으로 가져갔던 바로왕과 같이 멸망의 길을 자초하는 어리석음이 없도록 우리의 마음을 온유하고 부드러운 마음 되게 하여 주시기를 간절히 기도합니다!

조금만 더 참았으면 좋았을 것을 우리가 화를 낸 일로 인하여서 얼마나 많은 일을 그르치게 되고, 실수를 하게 되며 사람의 마음에 상처를 주고 아프게 하는지 모릅니다. 조금만 더 참고 조금만 더 온유한 마음으로 모든 이들을 대할 수 있도록 역사하여 주시옵소서!

　은혜로우신 주님!
　속상하고 답답한 일을 경험할 때면 오히려 그것을 가지고 주님 앞으로 가지고 나와 쏟아놓은 은혜가 있게 하시기를 기도합니다. 시편의 많은 성경기자가 주님 앞에 인생의 답답함과 상한 마음을 토로하듯이 주님께 우리의 답답함을 가지고 나와 기도함으로 푸는 은혜를 허락하여 주시옵소서!
　"너는 밤 초경에 일어나 부르짖을 찌어다 네 마음을 주의 얼굴 앞에 물 쏟듯 할찌어다" 주님께 우리 마음을 쏟아내면 주님은 우리의 상한 마음을 어루만지심을 믿습니다. 성령의 손길이 부드러운 터치로 우리 상한 심령을 치유하여 주실 줄을 믿습니다.
　분냄과 화냄으로 우리의 마음을 표현하는 것이 아니라 오직 하나님께 기도하는 것을 통해서 우리의 상한 마음을 표현할 줄 아는 성숙한 성도가 되게 하시기를 간절히 원하오며 오늘도 이 예배에 함께 하시며 우리 안에서 온유와 사랑의 열매를 맺기 원하시는 우리주님 예수 그리스도의 이름으로 기도합니다. 아멘!

39. 은혜와 축복 - 시월 둘째주

"여호와는 네게 복을 주시고 너를 지키시기를 원하며 여호와는 그 얼굴로 네게 비취사 은혜 베푸시기를 원하며 여호와는 그 얼굴을 네게로 향하여 드사 평강 주시기를 원하노라 할찌니라 하라 그들은 이 같이 내 이름으로 이스라엘 자손에게 축복할찌니 내가 그들에게 복을 주리라!" (민수기 6:24)

은혜로우신 하나님 아버지!

가을이 깊어가는 계절에 주님이 정하신 주의 날을 맞아 주의 전으로 우리의 발걸음을 인도하여 주시니 감사하옵고 또한 감사하옵나이다. 죄와 허물로 죽었던 우리를 십자가로 살리시고 천국백성 삼으시며 하나님의 아들이라 딸이라 칭하여 주신 은혜에 감사하오며 주일예배를 드리기 원합니다. 이 예배에 좌정 하시고 우리가 드리는 예배를 받으시고 영광을 나타내 주시옵소서!

이 시간 주님 앞에 기도하옵기는 이 자리에 있는 우리 모두가 은혜와 축복의 사람이 되기를 소망합니다. 우리가 어디를 가 있든지 그곳에서 주의 은혜와 축복을 전하는 사도가 되기를 원합니다. 은혜를 강 같이 흐르게 하며 축복을 하수 같이 흐르게 하는 축복의 통로가 되길 원합니다.

우리의 헌신과 섬김 그리고 전도를 통해서 멸망받을 백성들이 주님을 만나게 하시며 세상에서 악한 영에 고통받고 억눌린 사람들에게 능력의 주님을 소개하는 은혜의 통로가 되기를 원합니다.

감사하신 하나님 아버지.
이 시간 우리로 하여금 은혜를 흐르게 하는 은혜의 강이 되며 축복의 통로가 되게 하실 때에 먼저 우리로 하여금 주님의 은혜를 가득 경험하게 하시기를 기도합니다. 은혜가 없는데 어떻게 은혜를 흘려 보내겠습니까! 우리가 주님께 기도하며 주님의 말씀을 듣는 가운데 한없는 은혜를 우리에게 부어주시며 그 은혜가 넘쳐 흐르게 하시고 내 옆에 있는 이에게 그 은혜를 가득히 나누어 줄 수 있는 역사를 이루어 주시기를 기도합니다.

주님께서 말씀하시길 "주라 그리하면 너희에게 줄 것이니 곧 후히 되어 누르고 흔들어 넘치도록 하여 너희에게 안겨 주리라!" 하셨습니다.

우리가 물질로 이웃을 도울 때도 물질이 없으면 도울 수 없는 것처럼 은혜가 없으면 은혜를 끼칠 수가 없는 줄을 믿사오니 우리 안에 하나님 부으신 신령한 은혜가 가득하게 하여 주시옵소서!

사랑하는 주님!
우리가 하나님 주시는 은혜와 축복을 구함은 우리가 은혜가 없음으로 불평하고 살았고 원망이 가득한 삶이었음을 고백합니다. 우리 안에 하나님이 주신 축복을 볼 수 없음으로 인하여서 감사의 삶이 없었음을 고백합니다.

　우리 안에 하나님 주신 하늘의 은혜가 충만하게 하실 때에 우리 앞에 보이는 이 모든 것을 다 하나님이 우리에게 안겨주신 축복으로 보여지는 역사를 이루어 주시옵소서!

　우리 안에 하나님의 은혜가 가득하면 또한 우리 눈앞에는 하나님 주신 축복이 가득하게 보임을 믿습니다. 축복을 축복으로 보지 못하는 어리석음에서 우리를 깨우쳐 주시고 이 모든 것을 결국에는 우리에게 하나님 주신 축복임을 잊지 않게 하여 주시옵소서!

　심지어는 고난마저도 하나님 주신 축복으로 받을 수 있는 은혜를 주실 때에 하나님은 틀림없이 그 고난을 전화위복 되게 하심으로 크고 놀라운 하나님의 역사를 체험하게 하실 것을 믿습니다. 축복은 고난의 포장지에 쌓여 있다고 하는 진리를 놓치지 않게 하여 주시옵소서!

　오늘도 주님을 예배하는 이 한 시간을 통하여서 하나님의 크고 놀라운 은혜와 축복으로 우리 안에 가득 채워 주실 것을 믿사오며 우리의 구원이 되신 우리주님 예수 그리스도의 이름으로 기도합니다. 아멘!

40. 성공과 승리 시월 - 셋째주

"우리가 너의 승리로 인하여 개가를 부르며 우리 하나님의 이름으로 우리 기를 세우리니 여호와께서 네 모든 기도를 이루시기를 원하노라!"(시편 20:5)

사랑의 하나님 아버지!

오늘도 거룩한 주일을 허락 하시고 주님의 몸된 전을 찾아 하나님을 바랄 수 있도록 은혜 주심을 감사드립니다. 주님을 뵈옵기 전에 먼저 우리가 지난 일주일을 살면서 하나님 앞에 범죄한 것이 있는지 돌아보기 원합니다.

이 시간 회개 하옵기는 모든 일에 감사하지 못하고 불평한 시간이 있었음을 고백합니다. 사랑을 받은자로서 또한 사랑하는 자리에 있지 못하였음도 고백합니다. 겸손히 행하지 못하고 교만함 가운데 행한적도 있었습니다. 자신의 들보는 보지 못하고 남의 티를 나무란 적도 있었습니다. 이 모든 허물과 죄악에서 우리를 용서하시고 보혈의 피로 우리를 구원해 주시기를 간절히 기도 합니다.

감사하신 하나님 아버지!

특별히 우리가 세상을 살면서 우리의 모든 소망을 죄된 세상에다 두고서 세속적이고 물질적 가치만을 쫓았던 것을 회개하기 원합니다. 주님은 우리가 세상에서 죄를 이기며 유혹을 이기며 어둠의 세상주관자들과 하늘에 있는 악한 영과의 전투에서 승리하기를 원하셨지만 우리는 영적인 승리에는 관심이 없었고 오로지 육적인 성공과 세상적인 출세만을 위해서 살아왔음을 고백하오니 우리를 불쌍히 여겨 주시고 용서하여 주시기를 기도합니다.

기도하옵기는 우리가 세상적인 성공을 바라기 전에 하나님 앞에 먼저 세상을 이긴 성도가 되게 하시기를 기도합니다.

세상을 이기고 죄를 이기는 데에 있어서 도리어 세상의 것을 잃는 일이 있다 하여도 그것으로 기쁨을 삼을 줄 아는 참 하늘에 속한 성도가 되게 하여 주시기를 기도합니다!

예수님은 물론 예수님의 제자들과 사도들 그리고 사도바울까지 모두가 다 하나님 말씀을 순종하고 믿음을 지킨 댓가로 이 땅에서 축복과 보상을 얻은 것이 아니라 오히려 믿음을 지킨 댓가로 모두가 욕을 먹고 매를 맞고 순교했기 때문입니다.

분명한 기준은 하나님 말씀인 것을 믿습니다. 하나님 말씀대로 살고 있으면 세상사람 눈에는 실패한 것 같아도 하나님 앞에 성공한 자이며 하나님 말씀을 떠나 있으면 돈 많이 벌고 높은 자리 앉아도 그는 하나님 앞에 실패한 자가 됨을 믿습니다.

우리는 모두가 성공을 원합니다. 그러나 세상을 이김으로 성공하는 거룩한 하나님의 자녀가 되게 해 주시기를 소망합니다. 말씀 안에서 죄를 이기고 유혹을 이기고 고난을 이기고 환란을 이기고 절망을 이기는 것으로 성공하는 우리 모든 성도가 되게 하여 주시옵소서!

　마치 아브라함이 가나안 연합국과의 전쟁에서 승리하고 나서 하나님으로부터 많은 전리품을 받듯이 승리의 전리품으로서 성공과 복을 허락하여 주시옵소서!

　은혜로우신 주님!
　너희가 세상에서 환란을 당하나 담대하라! 내가 세상을 이기었노라! 말씀하신 주님이신 것을 믿습니다. 또한 하나님께로 난 자마다 세상을 이기느니라! 말씀하셨습니다. 또한 세상을 이긴 이김은 이것이니 우리의 믿음이니라! 예수 그리스도께서 하나님의 아들임을 믿는자가 아니면 세상을 이기는 자가 누구뇨 이기는 자는 이것들을 유업으로 얻으리라! 나는 저의 하나님이 되고 그는 내 아들이 되리라! 말씀하신 것을 믿습니다.
　우리가 세상적 출세와 성공을 바라기 전에 먼저 하나님 앞에 아브라함 같이 세상을 이긴 성도가 되게 하시기를 간절히 원합니다. 오늘도 우리가 드리는 주일예배를 통하여서 우리에게 세상을 이기는 능력을 주시며 여호와 닛시의 깃발을 높이들고 주님나라를 향하여 행진하는 주의 군사들이 되게 히시기를 소원하오며 이 모는 기도를 드릴 때에 우리주님 예수 그리스도의 이름으로 기도합니다. 아멘!

40. 진리와 말씀 - 시월 넷째주

"진리의 말씀이 내 입에서 조금도 떠나지 말게 하소서 내가 주의 규례를 바랐음이니이다."(시편 119:43)

감사하신 하나님 아버지!

오늘도 거룩한 주일을 맞아 세상을 지으시고 주관하시는 하나님께 감사의 예배를 드리기 위해 주님의 전을 찾았습니다. 오직 독생자 예수 그리스도의 보혈의 피에 의지하여서 주님 발 아래 섰사오니 이 시간 허물 많고 죄 많은 우리들을 용서하시고 품어 주시기를 기도합니다!

주일마다 하나님 앞에 설 때에 여전히 부족하고 연약한 모습임을 고백합니다. 한 주일간을 살면서 진리의 말씀 가운데 바로서지 못하고 허탄한 세상의 가치에 이끌렸으며 사람들의 말과 환경에 따라 이리저리 요동치는 믿음이었음을 고백하오니 우리의 믿음 적음을 불쌍히 여겨 주시옵소서!

자비로우신 주님!

내가 곧 길이요 진리요 생명이니 나로 말미암지 않고는 아버지께로 올자가 없다 하셨습니다. 우리의 길이 되시고 진리가 되시며 생명이 되신 주님! 우리가 인생길을 살면서 허망한 세상길에 치우치고 거짓진리에 미혹되며 사망이 있는 곳으로 치닫지 않도록 우리의 인생발걸음을 지켜주시기를 기도합니다.

많은 사람들이 거짓영에 미혹되어 이단사설에 빠져 있음을 보게 됩니다. 주님께서 말씀하시길 "너희가 영을 다 믿지 말고 그 영이 어디로부터 말미암았는지 시험하여 보라" 말씀하셨습니다.

이 시간 바라옵기는 우리 모든 성도들에게 하나님의 말씀을 바로 볼 수 있는 지각력과 더불어 진리의 영을 구분할 수 있는 분별력을 허락하여 주시기를 기도합니다!

주님께서 말씀을 깨닫게 하시는 영을 주시고 진리를 분별하는 성령을 주심으로 그 말씀이 우리에게 생명의 양식이 됨을 믿습니다.

우리 가운데에는 독이 든 거짓 진리에 미혹되어 방황하는 인생이 없게 하시고 오직 진리의 말씀안에 든든히 거할 수 있도록 은혜를 허락하여 주시옵소서!

부활하신 주님께서 엠마오로 가는 두 제자와 그 길을 함께 하시며 구약에 기록된 자신에 관한 말씀을 자세히 풀어 주실 때 그들의 마음이 뜨거워졌다 했습니다. 말씀이 진리로 임할 때에 부어주시는 감화와 감동이 우리 안에 가득하게 하여 주시옵소서!

제자들의 눈이 가리어져 예수를 알아보지 못하다가 예수님의 풀어주시는 말씀을 다 듣고 저들의 눈이 밝아져 예수를 알아보았다 했습니다. 기도하오니 우리가 성경말씀을 깨닫게 될 때에 그 안에서 예수님을 알아보게 하여 주시옵소서!

"나는 인애를 원하고 제사를 원치 아니하며 번제보다 하나님을 아는 것을 원하노라!" 말씀하신 주님이신 것을 믿습니다. 성경을 통해 진리를 깨닫게 하시고 하나님의 생각을 알게 하시고 하나님의 섭리와 경륜을 발견하게 하시며 하나님의 크신 사랑을 알 때에 하나님의 모든 것을 독생자 예수 그리스도 안에 있음을 깨닫게 하여 주시옵소서!

긍휼이 풍성하신 주님!
이 시간 또한 기도하오니 우리에게 진리의 말씀을 풀어 가르치시는 목사님과 교역자님들에게 크신 은혜를 베풀어 주시어서 성령의 영감을 칠배나 더하여 주시기를 기도합니다.
우리 성도들에게 성경말씀 한 구절 한 구절을 해석하며 자세히 풀어주실 때에 그 말씀이 우리의 영에 피가되고 살이 되며 능력이 되는 말씀이 되게 하여 주시옵소서!
그 말씀으로 새 힘 받아서 세상을 이기는 우리 모든 성도가 되게 하여 주시옵소서!
오늘도 이 예배가운데 함께 하심으로 영광을 받으시며 또한 우리의 삶 가운데 함께 하심으로 말씀의 뿌리를 깊게 내리시기 원하시는 우리주님 예수 그리스도의 이름으로 기도합니다. 아멘!

41. 믿음과 신뢰 - 십일월 첫째주

"믿음으로 모든 세계가 하나님의 말씀으로 지어진 줄을 우리가 아나니 보이는 것은 나타난 것으로 말미암아 된 것이 아니니라!"
(히브리서 11:3)

감사하신 하나님 아버지!

오늘도 거룩한 주일아침을 허락하시고 우리의 발걸음을 주님전으로 인도해 주시니 감사합니다. 지난 일주일 동안도 주의 세심하신 손길과 보호하심으로 지내게 하시고 이렇게 주일을 맞아 주님전에 나와 살아계신 하나님 앞에 예배를 드리게 하시니 또한 감사합니다. 이 시간 이 자리와 주를 경배하는 성도들의 심령가운데 임재 하시고 영광을 받아 주시기를 기도합니다.

먼저 주님 앞에 회개 하옵기는 우리가 일주일을 지내면서 온전히 하나님을 믿고 신뢰하지 못하고 환경에 따라 우리의 믿음이 흔들리고 의심과 회의로 지냈던 시간이 있었음을 고백합니다.

주님을 믿고 신뢰하는 마음속에 평화와 담대함이 있지만 의심하고 반신반의 하는 마음 가운데는 두려움과 걱정근심이 있음을 믿습니다. 지난 한 주일 동안 우리의 마음속에 두려움이 있었는지 담대함이 있었는지를 돌아볼 때에 하나님 앞에 부끄러운 마음임을 고백합니다.

자비하신 하나님 아버지!

우리가 인생을 살아갈 때 하루를 시작하면서 아침에 눈을 뜰 때에는 하나님께 도움을 구하는 간구의 기도를 드리고 또한 하루를 마감하면서는 하루를 동행해 주신 주님께 감사의 기도를 드리며 평안한 마음 가운데 잠들게 하여 주시기를 기도합니다. 우리가 잠들어 있는 동안 졸지도 주무시지도 않으시는 주님께서 우리의 모든 문제를 맡으시고 해결하시는 주님이신 것을 믿게하여 주시옵소서!

너는 너의 모든 염려를 여호와께 맡겨버리라 주께서 권고한 일이 아니냐 하신 말씀을 기억케 하여 주시옵소서! 네 짐을 여호와께 맡겨 버리라 너를 붙드시고 의인의 요동함을 영영히 허락지 아니하시리로다! 하신 말씀을 붙잡게 하여 주시옵소서!

주님 앞에 나와 맡긴다고는 하면서도 온전히 맡겨버리지 못한 우리의 불신앙을 불쌍히 여기시고 우리의 모든 짐을 온전히 주께 맡길 수 있는 믿음을 허락하여 주시옵소서!

잘 맡기는 자가 잘 믿는 자임을 믿습니다. 또한 참된 믿음은 참된 맡김에 있는 줄을 믿습니다. 우리의 믿음이 주님 앞에 모든 것을 온전히 맡기는 믿음이 되게 하실 때에 우리의 미래와 내세를 맡기고, 우리의 자녀를 맡기며, 우리의 사업을 맡기며, 우리의 건강을 맡기며 주님주신 자유함으로 살아가는 하늘백성이 되게 하시기를 기도합니다.

우리가 보는 것으로 행치 않고 믿음으로 행한다 했습니다. 우리 눈앞에 문제가 있고 어려움이 있고 답답한 것이 있다 하더라도 끝까지 믿음을 견지하며 오직 믿음으로 이 모든 것을 이겨낼 수 있는 은혜를 허락하여 주시옵소서!

또한 "우리가 어떻게 하여야 하나님의 일을 하오리이까 하였을때 하나님께서 보내신 이를 믿는 것이 하나님의 일이니라!"고 주님께서 말씀하셨사오니 우리가 다른 주의 일을 하기에 앞서서 먼저 모든 일에 주님을 믿고 신뢰할 수 있는 마음이 되게 하여 주시옵소서!

은혜가 풍성하신 주님!

우리 모든 성도간에도 주님 안에서 누리는 평안이 가득할 때 그 가운데에는 온전한 믿음과 신뢰가 선행 되어야 함을 믿습니다. 우리가 속한 가정과 직장 나아가 이 사회와 나라가 온전히 세워질 때에도 그 가운데에는 서로 믿고 신뢰하는 마음이 기초가 됨을 믿습니다. 바라옵기는 우리의 믿음의 근거가 부족하고 연약한 사람으로 말미암은 것이 아니라 주님을 믿는 믿음 안에서 이루어진 신뢰와 믿음이 되게 하여 주시옵소서!

그리하여서 사람을 높이는 인본주의 믿음이 아니라 오직 하나님을 높이는 신본주의 믿음이 되게 하여 주시옵소서!

오늘도 주님을 예배하는 이 한 시간을 통하여서 우리 안에 주를 향한 크신 믿음을 허락하여 주시옵시기를 간절히 원하오며 우리주님 예수 그리스도의 이름으로 기도합니다. 아멘!

42. 천국과 재림 십일월 - 둘째주

"가서 너희를 위하여 거처를 예비하면 내가 다시 와서 너희를 내게로 영접 하여 나 있는 곳에 너희도 있게 하리라!"(요한복음 14:3)

감사하신 하나님 아버지!

어느덧 계절은 늦가을로 접어들었고 이제 추운 겨울을 맞이해야 하는 시간이 되었습니다. 오늘도 우리의 발걸음을 세상의 안락으로 향하지 않게 하시고 주님전을 찾아 거룩한 성일을 지킬 수 있도록 은혜 베풀어 주심에 감사드립니다.

주님 말씀하시기를 네가 만일 네 입으로 예수를 주로 시인하며 또 하나님께서 그를 죽은 자 가운데서 살리신 것을 네 마음으로 믿으면 구원을 받는다고 하셨으며 또한 사람이 마음으로 믿어 의에 이르고 입으로 시인하여 구원을 받는다고 하셨습니다.

오늘도 우리가 하나님 앞에 서기에 죄인이오나 우리의 입술로 예수를 주로 시인하며 우리의 죄를 십자가로 용서하신 주님을 마음으로 믿고 입으로 시인하오니 우리를 불쌍히 여기시고 이 시간 우리가 드리는 예배에 주인이 되어 주시옵소서!

거룩하신 하나님 아버지!

우리는 누구나 이 땅에서의 나그네 인생을 마치고 이 세상을 떠날 때가 있음을 믿습니다. 죽음이 우리 앞에 있을 것이나 죽음을 두려워하지 않는 우리의 믿음이 되게 하여 주시옵소서!

우리 앞에 있는 사망은 육적인 사망과 영적인 사망이 있음을 믿습니다. 우리의 영혼이 육신을 떠나는 죽음이 육적인 죽음인 것 같이 우리가 하나님을 떠나는 것이 영적인 죽음인 것을 믿게 하여 주시옵소서.

아담에게 말씀하시길 "동산 중앙에 선악과를 먹는 날에는 네가 정녕 죽으리라!" 하셨던 말씀에서 "네가 정녕 죽으리라!"는 말씀의 의미는 곧 하나님과의 분리인 것을 믿습니다. 하나님과 같이 사는 것이 진정한 생명이고 하나님과 분리되는 것이 진정한 사망인 것을 깨달아 알게 하여 주시옵소서! 지금도 죄악으로 인해 하나님과 분리되어 영적인 사망가운데 살아가는 많은 사람이 있습니다.

우리와 하나님 사이에 연결이 되시고 화목제물이 되신 예수를 믿음으로 저들이 영적인 죽음에서 다시 회복되는 놀라운 역사를 일으켜 주시기를 기도합니다.

죄악 가운데는 심판과 지옥이 있지만 예수 가운데는 생명과 천국이 있음을 잊지 않게 하여 주시옵소서!

바라옵건대 우리의 육신의 사망 또한 소멸이 아니라 분리인 것을 깨닫게 하여 주시옵소서! 죽으면 흙속으로 들어가 없어지는 것으로 아는 어리석음이 우리 가운데 없게 하여 주시옵소서!

우리의 영혼이 우리 육신과 분리될 때에 우리의 영혼은 구원받아 천국으로 가야함을 믿습니다. 실재하는 천국을 소망하게 하시고 사모하게 하시고 "당신의 나라가 임할 때에 나를 기억하소서!"하며 기도했던 주님 우편에 달린 자와 같이 되게 하여 주시옵소서!

자비하신 주님!
이 땅에 다시 오실 주님이신 것을 믿습니다. 초림시에는 초라한 모습으로 오셨지만 다시 오시는 그날에는 영광가운데 하늘에 나팔소리가 나며 온 백성이 나와 예수님을 보게 될 것을 믿습니다.

그 날짜와 시간은 하늘의 천사도 모르고 하나님만이 아신다고 하였으니 그날을 정하는 어리석음이 없게 하시고 우리가 이 세상을 살 때에 주님이 이제 곧 오실 것 같은 마음으로 살게 하시기를 기도합니다.

주님이 이제 내일 오실 것 같은 마음으로 산다면 우리는 결코 나태하거나 게으름 가운데 살 수 없음을 믿습니다. 영적인 긴장을 잃어버리지 않게 하시고 더욱 믿음에 깨어 경성하게 하옵소서! 우리 모든 성도가 주의 맡겨주신 일에 더욱 열심을 다하게 하여 주시옵소서!

우리주님 다시 오셔서 오른편에는 양을 왼편에는 염소를 나누실 때 이 자리에 앉은 우리 모두가 다 오른편 양의 자리에 서는 은혜를 허락하여 주시옵시기를 간절히 원하오며 오늘도 이 모든 기도를 드릴 때에 우리의 예배에 함께 하시며 우리에게 은혜 주시기를 기뻐하시는 우리주님 예수 그리스도의 이름으로 기도합니다. 아멘!

44. 신유와 기적 - 십일월 셋째주

"여호와께서 쇠약한 병상에서 저를 붙드시고 저의 병중 그 자리를 다 고쳐 펴시나이다!"(시편 41:3)

자비하신 하나님 아버지!

거룩한 주의 날을 맞아 하나님을 예배하기 위해 주님의 전을 찾았습니다. 주님을 예배하기 전 우리의 허물과 죄악을 먼저 주님 앞에 내려놓기를 원합니다. 주님의 십자가 찔림은 우리의 허물을 인함이고 주님의 상함은 우리의 죄악을 인함이라 주님이 징계를 받음으로 우리가 평화를 누리고 주님이 채찍에 맞음으로 우리가 나음을 입었다고 말씀하셨습니다.

사랑의 주님! 이 시간 간절히 기도하오니 주님을 예배하는 가운데 우리의 질병이 치유되게 하여 주시옵소서! 우리의 죄가 씻음 받을 때에 그와 같이 우리의 질병이 나음을 입게 하여 주시옵소서!

그리하여서 육신의 오랜 질병가운데 신음하는 성도들이 주님이 비춰신 치유의 기적을 맛보며 기뻐 뛸 수 있도록 이 시간 여호와 라파의 빛을 발하여 주옵시기를 기도합니다.

주님은 수 많은 병자를 고치시면서 하신 말씀이 "네 죄가 사함받았느니라"였음을 믿습니다. 죄 사함이 있는 곳에 치유와 회복이 있음을 믿사오니 이 시간 우리의 죄를 깨끗게 하실 때에 또한 우리의 질병을 깨끗게 하시기를 원합니다.

은혜로우신 주님!

주님께서는 우리를 치유하시기 위해 채찍을 맞으시고 십자가 고난의 길을 가셨지만 우리는 주님 앞에 드린 것이 없음을 고백합니다. 오직 은혜 주시기를 기뻐하시는 주님의 인자하심만을 바라며 미약하기 그지 없는 우리의 시간과 예물과 정성을 드리기를 원합니다. 외모를 보지 않으시고 중심을 보시는 주님께서 우리의 마음을 받아 주시고 우리의 간절한 소원인 질병의 고통에서 놓이게 하시기를 기도합니다.

이스라엘 백성이 40년 광야생활 하는 동안 불뱀에 물려 고통가운데 죽어갈 때에 주님은 모세를 통해 장대높이 달린 놋뱀을 바라보게 하심으로 죽음의 고통에서 나음을 주시고 회복게 하신 것을 믿습니다.

장대높이 달린 놋뱀은 우리주님을 예표하는 상징인 것을 믿습니다. "뱀에게 물린 자가 놋뱀을 쳐다본즉 모두 살더라!" 말씀하심과 같이 우리 모두가 예수를 쳐다본즉 살게 됨을 믿습니다. 예수를 바라볼 때 나음을 입고 고침을 받고 우리의 병든 몸이 소생케 됨을 믿습니다.

또한 주님께서 말씀하시기를 "오직 믿음의 주요 온전케 하시는 예수를 바라보라!" 하신고로 우리가 우리를 위해 죽으신 예수를 바라보기 원합니다.

　믿음으로 예수를 바라보는 가운데 불 뱀에 물린 자가 살아난 것과 같이 우리의 온전치 못한 육신이 온전케 됨을 믿습니다.

　긍휼이 풍성하신 주님!
　교회의 권속들 중에 질병의 고통으로 신음하는 많은 성도들이 있습니다. 이 분들을 위해 기도하는 가족들과 성도들 그리고 목사님과 모든 교역자들이 협력하여 기도할 때 하나님 주시는 치유의 역사가 속히 나타나게 하여 주시옵소서!
　오랜 시간을 기도하면서도 믿음을 잃어버리지 아니하고 주님 주시는 능력을 바라며 기도하고 있는 성도들의 믿음을 주님께서 긍휼히 보시고 크신 능력을 나타내시기를 간절히 소망합니다.
　하나님의 크신 권능이 우리 교회가운데 나타날 때 육신의 질병이 치유된 성도들이 많이 일어나는 교회로 소문난 교회가 되게 하여 주시옵시기를 기도합니다!
　오늘도 우리의 예배 중에 임재 하시며 우리에게 복을 주시기 원하시는 주님께서 치유의 복으로 우리와 함께 하실 것을 믿사오며 이 모든 기도를 드릴 때에 우리에게 나음과 회복을 주시는 우리주님 예수 그리스도의 이름으로 기도합니다 아멘!

45. 용기와 희망 - 십일월 넷째주

"두려워 말라 내가 너와 함께 함이니라 놀라지 말라 나는 네 하나님이 됨이니라 내가 너를 굳세게 하리라 참으로 너를 도와 주리라 참으로 나의 의로운 오른손으로 너를 붙들리라"(이사야 41:10)

사랑이 많으신 하나님 아버지!

오늘도 우리의 발걸음을 주님전으로 인도해 주시고 그리스도 안에서 하나님이 주시는 죄사함의 은혜와 자유함을 누릴 수 있도록 은총을 베풀어 주신 주님께 감사와 찬송을 드립니다.

오늘도 주님 앞에 설 때에 세상에서 얻은 많은 죄의 짐과 인생의 문제거리들을 가지고 나왔습니다. 이 시간 우리를 만나 주시고 "수고하고 무거운 짐진자들아 다 내게로 오라 내가 너희를 쉬게 하리라!"하신 말씀을 의지하여 주님 앞에 나왔사오니 우리를 품어 주시고 이 모든 세상짐에서 자유하게 하여 주시옵소서!

자비하신 하나님 아버지!

험하고 거친 세상을 살면서 이리 넘어지고 저리 넘어지고 실족한 우리의 심신을 주님께서 위로 하시기를 기도합니다. 세상이 주는 위로가 아니라 오직 주님이 주시는 위로와 소망과 용기를 바라며 주님 앞에 나왔사오니 우리의 기도에 귀 기울여 주시옵소서!

주님께서는 우리가 인생길에 실족하고 넘어질 때마다 우리의 팔을 잡아주시고 일으켜 주시는 주님이심을 믿습니다. 주님의 오라 하시는 말씀을 따라 물위를 걸어갔던 베드로가 그 마음에 의심이 들면서 물 가운데에 빠져 들었듯이 우리가 처음에는 믿음 가운데 행하다가도 온전한 믿음이 없음으로 인해서 세상죄악과 유혹과 걱정거리 가운데 빠져 헤메일 때가 있음을 고백합니다.

그때마다 우리를 건지신 이가 우리 주님이신 것을 믿습니다. 주님께서 이스라엘 백성을 종 되었던 애굽에서 이끌어 내실 때 독수리날개에 업어 옮기셨다 하셨듯이 우리 인생을 업어서 옮기심을 믿습니다. 속박에서 자유로, 의심에서 믿음으로, 두려움에서 평강으로, 우리의 인생을 옮기시는 분이 우리 주님이심을 믿습니다.

원하옵건대 끝까지 믿음으로 주님을 바라보며 용기를 잃지 않는 우리의 신앙이 되게 하여 주시옵소서!

은혜가 많으신 하나님 아버지!

애굽의 종 되었던 이스라엘을 열방의 으뜸 되는 나라로 세우신 분이 주님이신 것을 믿습니다. 시종장 보디발의 노예였던 요셉을 일약 애굽의 총리대신으로 세우신 이도 우리주님이신 것을 믿습니다. 베들레헴의 초라한 목동이었던 다윗을 이스라엘의 강력한 왕으로 세우신 분도 우리주님이신 것을 믿습니다. 가난한 자를 진토에서 일으키시며 핍절한 자를 거름더미에서 드사 귀족들과 함께 앉게 앉히시는 분도 우리 주님이심을 믿습니다.

　이 시간 간절히 주님 앞에 기도하오니 초라하고 비천한 우리를 들어 희망가운데 다시 세워 주시옵시기를 기도합니다. 낮은 우리의 높음이 되어 주시옵시고, 초라한 우리의 세움이 되어 주시옵시며, 비천한 우리의 영광이 되어 주시옵소서!

　아무리 깊은 절망 속에서라도 하나님은 우리를 일으켜 세우시는 능력이 있는 분인 것을 믿습니다. 기드온 앞에 있는 십삼만 오천대군을 한 사람 치듯이 쓰러뜨리시는 주님이 우리의 도움이 되심을 믿사오니 환경과 문제 앞에 우리가 낙심하지 않게 하시고 하나님이 주시는 용기와 담대함으로 가득하게 하여 주시옵소서!

　두려움 가운데 떨고 있는 기드온을 향하여 "큰 용사여 일어나라"고 말씀하신 하나님께서 오늘날의 기드온들인 주님의 성도들을 향하여서도 동일한 말씀으로 새 힘을 주시는 하나님이신 것을 믿습니다. 간절히 바라오니 "큰 용사여 일어나라" 말씀하시는 주님의 음성을 이 시간 우리 모두가 들을 수 있게 하여 주시옵소서!

　오늘도 이 모든 기도를 드릴 때에 우리의 마음 가운데 하나님이 주신 담대한 용기와 희망으로 가득 채워 주실 것을 믿사오며 우리의 구원이 되시는 우리주님 예수 그리스도의 이름으로 기도합니다. 아멘!

46. 성경과 계시 - 십이월 첫째주

"묵시가 없으면 백성이 방자히 행하거니와 율법을 지키는 자는 복이 있느니라!"(잠언 29:13)

사랑이 많으신 하나님 아버지!

어느덧 세월이 금방 흘러 한 해의 마지막 달을 맞이했습니다. 한 해의 마지막달이면서 12월의 첫 주를 주님께 드리기 원합니다. 첫 것은 하나님의 것임으로 우리의 몸과 정성과 마음을 다해 하나님을 예배하기 원하오니 우리가 드리는 예배에 좌정하시고 영광을 받아 주시옵소서!

이 시간 우리주님을 예배하면서 "너희는 나를 누구라 하느냐"하시는 주님의 말씀에 "주는 그리스도시요 살아계신 하나님의 아들이십니다!"라고 신앙고백 했던 베드로의 신앙고백을 우리도 같이 하길 원합니다.

주님은 기뻐하시면서 베드로에게 말씀하시길 이를 네게 알게 한 이는 네 혈육이 아니요 하늘에 계시 내 아버지라고 하셨듯이 우리가 주님을 하나님의 아들이요 그리스도로 고백할 수 있음은 하나님 아버지께서 우리에게 지혜와 계시의 정신을 주셨기 때문인 것을 믿습니다.

기도하오니 이 시간도 성령으로 우리의 눈을 열어 주시고 성경을 깨닫게 하시며 성경 속에 감추인 예수 그리스도와 복음의 진리를 발견할 수 있도록 은혜를 베풀어 주시옵소서!

은혜로우신 주님!
믿음은 들음에서 나고 들음은 그리스도의 말씀으로 말미암는다고 하셨습니다. 주일마다 하나님의 말씀을 듣는 가운데 우리의 믿음이 자라게 하시고 말씀의 뿌리가 견고하게 내리기를 소망합니다.
또한 주님 앞에 바라옵기는 우리에게 주신 말씀의 씨앗이 옥토와도 같은 마음 밭에 심겨지기를 원합니다. 길가에 떨어진 씨앗이 되어 사람들에게 밟히는 무가치한 믿음이 되지 않게 하시고, 돌밭 같은 마음이 되어서 뿌리를 못 내리는 믿음이 되지 않게 하시고, 가시밭에 심겨짐으로 기운이 막혀 이내 죽어버리는 씨앗이 되지 않게 하시며 오로지 옥토에 떨어지고 심겨진 씨앗이 됨으로 삼십 배 육십 배 백배의 결실을 이루는 씨앗이 되게 하여 주시옵소서!
우리가 어디서 무엇을 하고 있든지 주신 말씀을 가까이 하며 말씀을 사모하며, 말씀을 묵상하고, 말씀을 우리의 마음 판에 새기며 살아갈 때에 그 안에 성령의 크신 능력이 함께 하심을 믿습니다.
오직 주의 말씀이 송이꿀처럼 달게 느껴지게 하시며 말씀이 있는 곳에 성령의 역사가 있고 성령이 있는 곳에 또한 말씀의 능력이 나타남을 믿사오니 말씀가운데 임하시는 성령의 은혜를 체험할 수 있도록 은총을 베풀어 주시옵소서!

긍휼이 풍성하신 주님!

"주 여호와의 말씀이니라 보라 날이 이를지라 내가 기근을 땅에 보내리니 양식이 없어 주림이 아니며 물이 없어 갈함이 아니요 여호와의 말씀을 듣지 못한 기갈이라!" 말씀하셨습니다. 참으로 무서운 기근은 육적인 기근보다 영적으로 말씀이 메마른 기근인 것을 믿습니다. 우리의 영이 오직 하나님의 말씀을 먹고 사는 것임을 믿사오니 우리에게서 말씀을 거두지 말아 주시옵소서!

다니엘과 같이 오직 하나님의 말씀을 준행하며 믿음의 지조를 가지고 살아갈 때 사자굴에서도 살아나는 은혜를 주실 것을 믿습니다. 사드락과 메삭과 아벳느고처럼 오직 하나님의 말씀만을 생명처럼 여기며 살아갈 때 그 믿음이 죽음에서 저를 구하며 저의 영혼을 존귀하게 함을 믿습니다.

오늘도 주의 종인 목사님을 통해 하늘양식이 전해질 때에 그 말씀을 아멘으로 받아먹게 하시고 잘 소화 시킴으로 우리의 영에 살과 피와 뼈를 세우며 우리를 강건케 하여 주시옵소서!

오늘도 우리의 예배에 함께 하시며 말씀의 양식을 주시는 우리주님 예수 그리스도의 이름으로 기도합니다. 아멘!

47. 성령과 충만 - 십이월 둘째주

"그의 성령을 우리에게 주시므로 우리가 그 안에 거하고 그가 우리 안에 거하시는 줄을 아느니라!"(요한1서 4:13)

사랑의 하나님 아버지 감사합니다.

오늘도 거룩한 주일을 맞아 하나님 앞에 나온 우리 성도들을 주님께서 만나주시고 은혜주시며 성령을 주실 것을 믿습니다. 우리가 세상에 허물이 많사오나 우리의 허물을 나무라지 않으시고 십자가보혈로 씻기시며 긍휼을 베풀어 주시는 자비하신 하나님이심을 믿습니다.

이 시간 주님 앞에 기도할 때에 우리 안에 성령 충만을 위해 기도하기 원합니다. 성령이 아니고는 누구든지 그리스도를 주라 시인할 수 없다 하신고로 우리 안에 성령이 임하신 것을 믿습니다.

우리 안에 임하신 성령이 크신 능력으로 우리를 주장해 주시기를 기도합니다. 육신의 소욕은 성령을 거스르고 성령의 소욕은 육신을 거스른다 하셨습니다. 우리가 주의 성령의 충만을 힘입을 때에 우리의 정욕에 속한 욕심을 버릴 수 있게 됨을 믿습니다.

욕심이 잉태한 즉 죄를 낳고 죄가 장성한즉 사망을 낳는다고 하셨습니다. 헛된 육신의 정욕과 인생의 자랑과 안목의 정욕을 따라 살다가 성령을 소멸하며 성령을 근심케 하는 일이 없도록 우리 안에서 역사하여 주시옵소서!

  은혜가 많으신 하나님 아버지!
  오순절 마가의 다락방에 임하셨던 성령이 오늘 우리교회에 임하기를 소원합니다. 또한 고넬료의 집에 임하였던 성령이 오늘 우리성도의 가정에도 임하기를 소망합니다. 내가 예루살렘 거민과 다윗의 집에 부어주리라 약속하신 성령을 오늘 이 시간 우리와 우리의 자녀 가운데 부어주시기를 기도합니다.
  주의 성령을 사모하며 성령과 동행하는 인생을 살기 위해 이 시간 약속하신! 주의 성령을 간절히 구하오니 "구하는 자에게 성령을 주시지 않겠느냐!" 말씀 주신대로 우리 각 사람에게 성령의 기름부음을 허락하여 주시옵소서!
  우리에게 임하신 성령은 보혜사성령인 것을 믿습니다. 돕는 영으로 우리와 함께 하시는 우리주님의 영인 것을 믿습니다. 임마누엘로 우리와 함께 하시는 하나님의 영인 것을 믿습니다. 우리의 인생살이 곳곳에서 시마다 때마다 우리를 도우시는 성령의 손길과 세심하신 돌보심을 경험하게 하여 주시옵소서!
  성령이 너희에게 임하시면 너희가 권능을 받는다 하셨습니다. 성령이 임함과 동시에 지혜의 빛이 비침으로 방황이 멈추게 하시며 의기소침하던 자가 자신감을 회복하게 하시며 질병가운데 신음하던 자가 나음을 입게 하여 주시옵소서!

또한 성령께서 각양 신령한 은사를 나눠 주신다 하셨습니다. 성령의 부어주신 은사가 나타날 때에 우리의 기도 중에 방언이 터지게 하시고, 우리가 손을 얹어 안수할 때 성령이 임하게 하시고, 악한 무리의 궤계를 몰아내게 하시고, 어둠의 영을 물리치게 하시며 몸된 교회를 세우고 하나님의 나라를 확장되는 놀라운 사역에 쓰임받게 하여 주시옵소서!

자비하신 아버지여!
성령은 오직 말씀으로 임하심을 믿습니다. 말씀을 떠난 성령은 미혹의 영인 것을 깨닫게 하여 주시고 너희가 영을 다 믿지 말고 그 영이 어디서 말미암았는지 시험해 보라하신 말씀대로 능히 말씀으로 영을 분별할 수 있는 지혜를 허락하여 주시옵소서!
말세가 될수록 더욱 미혹하는 거짓영이 일어난다 하셨사오니 말씀의 분별력을 가지고 지혜롭게 분별하게 하여 주시옵소서!
오늘도 주님을 예배하는 이 한 시간을 통하여 크신 영광을 받아 주시옵시기를 간절히 원하오며 이 모든 기도를 드릴 때에 사모하는 자들에게 성령을 아낌없이 주시는 우리주님 예수 그리스도의 이름으로 기도합니다. 아멘!

48. 긍정과 능력 십이월 - 셋째 주

"항상 기뻐하라 쉬지 말고 기도하라 범사에 감사하라 이것을 그리스도 예수 안에서 너희를 향하신 하나님의 뜻이니라."(데살로니가전서 5:16)

감사하신 하나님 아버지!

오늘도 우리에게 구원을 베푸신 하나님의 사랑에 감사드리기 위해 주님의 전을 찾았습니다. 우리가 우리자신을 돌아볼 때 여전히 죄인이고 여전히 부족하고 연약한 모습이지만 그럼에도 불구하고 하나님의 사랑은 한결같이 우리 가운데 있음을 믿습니다.

"너의 하나님 여호와가 너의 가운데에 계시니 그는 구원을 베푸실 전능자이시라 그가 너로 말미암아 기쁨을 이기지 못하시며 너를 잠잠히 사랑 하시며 너로 인하여 즐거이 부르며 기뻐하시리라!" 말씀하신 분이 우리 주님이심을 믿습니다.

항상 주님의 사랑이 우리 가운데 있지만 우리가 기쁨과 감사로 살지 못하고 원망과 불평으로 한숨지으며 지냈던 불신앙의 시간이 많이 있었음을 회개하오니 십자가의 보혈로 우리를 속량하시고 이 시간 우리 한 사람 한 사람을 품어주시기를 기도합니다.

은혜로우신 주님!

하나님이 우리와 함께 하시고 우리의 구원자가 우리와 동행하심에도 우리가 믿음가운데 행하지 못하고 불안과 초조와 걱정가운데 살았음은 우리의 믿음이 연약한 연고임을 믿습니다.

부활하신 주님께서 제자들에게 나타나셔서 "어찌하여 의심하며 어찌하여 두려워하느냐!" 하시고는 의심하는 도마에게 못 박힌 손자국과 허리에 창 자국을 만져보게 하셨습니다. 그때 주님께서 하신 말씀은 "믿음 없는자가 되지말고 믿는자가 되라"는 말씀이셨습니다. 이 시간 원하오니 우리가 믿는자가 되게 하여 주시옵소서!

주님 말씀과 같이 의심하는 것과 두려워하는 것은 같은 것임을 믿습니다. 우리가 믿고 있다면 우리가운데 두려움은 사라질 것이고 두려워하고 있다면 그 믿음이 바닥 아래로 곤두박질치고 있을 때임을 믿습니다.

간절히 기도하오니 주님께서 우리의 믿음을 견고한 반석위에 세워 주시기를 기도합니다. 불안한 마음과 부정적인 생각이 몰려올 때면 "두려워하지 말라 내가 너와 함께 함이라 놀라지 말라 나는 네 하나님이 됨이라 내가 너를 굳세게 하리라 참으로 너를 도와 주리라 참으로 나의 의로운 오른손으로 너를 붙들리라"의 주님 말씀을 큰소리로 외치게 하여 주시옵소서!

믿는 자의 자리는 긍정의 자리이고 긍정의 자리는 하나님이 역사하시는 자리인 것을 믿습니다. 승리의 자리인 것을 믿습니다. 하나님의 자리에 있으면서도 '안된다!' 고 하고 '못한다!' 고 하는 말을 멈추게 하여 주시옵소서!

또한 우리의 힘과 능력은 오직 주님을 의지하는 믿음에서 나오는 것임을 믿사오니 우리의 믿음을 주신 말씀 가운데 든든히 세워 주시옵소서!

긍휼이 풍성하신 주님!

주님안에서 누리는 기쁨이 우리 안에서 충만하게 하시고 감사의 생활이 넘치게 하실때에 바라옵기는 우리의 긍정이 인본주의에서 비롯된 긍정이 아니길 소망합니다. 매사에 긍정하고 잘될 것이라는 믿음이 자기신념에서 나온 것이 아니라 예수믿는 믿음에서 나온 것이기를 소망합니다. 예수는 없고 긍정만 있는 인본주의 휴머니즘에 물들지 않게 하여 주시옵소서!

우리의 능력은 예수안에 있는 능력인 것을 믿습니다. 우리의 기쁨은 예수안에 있는 기쁨인 것을 믿습니다. 우리의 소망도 예수안에 있는 천국의 소망인 것을 믿습니다.

우리가 우리의 미래를 긍정하며 오늘을 기쁘게 살 수 있음은 부활하셔서 지금 보혜사 성령으로 우리와 함께 하시는 주님이 우리를 도우시기 때문인 것을 잠시도 잊지 않게 하여 주시옵소서!

오늘도 우리의 예배가운데 임재하실 때에 예수이름 안에 있는 권세와 능력으로 우리에게 긍정의 소망으로 가득하게 하실 줄을 믿사오며 우리주님 예수 그리스도의 이름으로 기도합니다. 아멘!

49. 평안와 안식 - 십이월 넷째주

"이미 그의 안식에 들어간 자는 하나님이 자기의 일을 쉬심과 같이 그도 자기의 일을 쉬느니라!"(히브리서 4:10)

은혜로우신 하나님 아버지!

주님 말씀하시기를 "엿새 동안은 힘써 네 모든 일을 행할 것이나 제 칠일은 너의 하나님 여호와의 안식일임으로 그날을 거룩하게 지키라!" 하신고로 오늘도 예수님의 이름으로 하나님을 예배하며 이날을 거룩히 지키기 위해 주의 전을 찾았습니다.

우리가 안식 후 첫 날인 주일을 안식일로 지킴은 이날이 우리주님이 부활하시고 성령이 임하신 날이기 때문인 것을 믿습니다. "내가 안식일의 주인이다!"라고 말씀하신 주님의 말씀에 따라 안식일의 모든 정신을 주일인 오늘로 지키고 있사오니 좌정하사 우리의 예배에 주인이 되어 주시옵소서!

자비하신 하나님 아버지!

"여호와를 의뢰하는 것이 너의 힘이니라!" 말씀하셨습니다. 일주일을 살면서 또한 지난 한 해를 살아가면서 우리가 얼마나 하나님을 의지하고 주님 안에서 하나님 주시는 평안을 누리며 살았는지 돌아볼 때에 우리의 삶가운데 온전한 평안이 없었음을 고백합니다.

　우리의 믿음의 조상인 노아와 에녹과도 같이 오직 주님과 동행하는 것으로 기쁨을 삼고 주님 주시는 위로와 소망을 품고 살지 못했습니다. 우리는 하나님을 믿는다고 하면서도 언제나 우리의 눈은 세상을 바라며 환경을 탓하며 온전히 주님을 바라보지 못했음을 회개하오니 우리의 연약함을 불쌍히 여겨 주시옵소서!

　로뎀나무 아래 지쳐 있는 엘리야의 마음을 세미한 음성으로 어루만지신 주님께서 이 시간 주의 성도들의 마음을 어루만지시고 위로하시기를 소망합니다. 너를 붙드시고 의인의 요동함을 영영히 허락지 아니하리로다 말씀하신 주님께서 이 시간 세상가운데 지쳐 있는 주의 성도들을 품어 주시기를 기도합니다.

　긍휼이 풍성하신 주님!

　이 시간 우리가 하나님을 예배하면서 하나님 주시는 하늘안식을 맛보기를 원합니다. 주님께서 안식일을 우리에게 주심은 우리로 하여금 땅에 속한 평안이 아닌 하늘에 속한 참된 평안을 누리게 하심인 것을 믿습니다.

　기도하옵기는 오늘을 지나가는 막간의 시간으로 경험하지 않게 하여 주시옵소서! 지친 육신이 쉬고 노는 날로만 알지 않게 하여 주시옵소서!

　시간중에 가장 높은 곳에 이날이 있음을 믿습니다. 이날이 있음으로 평일들이 존재함을 믿습니다. 이날에 하나님께서 복을 주심으로 다른 평일들에 그 복이 흘러가게 됨을 믿습니다.

시간의 지성소라 할 수 있는 주일인 오늘을 허투루 아는 무지함이 우리 가운데 없게 하여 주시옵소서!

이 시간 우리가 주님을 예배하는 것을 통하여 우리의 나머지 시간들에 복이 흘러감을 믿습니다. 우리의 모든 날들이 의미 있는 날들이 됨을 믿습니다. 이 날과 이 시간을 드림으로 나머지 우리의 모든 날들과 시간들을 주님께서 주장 하시고 책임지심을 믿습니다.

주님께서 "제 칠일에 나 여호와가 쉬어 평안하였다" 하심과 같이 주일이 없으면 우리에게 평안이 없음을 믿습니다. 육일동안의 창조된 세상이 영혼 없는 세상이었다면 이날에 비로소 영혼이 들어가게 된 것을 믿습니다.

이날을 귀하게 여기고, 이 날을 기다리며, 이날에 하나님 주실 복을 기대하며 주님의 전으로 나오게 하여 주시옵소서!

이 날을 하나님 앞에 예배드리며 거룩히 지키는 것을 통해 우리의 일주일 일주일이 하나님 주신 평안으로 가득한 날들이 되게 하시기를 간절히 원하오며 우리의 구원이 되시는 우리주님 예수 그리스도의 이름으로 기도합니다. 아멘!

50. 겨울기도 - 십이월 다섯째주

"이 일이 겨울에 일어나지 않도록 기도하라!"(마가복음 13:18)

사랑이 많으신 하나님 아버지!

말씀이 육신이 되어 낮고 천한 땅위에 오신 주님을 예배하기 위해 이렇게 주님의 전을 찾았습니다. 날은 춥고 매서운 바람이 부는 계절이지만 이렇게 주님 앞에 나와 평안함 가운데 하나님을 예배하게 하시니 감사하옵고 또한 감사하옵나이다!

순종이 제사보다 낫고 듣는 것이 수양의 기름보다 낫다 하셨는데 우리가 지난 일주일을 살면서 얼마나 하나님 말씀에 순종하는 삶을 살았는지 돌아보길 원합니다. 하나님의 말씀보다 나의 욕심을 위에다 두고 행하지는 않았는지 생각합니다. 하나님의 뜻보다도 나의 생각을 더 높이 두고 살지 않았는지 회개하기 원합니다.

어린아이와 같은 순전함으로 하나님의 말씀을 따르지 못한 우리를 불쌍히 여겨 주시옵소서!

자비하신 하나님 아버지!

또한 기도하옵기는 지금 이 시간도 추위에 떨며 힘들어 하고 있는 사람들을 생각하고자 합니다. 찬바람이 문틈사이로 들어오듯 마음

한구석에 구멍이 난 자들을 위로하시기를 소망합니다. 주님께서 찾아가시고 저들에게 새로운 힘과 용기를 주시기를 소망합니다. 주님께서 저들을 찾아 가실 때에는 하나님의 자녀들인 우리를 통하여 찾아가시는 하나님이신 것을 믿습니다. 하나님은 사람을 통하여 역사하시는 하나님이신 것을 믿습니다.

이곳에 앉은 우리 모두가 선한 사마리아인이 되게 하여 주시옵소서! 제사장도 레위인도 그냥 지나갔지만 우리는 그냥 지나가지 않게 해 주시옵소서! 저들의 시린 마음을 위로하는 자가 되게 하시고, 절망가운데 방황하는 저들에게 소망을 주는 자가 되게 하시고, 새로운 힘과 용기를 주는 성도가 되게 해 주시옵소서!

이웃의 고통을 모른척 지나가는 매정한 사람들이 되지 않게 하시고 우는 자들과 함께 울라 말씀하신 대로 저들의 아픔을 함께 하며 껴안으며 위로하는 자가 되게 하여 주시옵소서!

우리도 한때 저와 같은 자리에 있었고 아무리 지금 평안하다 하지만 우리의 인생을 우리가 알 수 없음을 믿습니다. "너희가 헤아린 대로 또한 너희가 헤아림을 받을 것이라" 말씀하심과 같이 우리가 연약한 중에 있는 이웃들을 향하여 불쌍히 여기는 마음을 갖게 하시고 긍휼히 여기는 자리에 있을 수 있도록 우리 심령에 은혜를 베풀어 주시옵소서!

불쌍히 여기고 긍휼히 여기는 마음은 하나님께 속한 마음인 것을 믿습니다. 하나님께 속한 마음을 이 시간 우리 모두가 품게 하여 주시옵소서! 다른이의 고통을 나몰라라하는 이기적인 마음을 품는 사람이 이 가운데 한 사람도 없게 하여 주시옵소서!

　은혜로우신 주님!
　또한 바라옵기는 우리 믿음에 겨울이 닥치지 않도록 기도하기 원합니다. 움추려 드는 믿음이 아니라 모든일에 있어서 활기를 편 우리의 믿음이 되기를 원합니다. 화석처럼 얼어붙은 믿음이 아니라 횃불처럼 타오르는 믿음이 되길 원합니다. 살아 있는 물고기가 세찬 강물을 거슬러 올라가듯 우리의 믿음이 역경과 시련을 이기며 앞으로 나아가기 원합니다.
　생명없는 나무토막처럼 물결에 휩쓸려 떠내려 가는 우리의 믿음생활이 되지 않도록 역사하여 주시옵소서!
　오늘도 주님을 예배하면서 찬송을 부르며 주의 말씀을 들을 때에 우리의 마음이 뜨거워지게 하시고 주님을 향한 열정과 사랑을 회복하는 시간이 되게 하시기를 기도합니다.
　주님을 향한 사랑이 뜨거워질 때 그 사랑이 또한 고통당한 우리 이웃의 마음을 충분이 데울 수 있는 마음이 되게 하여 주옵시기를 간절히 원하오며 오늘도 우리와 함께 하시며 은혜 주시기를 기뻐하시는 우리주님 예수 그리스도의 이름으로 기도합니다. 아멘!

절기 기도문

51. 신년예배 기도

"내가 오늘날 너희에게 명하는 나의 명령을 너희가 만일 청종하고 너희의 하나님 여호와를 사랑 하여 마음을 다하고 성품을 다 하여 섬기면 여호와께서 너희 땅에 이른비, 늦은비를 적당한 때에 내리시리니 너희가 곡식과 포도주와 기름을 얻을 것이요 또 육축을 위하여 들에 풀이 나게 하시리니 네가 먹고 배부를 것이라!"(신명기 11:13)

천지만물을 창조하시고 인간사 생사화복을 주장하시는 하나님 아버지! 신년새해를 맞이하며 이 시간 하나님 앞에 신년 예배로 드리기를 원하옵나이다!

이 시간 우리가운데 임재하시어서 각 사람마다 사모하는 심령을 더 하여 주시옵시고 새해를 맞는 각오와 결단을 세우는 시간이 되게 하여 주시옵소서!

또한 하나님 앞에 간절한 새해의 바램을 말씀드리는 시간이 되길 소망합니다. 새해를 향한 우리의 각오와 바램이 주님안에서 아름답게 성취되는 한해가 되게 하여 주시옵소서!

너희 마음에 소원을 주셨으며 그 입술의 구함을 거절치 아니하였다 하신 주님!

지금 이 시간 많은 사람들은 새로이 떠오르는 태양 앞에서 한해를 맞이하면서 새해의 간절한 바램과 소원을 빌고 있지만 우리 성도들은 그 태양을 지으신 하나님 앞에서 한해를 맞이하길 원합니다. 이 모든 세상을 지으신 우리 하나님 앞에 기도한 우리의 간절한 바램과 소원이 헛되지 않을 줄을 믿습니다.

우리의 각오와 결심 또한 작심삼일 되거나 환경이나 여건에 쉽게 흔들리지 않는 각오와 결심이 되게 하시며 견고한 반석위에 세워진 결심이 되게 하여 주시옵소서!

새해에는 무엇보다 하나님께서 눈동자와 같이 우리를 지키시고 항상 함께 하심을 잊지 않게 하시고, 세상의 헛된 것을 얻기에 힘쓰기보다 하나님 앞에 더욱 진실한 믿음으로 성장하길 힘쓰는 성도들이 되게 하여 주시옵소서!

우리의 머리카락까지 세고 계시며 우리가 구하기 전에 벌써 우리의 구하는 것을 아시는 세심하신 하나님 아버지! 새해에는 우리 안에서 역사하시는 주님을 더욱 많이 경험하게 하여 주시옵소서!

우리 공부하는 자녀들에게 지혜를 주시고 건강을 허락하시며, 가정을 돌보는 주부들에게는 인애와 사랑을 더 하시고, 일터에서 일하는 아버지들에게는 성실함과 분별력을 주셔서 맡겨진 일 소중하게 잘 감당하게 하옵소서.

성제석 어려움이 있는 가정에는 사렙다 과부의 기름독을 채우신 하나님께서 그와 동일한 은혜로 쓸 것을 채워 주시고, 질병중에 신음하는 성도의 가정이 있다면 여호와 라파의 빛을 비춰주셔서 속히 치유를 얻게 하시며, 화목이 필요한 가정에는 평화의 메는 줄로 하나되는 역사가 나타나게 하여 주시옵소서!

우리 교회적으로도 새해에는 많은 부흥이 있게 하시고 말씀안에 더욱 든든히 서는 교회의 모든 기관과 제직들이 되게 하시며 우리를 말씀의 초장으로 인도하시는 목사님 가정에도 늘 평안을 주시고 영육간에 강건함을 더하여 주시옵소서!

이 나라와 민족을 위해서도 기도하기를 원하옵니다! 새해에는 이 나라를 이끄는 대통령이하 모든 위정자들이 더욱 섬기는 자세로 나라를 위하여 일하게 하시고 정치, 경제, 사회, 교육, 국방 모든 부분에 있어서 안정을 찾고 어그러진 것들이 회복되는 한해가 되게 하여 주시옵소서!

이 예배에 우리와 함께 하시는 하나님께 감사하오며 올해도 우리의 인생들을 전능하신 팔로 붙들어 주실 우리 주 예수 그리스도의 이름으로 기도합니다. 아멘!

52. 사순절 기도

"누구든지 자기 십자가를 지고 나를 좇지 않는 자는 능히 나의 제자가 되지 못하리라!(누가복음 14:27)"

사랑이 많으신 주님!

주님의 십자가고난을 기리는 사순절 기간을 맞았습니다.

주님께서 하늘보좌를 버리시고 이 땅에 오신 것은 죄인 된 우리를 위해 대신 고난 받으시고 십자가에서 피 흘려 죽기 위하여 오신 것을 믿습니다.

사순절예배로 하나님을 예배하는 이 시간 주님의 십자가 은혜를 생각하면서 하나님의 독생자가 대신 죽으셔야 할 만큼 그렇게 우리의 죄가 크다는 사실을 깨닫게 하여 주시옵소서! 우리가 우리 스스로의 죄를 가볍게 여기며 스스로가 재판장이 되려는 어리석음에서 깨어나게 하여 주시옵소서!

우리는 하나님의 준엄한 심판대 위에 서야 하는 죄인된 사람들임을 고백합니다. 하나님이 비취신 의로운 빛 앞에 우리의 죄와 허물과 더러움은 모두 다 드러날 줄을 믿습니다.

모든 사람이 죄를 범하였음에 하나님의 영광에 이르지 못하였다 했습니다! 죄인 된 우리와 하나님 사이에 화목제물이 되신 주님이 아니었으면 우리는 영원멸망 지옥에 떨어져야 할 사람들인 것을 믿습니다.

사순절기간 동안 경건한 마음으로 우리를 위해 십자가를 지고 골고다 언덕을 올라가시는 예수님을 묵상하길 원합니다. 십자가를 묵상하고, 십자가를 바라보고, 십자가 아래에 무릎 꿇기를 원하옵나이다.

믿음의 주요 또 온전케 하시는 예수님을 바라보길 원합니다. 저는 그 앞에 있는 즐거움을 위하여 십자가를 참으사 부끄러움을 개의치 아니하시더니 하나님 보좌 우편에 앉으셨다고 하셨습니다.

날 위하여 십자가를 지시는 예수님을 바라볼 때 우리의 죄가 사함 받는 것을 믿습니다. 날 위해 보혈의 피를 흘리시는 주님을 바라볼 때에 우리의 질병이 치유됨을 믿습니다. 우리 인생의 모든 문제가 또한 해결 될 줄도 믿습니다.

십자가는 하나님의 위대한 능력인 것을 이 시간 깨닫게 하여 주시옵소서! 또한 십자가 복음 안에는 하나님의 지혜가 가득함을 믿게 하여 주시옵소서! 오직 십자가를 붙들게 하시고, 십자가를 의지하고 십자가를 자랑하고 살아갈 때에 저 하늘에서 부어 주시는 신령한 은혜가 우리들의 삶의 자리에 가득하게 하실줄을 믿습니다!

사랑하는 주님!

사순절 기간 동안 십자가 고난의 길을 묵묵히 가시는 예수님을 뒤쫓아 갈수 있는 제자가 되길 원합니다. 아버지 하나님을 향한 온전한 순종을 배우길 원합니다. 또한 온전한 겸손을 배우길 원합니다. 그는 근본 하나님의 본체이셨지만 사람의 모양으로 낮아지셨고 죽기까지 복종하셨다고 했습니다. 우리의 순종과 겸손이 주님과 같은 모습으로 닮아갈 수 있도록 역사하여 주시옵소서!

우리의 가정과 교회가 주님의 십자가를 통해 온전한 순종과 겸손을 배우는 은혜가 있게 하여 주시옵소서!

또한 기도하옵기는 우리가 이 십자가를 우리 이웃에게 전하길 원합니다. 우리의 말과 행동을 통해 하나님이 주신 십자가의 사랑과 섬김을 전하게 하시고 십자가의 복음이 전해지는 자리에 주의 성령께서 역사하여 주시어 듣는 이의 마음 문이 열릴 수 있도록 은혜를 베풀어 주시옵소서!

우리의 능력이 되어 주실 줄 믿사오며 이 시간 우리와 함께 하시는 우리주님 예수 그리스도의 이름으로 기도합니다. 아멘.

53. 종려주일 기도

"그 이튿날에는 명절에 온 큰 무리가 예수께서 예루살렘으로 오신다 함을 듣고 종려나무 가지를 가지고 맞으러 나가 외치되 호산나 찬송하리로다 주의 이름으로 오시는 이 곧 이스라엘의 왕이시여 하더라(요한복음 12:12)"

감사하신 하나님 아버지!

우리주님이 십자가를 지기 위해 예루살렘성으로 입성하시는 종려주일을 맞이 했습니다. 많은 사람들이 나아와서 나귀타고 입성하시는 주님을 맞이하는 이 시간 우리 모두가 주님을 맞이하길 원합니다.

공생애 3년을 지나시고 사순절을 지나 이제 마지막 일주일을 보내시기 위해서 예루살렘에 입성하시는 이 시간 제자들은 만왕의 왕이신 예수님이 세상의 권좌를 차지하기 위함인 줄 알고 서로 누가 높은 지를 다투며 권력투쟁을 했습니다.

그러나 주님은 세상의 권좌를 차지하기 위해서가 아니라 온전히 하나님 말씀에 따라 죽기 위해서 예루살렘에 입성하셨음을 믿습니다. 영광의 권좌가 아니라 고난의 십자가가 기다리고 있는 곳이 예루살렘성이었던 것을 믿습니다.

세상의 영광은 힘으로 뺏어내고 권모술수로 얻는 것이라면 하님이 주시는 영광은 온전한 낮아짐과 순종을 통해 하나님이 부어 주시는 영광인 것을 믿게 하여 주시옵소서!

사랑하는 주님!

호산나 다윗의 자손이여 하며 주님을 맞이하고 영접했던 사람들 중에는 이제 며칠 후에 예수님을 십자가에 달라고 소리쳤던 사람도 있었습니다.

종려나무가지를 흔들면서 주님을 맞이했던 이들 중에는 주님께 불치병을 고침받은 이들도 있었고 주님의 큰 능력을 체험한 사람도 있었지만 정작 예수님이 십자가를 지실 때 그들은 모두 예수님을 모른척 했습니다.

혹 우리가 그와 같은 사람들이 아닌지 돌아봅니다.

주님을 향한 우리의 사랑이 세상의 것을 얻기 위한 수단이 되지 않게 하여 주시옵소서! 주님으로 인해서 권력을 얻고, 주님으로 인해서 돈을 벌고, 주님으로 인해서 인기를 얻기 위해서 주님을 따르는 것이 아니라 어린아이와도 같이 순수한 마음으로 주님을 사랑하며 섬길 수 있는 마음을 허락하여 주시옵소서!

주님께 커다란 은혜를 입은 저희들입니다. 세상의 권력이나 사람들 앞에서도 담대히 주님을 증거할 수 있는 우리의 믿음이 되게 하여 주시옵소서!

주님께서는 말씀하시기를 저들이 조용하면 돌들이 일어나 소리를 지를 것이라고 하셨습니다. 주님의 능력은 돌들도 일어나 소리지르게 하실 수 있는 능력이신 것을 믿습니다!

　능력의 주님! 오늘 이렇게 종려주일로 주일예배를 드리면서 우리의 왕이신 주님을 우리 마음으로 맞이하고 영접하길 원합니다.

　우리 안에 좌정 하시고 우리의 왕이 되어 주시옵소서!

　주님을 예배하는 이 한 시간을 통하여 주님 주시는 신령한 은혜를 맛보게 하여 주시기를 간절히 기도합니다. 예배의 시종을 주님께 온전히 의탁하오며 모임중에와 각 사람의 심령위에 크신 은혜로 채워 주시옵소서!

　보혜사 성령으로 우리와 함께 하시는 우리 주님 예수 그리스도의 이름으로 기도합니다! 아멘.

54. 고난주간 기도

"그가 찔림은 우리의 허물을 인함이요 그가 상함은 우리의 죄악을 인함이라 그가 징계를 받음으로 우리가 평화를 누리고 그가 채찍에 맞음으로 우리가 나음을 입었도다"(이사야 53:5)

사랑이 많으신 하나님 아버지!

우리의 주님이 우리를 위해 고난 받으시는 고난주간을 맞이했습니다. 죄 많은 우리를 위해 주님이 조롱받고, 채찍질 당하시고, 가시관을 쓰신 주님!

이 시간 우리가 우리의 죄로 인해 당해야 하는 이 모든 죄 값을 홀로 십자가에 짊어 지시고 골고다를 올라가시는 주님을 바라보기 원합니다.

죄 하나 없으신 주님께서 우리의 죄를 속하기 위해 하나님께 철저히 버림받는 이 시간 주님께서 얼마나 외롭고 고통스러우셨을까를 생각해 봅니다.

주님은 십자가에 달리시며 "아버지여 어찌 하여 나를 버리셨나이까!"라고 외치셨습니다. 주님이 버림 받으심으로 우리가 버림받지 않게 되었음을 믿습니다. 주님이 채찍을 맞으시고, 손과 발에 대못이 찔리시고, 온 몸에 피를 다 쏟으심으로 인하여서 우리의 죄값이

속하여지고 구원받게 된 것을 믿습니다.

이 시간 주님이 달리신 십자가는 본래 우리의 것이였음으로 고백합니다. 우리가 우리의 죄로 인하여서 달리고 피흘리고 장사 되어야 하는 십자가였음을 고백합니다.

아사셀 어린양으로 죄인들의 대속제물이 되신 주님!
고난주간을 맞으며 주님의 남은 고난을 우리 안에 채우기를 원합니다. 우리의 금식과 우리의 기도에 은혜를 베풀어 주시옵소서!
주님의 십자가 고난을 깊이 생각하는 것으로 인하여서 하나님의 크신 사랑을 더욱 깊이 깨달아 알게 하시고, 그 사랑안에서 우리의 믿음이 굳건한 반석위에 서게 하여 주시옵소서!
혹 주님을 따르는 가운데 고난과 역경에 처하게 된 성도들이 있다면 주님의 십자가 고난을 바라보면서 위로를 얻게 하시고 우리의 고난은 예수님의 십자가 고난에 비하면 아무것도 아님을 깨닫게 하여 주시옵소서!
주님이 십자가 고난을 이기셨듯이 주님을 따르는 우리 모든 성도들의 고난 또한 능히 이기는 것이 되게 하여 주시옵소서! 자기가 시험을 받아 고난을 당하셨은즉 고난 당하는 자들을 능히 도우신다 하셨습니다.
우리 안에서 역사하시는 주님께서 우리의 모든 어려움과 문제와 고통을 다 아시는 줄을 믿사오니 또한 우리의 고난가운데 역사하심으로 우리를 도와주실 줄을 믿습니다.

사랑하는 주님!

고난은 영광에서 바라보는 것이라 했습니다. 우리의 잠시 받는 환난의 경한 것을 지극히 크고 영원한 영광의 중한 것이 우리에게 이루게 한다고도 하셨습니다. 믿사오니 우리의 고난이 속히 영광으로 바뀌게 하여 주시옵소서!

십자가 고난 뒤에 오는 부활의 영광이 우리에게도 오게 하여 주옵시기를 간절히 소망하오며 십자가 고난을 이겨내신 우리주님 예수 그리스도의 이름으로 기도합니다! 아멘.

55. 부활주일 기도

"예수께서 가라사대 나는 부활이요 생명이니 나를 믿는 자는 죽어도 살겠고 무릇 살아서 나를 믿는 자는 영원히 죽지 아니하리니 이 것을 네가 믿느냐"(요한복음 11:25)

사랑하는 주님! 영광스런 부활의 아침을 맞았습니다!

사망권세 이기시고 다시 사신 주님께 경배와 찬송과 영광을 드립니다. 우리의 예배를 받아 주시옵소서!

주님은 본래 하나님의 본체이셨지만 오히려 자기를 비워 종의 형체를 지녀 사람의 모양으로까지 낮아지셨고 십자가에서 물과 피를 다 쏟기까지 복종하셨습니다.

열두 영도 더 되는 천사를 불러 대적하는 무리를 물리칠 수 있으셨지만 오직 우리의 죄를 속하기 위하여 아무 힘 없는 자인 것처럼 십자가를 지시고 골고다를 올라 가셨습니다.

사람들은 그 많은 능력을 행하신 주님께서 힘없이 십자가에서 죽으시는 것을 보고는 예수님이 실패한 것처럼 보았지만 하나님은 죽기까지 복종하신 예수님께 사망권세 이기는 능력을 부어 주신 것을 믿습니다.

사랑하는 주님!

부활은 죽음 없이는 말할 수 없는 것임을 믿습니다. 죽어지는 것 없이 어찌 다시 사는 것을 말할 수 있겠습니까? 고난이 없이 어찌 영광이 있을 수 있겠습니까? 주님과 같은 온전한 죽어짐이 우리의 삶에 있게 하여 주시옵소서!

우리 모두가 죽는 것 없는 부활만을 원했으며 고난 없는 영광만을 좋아 했음을 회개합니다. 주님께서 이 시간 우리를 불쌍히 여겨 주옵시고 주님과 같은 온전한 순종과 자기부인의 삶이 뒤따르게 하여 주시옵소서!

우리 자신이 하나님 앞에 너무도 많이 살아 있었음을 고백합니다. 하나님 앞에 우리의 지식이 살아 있었고, 우리의 경험이 살아 있었으며, 우리의 재물이 살아 있었습니다. 이 모든 살아 있는 것들이 십자가에서 예수님과 함께 죽게 하시고 하나님 주시는 능력으로 다시 살게하여 주시옵소서.

그리하여서 예수님의 부활하신 몸과 같이 영광스런 우리의 지식과 우리의 경험과 우리의 재물이 되게 하여 주시옵소서!

온전한 낮아짐과, 온전한 깨어짐과, 온전한 없어짐을 통해 하나님 주시는 능력을 체험하게 하여 주시옵소서!

부활의 첫 열매가 되신 주님!

우리의 죽을 육신이 또한 부활케 됨을 믿습니다. 예수님 다시 오실 때 예수 믿은자는 심판의 부활이 아니라 영생의 부활로 나온다 했습니다.

우리의 몸이 흙에서 썩어 없어지는 몸이 아니라 다시 부활할 몸인 것을 깨달을 때에 우리가 갖게 되는 기쁨은 이루 말할 수 없는 기쁨인 것을 믿습니다. 우리에게 부활의 소망을 주신 주님께 무한한 감사와 찬송을 드립니다.

또한 우리 삶의 모든 부분에 있어서도 부활이 있기를 소망합니다. 우리의 상한 심령에 새 생명의 기운을 불어 넣어 주시고, 어려운 가정경제에도 부활의 날이 오게 하시고, 우리의 병든 육신 또한 회복케 하시고 소성케 하시는 역사가 나타나게 하여 주시옵소서!

예수부활의 기쁨을 성도들 모두가 함께 맞이하게 하시고 주님을 예배하는 이 시간을 통하여 다시 사신 주님께 드리는 영광과 존귀를 받아 주시옵기를 간절히 원하오며 사망권세 이기시고 부활하신 우리주님 예수 그리스도의 이름으로 기도하옵나이다! 아멘.

56. 어린이주일 기도

"예수께서 한 어린 아이를 불러 저희 가운데 세우시고 가라사대 진실로 너희에게 이르노니 너희가 돌이켜 어린 아이들과 같이 되지 아니하면 결단코 천국에 들어가지 못하리라 그러므로 누구든지 이 어린 아이와 같이 자기를 낮추는 그이가 천국에서 큰 자니라!"(마태복음 18:2)

사랑하는 주님!

어린이주일을 맞이하여 이 시간 하나님을 예배하기를 원하옵나이다. 누구든지 어린아이 같지 아니하면 천국에 들어갈 수 없다고 말씀하신 주님! 우리 모두가 이 시간 어린아이와 같은 순수한 마음과 진실된 마음으로 주님 앞에 서기를 원하옵나이다.

세상 때가 많이 묻고 순수하지 못한 우리의 마음을 밝혀 주셔서 천국을 바라볼 수 있게 하시고 주님을 바라볼 수 있게 하여 주시옵소서!

어린아이의 특징은 말씀을 의심없이 그대로 믿는 것임을 믿습니다. 하나님의 말씀을 의심없이 받을 수 있는 우리의 믿음이 되게 하시고 그 말씀이 우리의 믿음을 장성케 하는 피와 살이 되게 하여 주시옵소서!

또한 우리가 예수님 말씀에 따라 어린아이처럼 스스로를 낮추는 자가 되기를 원합니다. 스스로를 높은체 하며 그 마음이 교만한 자를 내어치시는 하나님이신 것을 믿습니다. 스스로 겸손한 자가 되어 천국에서 높은 자가 되는 진리를 깨닫게 하여 주시옵소서!

감사하신 주님!
어린 아이 때의 마음이 시간이 흘러도 변치 않기를 원합니다. 주님을 향하여 지녔던 순수한 믿음이 세상의 불순한 것들에 의해 변질되지 않도록 우리의 믿음을 지켜 주시옵소서!
또한 우리의 가정에 허락하신 아이들을 돌아보아 주셔서 예수님이 키가 자라시며 몸이 자랄 때에 지혜와 믿음이 같이 자랐던 것처럼 우리의 아이들이 자라날 때에도 지혜와 믿음이 같이 자라게 하시고 저가 어디에 가 있든지 하나님과 사람 앞에 은총과 존귀히 여김을 받는 아이로 자라게 하여 주시옵소서!
어려서부터 높은 꿈과 비전을 품게 하시고 그 목표를 바라보며 부지런히 학업에 임하게 하시며 이 땅의 모든 지식은 하나님이 주신 지식인 것을 믿사오니 우리의 아이들이 공부할 때 지식의 세계를 열어 주시어서 잘 깨닫게 하시고 집중력을 더하여 주시옵소서!
주님은 지혜로 하늘의 별을 두셨으며 공중에서 이슬이 내리게 하시고 해양의 경계를 정하셨습니다. 이 모든 지식 앞에 겸손하게 하시고 벼가 익을수록 고개를 숙이듯이 지식이 늘어날수록 겸손을 잃어 버리지 않는 우리의 아이들이 되게 하여 주시옵소서!
하나님이 때마다 일마다 함께 하시고 하는 모든 일에 복을 주셔서 감사와 찬송이 넘치는 인생을 살게하여 주시옵시고, 또한 만남의 복으로 함께 하심으로 학년이 올라갈 때마다 인생을 배울 수 있는 선생님과 친구들을 항상 주위를 두르게 하시며 악한 무리들은 일절 붙지 않게 하여 주시옵소서!

사랑하는 주님!
우리의 아이들이 이 땅을 살아갈 때 항상 주님과 동행하는 법을 알게 하심으로 어려운 일이 있을 때도 믿음으로 주님을 의지할 줄 알게 하시고 모든 어려움을 이겨 낼 수 있게 하여 주시옵소서!
금보다 귀한 믿음을 소중히 간직하고 키우며 하나님 앞에 가지고 나아가기를 기뻐하는 믿음의 아이들로 키워 주시옵시기를 간절히 원하오며 이 모든 기도를 드릴 때에 우리의 예배가운데 함께 하시는 우리주님 예수 그리스도의 이름으로 기도합니다! 아멘.

57. 어버이주일 기도

"네 부모를 공경하라 그리하면 너의 하나님 나 여호와가 네게 준 땅에서 네 생명이 길리라!"(출애굽기 20:12)

사랑이 많으신 주님!

어버이주일을 맞았습니다. 이 시간 우리가 어버이주일 예배로 하나님을 예배하면서 먼저 우리의 죄를 회개하기 원합니다. 우리의 부모님들에게 자녀된 도리를 다하지 못하고 불효했던 죄를 용서하여 주시옵소서!

하나님은 우리를 지으시고 우리로 하여금 하나님을 아버지로 부르게 하셨습니다. 그러므로 자녀를 향한 아버지의 마음은 곧 하나님 아버지에게서 온 것임을 믿습니다.

일방적인 헌신과 희생을 하시며 우리의 부모님은 우리를 키우셨지만 우리는 그 사랑에 감사치 못하고 부모님을 향하여 불평하고 원망했던 시간이 많이 있었음을 고백합니다. 우리를 긍휼히 보시고 불쌍히 여겨 주시옵소서!

하나님께서 십계명 중에 사람사이의 첫 계명을 부모공경으로 두신 것은 부모님을 공경하는 것을 통해 하나님을 공경하는 것을 배우게 하셨음을 믿습니다. 그것은 하나님의 뜻이며 질서였지만 그러나 세상이 악해지고 말세가 되면서 우리의 부모님들은 아무런 힘도 없는 뒷방 노인 신세가 되었습니다.

이 시대가 악한 것은 부모님의 권위가 땅에 떨어졌기 때문인 것을 알게 됩니다. 마치 온 세상이 아버지 없는 자녀들만 사는 것처럼 어른이 없어지고, 권위자가 없어지고, 두려운 것이 없어진 이 시대에 주님께서 탄식하고 계심을 믿습니다.

사랑하는 주님!
우리가정에 부모님의 권위가 살아있게 하여 주시옵소서! 부모님의 권위가 떨어진 곳에 어찌 하나님의 권위가 살아 있겠습니까! 아버지가 무서워서 감히 할 수 없는 일들이 우리에게 있게 하여 주시옵소서! 무서운 것이 없는 세상이기 때문에 저 하고 싶은 소리 다 하고 다니며 그 교만은 하늘을 찌릅니다. 하나님 아버지도 무섭지 않고 하나님 아버지의 말씀에도 두려워 할 줄 모르고 하나님 아버지를 경외 할 줄 모르는 이 세대를 주님 불쌍히 여겨 주시옵소서!

저마다 자기소견에 옳은 대로 스스로 재판장이 되고 스스로 심판주가 되어 있는 이 때에 하나님이 부여하신 높은 권위가 우리 부모님에게 있음을 알게 하여 주시옵소서!

하나님으로 하나님 되게 하시기 위해서 제일먼저 우리의 부모님을 부모님 되게 하옵소서! 하나님으로 인해 우리가 지음 받은 것처럼 우리는 부모님으로부터 왔음을 잊지 않고 언제나 우리 부모님을 존경하고 높이며 우리 부모님의 살아온 인생을 인정하게 하옵소서!

부모님을 공경한 자에게 약속하신 땅에서 잘 되고 장수하리라는 말씀을 이루어 주시고 우리 또한 자녀를 키우는 부모임을 잊지 않게 하옵소서!

우리 부모님을 향한 우리의 모습을 우리 자녀들이 그대로 보고 또한 행할 것입니다. 효를 가르치는 백 마디 말 보다 우리가 우리 부모님에게 하는 모습이 최고의 교육인 줄 믿사오니 우리 모두가 부모님을 향하여 성심을 다하여 섬기게 하여 주시옵소서!

우리의 부모님에게 기력을 더 하심으로 모세가 죽을 때 나이 백이십세였으나 눈이 흐리지 아니하고 기력이 쇠하지 아니하였다함과 같이 육신의 강건함을 주옵시고 하나님을 바라는 믿음 또한 갈렙과도 같은 한결 같은 믿음이 되게 하여 주시옵소서!

백발은 영화의 면류관이라고 했습니다. 우리 부모님의 평생의 날이 면류관을 쓰는 영광스런 날들이 되게 하여 주옵시고 자녀들 앞에 영육간에 언제나 든든히 서 계시는 우리의 부모님들이 되게 하여 주시옵소서!

네 부모를 공경하라 말씀 하시고 우리에게 부모님을 주신 우리주님 예수 그리스도의 이름으로 기도합니다! 아멘

58. 성령강림주일 기도

"오순절날이 이미 이르매 저희가 다 같이 한곳에 모였더니 홀연히 하늘로부터 급하고 강한 바람 같은 소리가 있어 저희 앉은 온 집에 가득하며 불의 혀 같이 갈라지는 것을 저희에게 보여 각 사람 위에 임하여 있더니 저희가 다 성령의 충만함을 받고 성령이 말하게 하심을 따라 다른 방언으로 말하기를 시작하니라"(사도행전 2:1)

사랑하는 주님!

오늘도 거룩한 주일을 맞이 했습니다. 오늘은 예수님 부활승천 하시고 약속하신 성령을 보내주신 날을 기념하는 성령강림주일입니다. 오순절날 마가의 다락방에서 기도하던 성도들에게 임하였던 성령이 오늘 이 시간 주를 예배하며 성령받기를 사모하는 성도들에게도 내려 주옵시기를 기도합니다.

성령이 아니고서는 누구도 그리스도를 주라고 부를 수 없다 했습니다. 성령이 우리 영으로 더불어 친히 우리가 하나님의 자녀인 것을 증명한다고도 하셨습니다. 성령의 인도하심으로 우리가 십자가를 바라볼 수 있게 되었고 구원받은 하나님의 백성이 된 것을 믿습니다.

이제는 우리를 구원하신 성령과 함께 항상 동행하는 삶을 살게 하여 주시기를 원하옵나이다. 성령의 인도하심과 강권하심이 우리 안에서 역사할 때에 성령의 말씀을 기쁜 마음으로 순종하며 따르게 하여 주시옵소서!

"육체의 소욕은 성령을 거스리고 성령의 소욕은 육체를 거스리나니 이 둘이 서로 대적함으로 너희의 원하는 것을 하지 못하게 하려 함이니라!"고 하셨습니다. 예수믿고 성령받은자로써 우리 안에서 말씀하시는 성령의 음성에 귀 기울이게 하시며 그 음성을 분별하게 하옵소서!

또한 너희가 하나님의 성전인 것과 하나님의 성령이 너희 안에 거하시는 것을 알지 못하느냐! 라고 말씀하셨습니다. 우리 안에 좌정해 계신 성령을 슬프게 하거나 성령을 훼방하는 죄를 결코 범치 않게 하시고 우리 안에서 성령이 기뻐 하시며 춤추는 역사가 날마다 일어나게 하여 주시옵소서!

또한 너희는 평안의 매는 줄로 성령이 하나 되게 하신 것을 힘써 지키라고도 하셨습니다! 우리의 교회성도들이 하나 되길 원합니다. 우리의 가정 식구들 마음이 하나 되길 원합니다. 그리하여 평안의 매는 줄로 꽁꽁 묶여 있기를 원합니다. 우리의 평안을 흔드는 자가 없게 하여 주시옵소서!

은혜로우신 주님!

하나 되게 하심은 성령이 하나 되게 하신 것이라 하셨습니다. 이제 우리의 할 일은 열심을 내어 힘써 지키는 것임을 믿습니다. 우리의 신앙열심이 분열을 일으키는 열심히 아니라 하나됨을 지키는 열심히 되게 하여 주시옵소서.

또한 각 사람의 믿음의 분량대로 성령의 은사를 가득하게 하심으로 우리교회에도 각종 방언의 은사, 통변의 은사, 신유의 은사, 가르침의 은사, 사랑의 은사가 넘쳐나게 하여 주시옵소서!

그리하여서 주님의 몸된 교회를 높은 권세위에 바로 세울 수 있게 하여 주시옵소서!

성령의 감화와 감동이 예배시간마다 가득하게 하시고 성령의 내주하심과 치유하심이 오늘도 목사님을 통해 주시는 말씀으로 우리 가운데 임하게 하여 주시옵소서!

오늘도 성령강림주일로 주일을 성수하는 우리 모든 성도들에게 새 힘과 능력을 더 하여 주실 줄을 믿사오며 우리를 죄악에서 구원하시고 지금 보혜사 성령으로 우리와 함께 하시는 우리 주 예수 그리스도의 이름으로 기도하옵나이다! 아멘.

59. 맥추감사주일 기도

"맥추절을 지키라 이는 네가 수고 하여 밭에 뿌린 것의 첫 열매를 거둠이니라!"(출애굽기 23:16)

사랑하는 주님!

맥추감사주일을 맞이 했습니다. 이 시간 일년 중 첫 추수를 주신 하나님께 감사하며 주일예배 드리기를 원합니다. 우리의 예배를 받아 주시옵소서!

주님께서 말씀하시길 이 땅의 모든 초 태생의 첫 것은 주님 것이라 하셨고 네 밭의 소산물 중 처음 익은 열매로 여호와를 공경하라 하셨습니다. 처음 것은 주님 것임을 믿습니다.

처음 열매를 주님께 드리며 주님을 향한 우리의 믿음을 드리기를 원하옵나이다.

우리의 신앙선배들은 겨우내 식량이 떨어지고 보리를 추수하기까지 보릿고개를 넘으며 이 맥추감사절을 더욱 감사하는 마음으로 하나님을 예배했다는 것을 알고 있습니다.

지금 우리 대부분의 성도들이 보리를 키우며 추수하지는 않지만, 우리에게 늘 일용할 양식으로 먹이시는 주님께 감사하는 시간이 되길 원합니다.

부족한 것을 깊이 느끼고 나서 그것을 채움 받았을 때 더욱 절절한 감사가 나오는 것을 우리가 경험합니다. 주님은 이 시대를 살아가는 우리가 부족한 것을 느끼기 전에 우리의 필요를 채워 주셨기에 우리가 감사 할 줄 모르고 기쁨이 없었음을 회개합니다.

감사하신 주님!
주께서 베푸신 은혜를 기억하는 시간이 되게 하여 주옵소서. 우리의 눈을 밝히시어 감사의 제목들을 발견하게 하시고, 기뻐하며 감격하며 날마다 더욱 깊은 감사를 드리는 성도가 되게 하여 주옵소서.

이 시간 하나님 아버지께 감사의 제사와 찬양을 드립니다. 감사하는 자에게 감사의 제목을 더하시는 주님! 날마다 주께 감사하게 하시어, 감사의 제목이 더 풍성해 지도록 인도하여 주시옵소서.

교회에 속한 모든 성도들의 가정에도 감사가 넘쳐나게 하여 주시옵시고 저들이 섬기는 직장과 일터 속에서도 감사한 일들이 가득하게 하여 주시옵소서.

특별히, 몸된 교회에서 헌신하는 봉사를 통하여 감사와 감격이 있기를 원합니다. 억지로 하는 봉사와 섬김이 아니라, 참된 기쁨에서 나오는 봉사와 섬김이 되게 하여 주옵소서.

우리 교회가 수안에서 서로 사랑하며 감사하는 공동체가 되도록 인도하여 주옵시고 서로 사랑함으로 격려하며 주의 복음들고 세상으로 나아가는 진리의 나팔수들이 되게 하여 주옵소서.

긍휼이 많으신 주님!

여름철에는 교회행사가 많이 있습니다. 여름성경학교와 중고등부 수련회, 전교인수련회 행사를 치르고자 합니다. 주님께서 모든 행사 위에 함께 하여 주시고 기쁘게 받아 주시옵소서.

맥추감사 주일예배로 드리는 이 시간 주의 성령이 모임중에와 각 사람 마음에 임재 하시고 크신 은혜를 주실 때에 감사의 제목들이 생각나게 하시오며 오늘 우리에게 생명의 말씀을 전하실 목사님에게도 성령의 두루마기를 입혀 주시고 말씀을 듣는 우리 모든 성도는 아멘으로 받게 하여 주시옵소서!

우리의 감사를 받으시는 우리주님 예수 그리스도의 이름으로 기도합니다! 아멘.

60 종교개혁주일 기도

"복음에는 하나님의 의가 나타나서 믿음으로 믿음에 이르게 하나니 기록된 바 오직 의인은 믿음으로 말미암아 살리라 함과 같으니라!"
(로마서 1:17)

사랑하는 주님!

오늘 거룩한 주일을 맞아 하나님 앞에 주일예배 드리기를 원하옵나이다. 우리의 예배를 받아 주시고 영광받아 주시옵소서!

특별히 오늘은 종교개혁주일입니다. 우리 믿음의 선진들이 타락한 중세교회에 항거하여 성경의 진리를 밝히 드러낸 일을 기념하는 오늘, 주님께서 우리에게도 강림하여 주셔서 우리 가운데 있는 모든 말씀을 벗어난 행위들을 제하여 주시고 오직 말씀으로 하나님을 바라볼 수 있도록 역사하여 주시옵소서!

하나님께서 모든 이에게 주신 성경이었음에도 중세시대 성직자들은 성경을 사사로이 해석하면 안된다는 논리로 성직자들만 독점하고 성경을 번역하고 배포하는 사람들을 핍박하고 죽였습니다.

그러나 하나님께서는 말씀으로 살아계시는 분이신 것을 믿습니다. 이 시간 우리가 오직 말씀으로 이 자리에 임재하시는 성령을 만나기를 소원합니다.

하나님께서 주신 말씀에 의하면 우리의 구원은 믿음으로 은혜로 구원받는 것임을 믿습니다. 믿음의 자리와 은혜의 자리에 우리의 행위와 공로를 집어넣는 죄를 범치 않도록 우리를 불쌍히 여겨 주시옵소서!

오직 예수십자가 보혈의 공로로 우리가 담대히 하나님 전에 나아갈 수 있는 은혜를 입은 사실을 잊지 않게 하여 주시옵소서. 나의 공로로 구원을 달라고 하는 어리석음을 범치 않도록 우리를 일깨워 주시옵소서! 하나님은 우리에게 구원을 주실 때 너희의 행위와 공로를 달라고 하시는 분이 아니신 것을 믿습니다.

구원은 하나님과의 거래가 아니라 하나님 주신 은혜인 것을 이 시간 다시 한번 확인하게 하여 주시옵소서!

우리의 모든 행위와 공로는 구원받은 자로서의 감사와 감격과 기쁨에서 나온 것이지 결코 앞에 있는 구원을 받기 위해 지불해야 하는 행위와 공로가 아닌 것을 믿습니다.

율법의 의로는 의롭다함 받을 수 있는 육체가 없다 했습니다. 율법으로는 죄를 깨닫는다 하셨습니다. 우리가 우리 자신의 죄를 깨달을 때 우리의 죄 값을 치루는데에 있어서 나의 공로와 선행으로 얼마든지 치룰 수 있다는 교만한 발상을 하지 않게 하옵소서!

그러한 일은 우리의 죄가 얼마나 큰 것인지 알지 못한 어리석음에서 비롯된 것임을 믿습니다. 스스로가 재판장이 되어 자신의 죄값을 정하는 어리석음에서 우리를 건져 주시옵소서!

사랑하는 주님!

우리에게 율법의 준수는 구원을 위한 것이 아니라 말씀 순종하는 것으로 이 땅을 사는 동안 복을 받기 위함인 것을 믿습니다. 구원을 받기 위해서가 아니라 하나님이 주시겠다 약속하신 복을 바라보면서 신구약의 모든 말씀을 준행하는 것을 믿습니다.

또한 기도하옵기는 오직 십자가로 구원받기에 율법이 소용없다 하여 율법을 폐기하는 율법 폐기론자들과 같이 되지 않게 하시고 신구약의 모든 말씀을 사랑의 법으로 그리스도의 법으로 받아 들이기를 원합니다.

지상의 교회는 끊임없이 개혁 되어야 한다고 개혁자 칼빈이 말한 것처럼 교회안에 밀려드는 인본주의와 세속화로부터 교회가 끊임없이 개혁되고, 오직 성경으로 돌아가며, 초대교회로 돌아가는 은혜가 우리 모든 교회 위에 있게 하여 주시옵소서!

오직 성경으로, 오직 믿음으로, 오직 은혜로 하나님 나라에 이르는 우리 모든 성도가 되게 하여 주옵시기를 또한 간절히 바라오며 오직 십자가로 우리를 구원하신 우리주님 예수 그리스도의 이름으로 기도합니다! 아멘.

61. 추수감사절 기도

"이르시되 추수할 것은 많되 일꾼이 적으니 그러므로 추수하는 주인에게 청 하여 추수할 일꾼들을 보내 주소서 하라!"(누가복음 10:2)

감사와 찬송과 영광과 존귀를 받으시기에 합당하신 하나님 아버지! 올해도 어김없이 추수감사주일을 맞이했습니다. 지난 한해 동안 봄에는 씨를 주시고 여름에는 해를 주시고 적당한 때에 이른비 늦은비를 주시므로 들에는 황금물결로 가득하며 땅에는 오곡백과가 가득하게 되었습니다.

땅에는 충만한 결실과 열매로 가득한 이때에 우리 믿음의 삶에도 무슨 열매가 맺혔는지를 생각해 봅니다. 그러나 하나님 앞에 부끄러운 모습뿐입니다.

사랑이 많으신 주님!

주님께서 우리의 삶속에서 열매 맺기 바라시는 열매는 성령의 9가지 열매인 것을 믿습니다. 사랑과 희락과 화평과 오래참음과 자비와 양선과 온유 충성과 절제의 열매중에 어떤 열매를 맺었는지 돌아봅니다.

우리는 이웃을 사랑하는 일에 있어서 인색했으며 오래참지 못함으로 초조함과 조바심 가운데 혈기와 분을 낼 때도 있었습니다. 자비로운 마음으로 선을 베풀지 못했으며 능히 도와야 할 사람 앞에서도 양심을 굳게 할 때가 있었습니다.

하나님의 일을 맡아 온전히 충성하는 일, 그리고 모든 일에 절제하는 일에 있어서도 부족했습니다.

이와 같은 우리의 부족함에도 불구하고 주님께서는 우리의 삶을 돌아보시고 많은 은혜를 베풀어 주셨습니다. 하루하루의 삶을 눈동자와 같이 지켜 주셨으며 우리 몸에 건강을 주시고 우리 손으로 하는 일에 소득을 주셨으며 우리의 자녀들을 돌아보시고 우리 가정에는 화목이라는 결실을 주셨음을 감사드립니다.

때로는 우리가 바라고 소원하는 것을 얻지 못하는 것으로 인해서 우리 마음에 불평이 일어날 때도 있었지만 하나님께서는 그때에도 우리를 위로 하시고 새로운 소망을 주심으로 다시금 감사의 기도를 드릴 수 있게 하셨습니다.

긍휼이 풍성하신 주님!

이제 다시 원하오니 우리의 삶에 온전한 성령의 열매가 맺혀 질 수 있도록 주님께서 우리 안에서 역사하여 주시옵소서!

우리의 모든 삶을 돌아보시고 모든 일을 결실하게 하시는 주님! 진실로 열매맺는 인생이기를 원합니다. 주님께서 말씀하시길 좋은 나무인지 나쁜나무인지 너희의 열매를 보고 안다고 하셨습니다.

또한 좋은 열매 맺지 못하는 나무마다 찍혀 불 가운데 던져 진다고 하셨습니다. 주여, 이 자리에 함께 한 우리 가운데는 이와 같은 심판에 처해지는 인생이 한 명도 없도록 주께서 은혜를 베풀어 주시기를 간절히 기도합니다!

주님께서 또한 열매가 익으면 낫을 대나니 이는 추수 때가 가까웠다고 하셨습니다. 이 땅의 추수감사절을 맞는 오늘 천국의 추수 때 또한 이제 얼마남지 않았음을 믿습니다.

주님께서 말씀하신대로 추수 할 것은 많되 추수꾼은 적으니 추수할 일꾼을 보내달라고 기도하길 원합니다. 우리교회에 추수꾼의 사명을 감당하는 더욱 많은 일꾼을 보내 주시고 그들의 충성과 헌신을 통해서 교회가 세워지고 하나님나라가 확장되며 주의 놀라운 영혼 구원사역이 이루어질 수 있도록 은혜를 베풀어 주시옵소서!

이 예배를 기뻐 받으시는 주님!

긍휼을 베풀어 주시옵시고 각 사람 마음에 임재하심으로 하나님의 살아 계심을 체험하는 예배시간이 되게 하여 주시옵소서!

처음부터 마치는 시간까지 성삼위 하나님께서 홀로 영광 받으시기를 간절히 원하오며 우리주님 예수 그리스도의 이름으로 기도합니다. 아멘

62. 성서주일 기도

"모든 성경은 하나님의 감동으로 된 것으로 교훈과 책망과 바르게 함과 의로 교육하기에 유익하니"(디모데후서 3:16)

사랑이 많으신 하나님 아버지!

오늘은 성서주일예배로 하나님께 예배드리기를 원합니다. 오늘 하나님을 예배하는 동안에 성경을 통해서 하나님께서 우리에게 주신 은혜가 얼마나 큰 것인지 깨닫게 하여 주시옵소서!

먼저 우리에게 하나님 말씀인 성경을 주신 것을 진실로 감사드립니다. 성경을 통해서 우리가 하나님을 알고 우리의 죄인 됨을 알고 독생자 예수 그리스도의 십자가를 알게 하신 것을 감사드립니다.

하나님이 우리에게 주신 모든 성경은 하나님의 감동으로 된 것으로 교훈과 책망과 바르게 함과 의로 교육하기에 유익하다 했습니다.

또한 성경은 사람의 책이 아니라 하나님의 기록된 말씀인 것을 믿습니다. 1600년에 걸쳐서 시대가 다르고 환경과 직업이 다른 40인의 지자가 기록히고 있지만 마치 한 사람이 쓴 것과도 같은 주제이 통일성을 지닌 것을 보면 이것은 사람의 말이 아닌 하나님의 말씀인 것을 믿습니다.

성경은 오직 죄인된 우리 자신을 발견하게 하고 예수 그리도의 십자가 보혈로만 구원 받을 수 있다는 진리를 말씀하는 책인 것을 믿습니다.

주의 성령이시여! 우리가 성경을 읽을 때에 진리가 보이게 하시고 허탄한 영에 이끌리는 자들과 같이 성경을 흥미의 대상으로만 보지 않게 하옵소서! 경건을 이익의 재료로 생각하는 무리가 지금도 많이 일어난 것을 보게 됩니다.

사랑하는 주님!
우리가 성경을 통해서 주님 주시는 위로를 받게 하시고 새 힘과 능력을 받게 하시며 진리를 깨닫게 하여 주시옵소서! 우리의 자녀들도 성경을 통해 하나님 주시는 교훈을 받게 하시고 바르게 함과 의로 교육되는 자녀들이 되게 하여 주시옵소서!

말씀을 더 깊이 깨닫게 하시고 우리의 믿음이 말씀가운데 깊이 뿌리내린 견고한 믿음이 되게 하심으로 하나님의 기쁨이 되게 하여 주시옵소서!

또한 말씀을 해석하여 가르치는 우리 교역자들에게도 은혜를 베풀어 주셔서 은혜의 말씀을 우리에게 전할 때에 그 말씀이 신령한 꼴이 됨으로 우리 영에 살이 되고 피가 되게 하여 주시옵소서!

성경의 모든 예언의 말씀이 이루어지고 이제 예수님 오시는 날만 남은 것을 믿습니다. 주의 재림을 기다리며 주님 주신 말씀을 온전히 순종하는 성도들이 되게 하여 주시옵소서!

우리가 성경 말씀을 믿고 지식으로 아는 데에만 열심을 내지 말게 하시고 말씀을 행하는데 있어서 열심을 품게하여 주시옵소서!

　어린아이와도 같이 우리가 하나님의 말씀을 아멘으로 받고 그 말씀을 가지고 세상에 나아가서 살 때에 온전한 그리스도의 향기가 되게 하시며 빛이 되게 하시며 소금이 되게 하여 주시옵소서!

　세상은 없어져도 하나님의 말씀은 일점일획도 땅에 떨어지지 않는다고 하셨습니다. 주님의 말씀을 그대로 믿고 따르며 기도하는 성도들에게 믿은 대로 응답되는 놀라운 역사를 경험하게 하여 주시옵소서!

　오늘도 말씀 속에 살아 역사하시는 우리주의 성령이 이 예배가운데 임재하심을 믿사오며 이 모든 기도를 드릴 때에 우리주님 예수 그리스도의 이름으로 기도합니다. 아멘

63. 대강절 기도

> "이는 한 아기가 우리에게 났고 한 아들을 우리에게 주신바 되었는데 그 어깨에는 정사를 메었고 그 이름은 기묘자라, 모사라, 전능하신 하나님이라, 영존하시는 아버지라, 평강의 왕이라 할 것임이라."(이사야 9:6)

감사하신 하나님 아버지!

우리 주님의 초림을 기다리는 대강절을 맞이 했습니다. 이 세상 가장 낮고 천한 곳으로 오시는 주님을 기다립니다. 우리의 마음이 높은 곳에 있지 않게 하시고 항상 겸손한 마음으로 주님의 오심을 기다리게 하여 주시옵소서.

하늘의 보좌를 버리시고 허물과 죄로 죽었던 우리를 살리시기 위하여 천한 인간의 육신을 입으시는 성육신의 시간이 이제 얼마남지 않았습니다. 한해의 마지막달인 12월을 맞이 하면서 우리가 주님을 기다리며 우리의 믿음을 다지길 소망합니다.

예수님이 오실 때 안타까운 사실은 아무도 예수님을 알아보지 못했다는 사실입니다. 이스라엘이 메시야 대망사상을 가지고 간절히 메시야가 오시길 기다렸음에도 불구하고 실제로 예수님을 메시야로 맞이한 사람은 불과 몇 사람에 불과했습니다.

동방의 박사들과 몇 명의 목자들 그리고 성전에서 기도하던 시몬과 안나 뿐이었습니다.

　사랑하는 주님!
　이 자리에 앉은 우리가 이 시대의 동방박사가 되게 하시고 이 시대의 목자들이 되게 하시고 이 시대의 안나와 시몬이 되게 하여 주시옵소서!
　이제 우리의 왕으로 오실 예수님을 보고 기뻐하며 맞이하는 하늘 성도가 되게 하여 주시옵소서! 오실 예수님을 기다리며 우리가 좀더 간절한 마음으로 기도하며 우리의 마음을 겸손히 하며 오실 주님을 맞이하게 하여 주시옵소서!
　우리의 마음으로 찾아오실 주님을 영접하고 우리의 왕으로 모시게 하여 주시옵소서! 평강의 왕으로 우리의 심령 가운데 좌정 하시고 우리를 다스려 주시옵소서!
　이 죄악된 세상을 살면서 갖게 되는 모든 걱정과 근심 염려와 두려움에서 우리를 해방시키시고 자유케 하여 주시옵소서! 우리는 세상의 권세에 너무도 쉽게 흔들리고 쓰러지며 절망합니다. 주님께서 우리 안에서 왕이 되어 주시지 않으면 우리는 세상을 살면서 좌절하고 넘어질 수 밖에 없습니다.
　우리의 발은 땅을 딛고 살고 있지만 우리는 세상에 속한자가 아닌 하나님의 택함받은 거룩한 백성이며 천국시민인 것을 믿습니다. 오셔서 우리를 다스리시고 우리에게 말씀하여 주시옵소서!
　이 세상 모든 만물은 주의 창조물인고로 주님의 말씀대로 순종함을 믿습니다. 바다와 풍랑을 향하여 잔잔하라 말씀하신 주님! 우리의 마음이 요동칠 때에도 잔잔하라 명하여 주시옵소서! 내가 주는 평안은 세상이 주는 것 같지 않다고 하신 그 평화를 맛보아 알게 하여 주시옵소서!

이 시간 우리가 주님을 예배하면서 이 땅에 다시 오실 주님의 재림을 기다리듯이 이 땅에 아기예수로 오시는 주님의 초림을 기다립니다.

간절한 마음과 경건한 마음이 되어 주님을 기다리는 우리 모두에게 찾아오시고 우리의 경배를 받아 주시옵소서!

오늘도 우리 예배 중에 임재 하시고 영광 받으시며 우리에게는 큰 은혜를 베풀어 주시옵소서! 죄 많은 우리를 구원하기 위해 이 땅에 오시는 우리 주님 예수 그리스도의 이름으로 기도합니다. 아멘.

64. 성탄절 기도

"천사가 이르되 무서워 말라 보라 내가 온 백성에게 미칠 큰 기쁨의 좋은 소식을 너희에게 전하노라 오늘날 다윗의 동네에 너희를 위하여 구주가 나셨으니 곧 그리스도 주시니라 너희가 가서 강보에 싸여 구유에 누인 아기를 보리니 이 것을 너희에게 표적이니라 하더니 홀연히 허다한 천군이 그 천사와 함께 있어 하나님을 찬송 하여 가로되 지극히 높은 곳에서는 하나님께 영광이요 땅에서는 기뻐하심을 입은 사람들 중에 평화로다 하니라"(누가복음 1:30)

사랑이 많으신 하나님 아버지! 기쁜성탄의 아침을 맞았습니다.

흠 없고 죄 없으신 주님께서 죄인인 우리들을 구원하여 주시기 위하여 가장 낮고 천한 모습을 하고 말구유에 오셨습니다. 이 시간 우리에게 지혜와 계시의 영을 열어 주시어서 저 말구유에 누우신 아기 예수님을 보고 말씀이 육신이 되어 이 땅에 오신 메시야인 것을 고백하게 하여 주시옵소서!

누가 저 말구유에 누워 계신 아기예수를 보고 하나님의 아들이라고 할 수 있겠습니까? 호적하라는 구레뇨 총독의 다그침에 요셉과 마리아가 피치못해 길을 떠났고 베들레헴 노중에서 아이를 낳았습니다. 그 아이가 바로 마굿간에서 태어난 예수님인 것을 믿습니다.

이제 누가 난리통에 태어난 저 아이를 보고 온 우주를 지으시고 다스리시는 하나님의 아들이라 할 수 있겠습니까? 당시에 성경을 많이 안다고 하는 대제사장과 서기관들도 메시야의 오심을 알지 못했습니다. 예수님은 정신 없는 사람들의 일상속에 너무도 조용히 그리고 초라하게 오셨습니다.

이 시간 성탄예배에 참석한 우리 모두가 천사들의 소식으로 예수님께 나아간 목자들이 되길 원합니다. 별을 보고 예수님을 알아본 동방의 박사가 되길 원합니다. 그래서 동방의 박사들처럼 황금과 유황과 몰약을 들고 주님께 나아가 경배하길 원합니다.

또한 동방의 박사들처럼 겸손하길 원합니다. 동방의 왕이 낫다 해서 찾아간 곳은 왕궁이 아니었습니다. 그곳은 냄새나고 더러운 마굿간이었습니다. 왕이 화려한 왕궁에 있지 않고 초라한 말구유에 있는 것입니다. 박사들은 자신들이 잘못 찾아왔다 할 수 있었음에도 불구하고 그렇게 하지 않고 그 더럽고 냄새나는 곳에서 주님을 경배했습니다.

사랑하는 주님!

주님은 지금도 이 땅의 왕궁에 거하지 않으시는 것을 믿습니다. 주님은 만왕의 왕이시지만 겸손하여 나귀를 타신 왕이라 하셨습니다. 우리 곁에 초라한 모습을 하고 계신 주님을 볼 수 있는 눈이 열리기를 소망합니다.

주님은 우리가 작은 소자에게 물 떠 주었을 때 그 소자가 곧 나였다고 말씀하셨습니다. 작은 소자의 모습으로 오늘도 우리 곁에 계시는 주님을 섬기게 하여 주시옵소서!

　세상은 성탄절을 흥청망청하며 육신의 일락을 위해서 보내지만 우리 거룩한 하나님 나라의 성도들은 저 낮고 초라한 곳으로 가기 원합니다. 거기 낮은 곳에서 연약한 자의 모습으로 변장하고 계신 주님을 뵙기를 원합니다.

　이 땅의 모든 성도와 하늘의 모든 천사가 입을 열어 찬송하며 예수님의 오심을 예배하는 이 시간 말구유에 누워계신 아기 예수님을 향해 나의 주 나의 하나님이라고 고백할 수 있는 우리 모두가 되길 간절히 기도합니다.

　우리를 구원하기 위해 저 낮은 땅 베들레헴에 오신 우리 주 예수 그리스도의 이름으로 기도합니다. 아멘

65. 송구영신 예배 기도

"네 하나님 여호와께서 권고하시는 땅이라 세초부터 세말까지 네 하나님 여호와의 눈이 항상 그 위에 있느니라"(신명기 11:12)

감사하신 하나님 아버지!

어느덧 한 해가 다 지나가고 연말을 맞았습니다. 송구영신 예배를 드리는 이 시간 우리가 한 해 동안 얼마나 하나님 말씀에 순종하는 인생을 살았는지 돌아봅니다.

우리가 하나님 나라의 거룩한 성도로 이 땅을 살아가면서 하나님의 기쁨이 되기 보다는 세상의 기쁨을 쫓아서 살았던 시간이 많았음을 고백합니다.

연초가 시작되면서 우리는 하나님 앞에 다짐하고 결심하지만 마음은 원이로되 육신이 약하여서 우리의 결심은 쉬이 흔들리고 무너지게 되는 것을 봅니다.

하나님 아버지! 우리를 불쌍히 여겨 주시고 우리가 이 세상을 살아갈 때 우리 머리의 지식이 온전히 우리 몸이 행하는 자리에 까지 이르게 하시고 우리의 결심 또한 우리들 삶의 자리에서 구체화 될 수 있도록 역사하여 주시옵소서!

지난 한 해를 더듬어 보면 이 땅에 참으로 많은 사건들과 사고들과 어려움들이 있었습니다. 때로는 우리의 신앙을 흔들며 우리의 삶을 낙심케 하며 근심과 염려 속에 빠지게 만들었던 가슴 아픈 순간들도 있었습니다.

그러나 이 모든 것을 협력하여 선을 이루시는 하나님께서 그 모든 어려움과 환난 속에서 저희를 건져 주셨고, 또한 믿음으로 이기게 하시며, 소망 중에 인내할 수 있도록 힘주심으로 위기의 순간들 마다 잘 이겨낼 수 있었음을 믿습니다.

나의 나 된 것은 하나님의 은혜라고 말했던 사도바울 처럼 우리의 삶은 모두가 다 주님의 은혜였음을 고백합니다.

사랑하는 하나님 아버지!

지나간 것에 대한 미련과 후회 속에 시간을 낭비하지 않게 하시고 오직 뒤에 있는 것은 잊어버리고 앞에 있는 것을 잡으려고 나간다고 했던 사도바울처럼 지나간 한 해를 온전히 주님 앞에서 마무리하게 하옵소서!

과거에 지나치게 집착하여 미래를 잃어버리는 어리석음이 없게 하시고 과거라는 시간을 통해 배운 우리의 지식이 우리의 밝은 미래를 비취게 하여 주시옵소서!

너희 인생이 무엇이뇨 너희가 아침에 잠깐 있다 없어지는 안개니라고 말씀하셨습니다. 우리 인생이 짧음을 기억하며 시간을 허비하지 않게 하시고, 하루하루를 최선을 다해 살아가는 하나님 나라의 착하고 충성된 일꾼이 되게 하여 주시옵소서!

묵은 해를 보내고 새해를 맞이하는 이 시간 하나님 앞에 송구영신 예배로 드리기를 원하옵나이다. 주의 성령께서 모임중에와 이 자리와 이 시간에 복을 주시고 장중에 각 심령들을 붙들어 주시옵소서!

위로가 필요한 성도들에게는 성령의 크신 위로를 주시고 소망이 필요한 성도들에게는 새로운 소망으로 채우시며 새로운 결단과 결심을 세워야 하는 성도들에게는 성령의 크신 권고하심이 있게 하여 주시옵소서!

보혜사성령의 인도하심이 우리 가운데 있음을 믿사오며 이 모든 기도를 드릴 때에 우리를 죄악에서 구원하신 우리 주 예수 그리스도의 이름으로 기도합니다. 아멘.

공동예배 기도문

66. 주일오후예배 기도

"그러므로 형제들아 내가 하나님의 모든 자비하심으로 너희를 권하노니 너희 몸을 하나님이 기뻐하시는 거룩한 산제사로 드리라 이는 너희의 드릴 영적예배니라"(로마서 12:1)

사랑하는 주님!

주일 오전 예배를 온전히 마치고 이렇게 주일오후(찬양)예배로 하나님을 영광돌리기 원하옵나이다. 이 예배에 임재 하시고 영광을 받으시며 우리가 드리는 찬양과 경배에 주인이 되어 주시옵소서!

이 시간 우리 성도들이 간절한 마음으로 주님을 사모하며, 천국을 침노하며, 뜨겁게 찬송하고 기도할 때 사모하는 자들에게 허락하시는 성령의 기름부음이 우리 안에 가득하게 하여 주시옵소서!

우리가 드리는 찬양이 하나님 보좌 앞에 까지 울리게 하시며, 우리가 드리는 기도가 하나님 흠향하시는 기도가 되게 하시며, 어린양 보혈의 피를 의지하여 드리는 우리의 제사가 하나님 받으시는 의의 제사가 되게 하여 주시옵소서!

예배를 받으시는 하나님께는 영광이 가득한 시간 되게 하시고, 예배드리는 우리에게는 한 없는 은혜를 내리시는 시간 되게 하여 주시옵소서!

거룩한 성일을 맞아 이렇게 온전한 예배로 주일을 지내게 하시니 또한 감사하옵나이다. 지금 이 시간 예배를 드리고 싶어도 몸이 병환중에 있어서 또는 피치못한 사정이 있어서 같이 하지 못한 성도들을 돌아보아 주시어서 다음부터는 그들의 여건과 사정에 간섭하여 주심으로 우리 모두가 함께 주를 예배하며 은혜 받을 수 있도록 역사하여 주시옵소서!

거룩하신 하나님!
이 예배가 산 제사로 주님께 드려질 때에 우리의 질병이 치유 되게 하시고, 우리의 믿음이 반석위에 서게 하여 주시며, 우리의 마음이 주님 주시는 평안으로 가득하게 하여 주시옵소서!
세상 모든 걱정근심을 주님께 맡기옵고 오직 하나님께만 집중 할 수 있는 시간 되게 하시며 믿음의 주요 온전케 하시는 예수를 바라보라하신고로 우리가 이 시간 온전히 예수를 바라볼 때 우리의 모든 문제와 어려움이 해결 되게 하시며 하늘 지혜와 용기를 얻는 시간 되게 하여 주시옵소서!
믿음은 들음에서 나고 들음은 그리스도의 말씀으로 말미암는다고 하셨습니다. 오늘도 목사님을 통해 하늘의 양식이 우리에게 전해질 때에 우리가 위로받게 하시고 새로운 소망을 얻게 하시며 새 힘과 능력을 공급받는 시간 되게 하여 주시옵소서!
하나님 주신 신령한 힘으로 저 세상에 나아가서 주의 군사로 살아갈 때에 하나님의 전신갑주를 입게 하시고 어둠의 세상주관자들과 하늘에 있는 악한 영들에 대하여 승리하게 하시고 대장되신 예수님을 높이게 하여 주시옵소서!

우리의 입술은 복음의 나팔이 되게 하시며 우리의 기도와 헌신을 통해 아름다운 전도의 열매가 맺혀지게 하여 주시옵소서! 그리하여서 교회의 빈자리가 차고 넘치게 하시고 주의 영광이 가득한 우리교회가 되게 하여 주시옵소서!

지금은 처음 시간입니다. 마치는 시간까지 성삼위하나님께서 홀로 영광받아 주옵시기를 간절히 원하오며 우리를 죄악에서 구원하신 우리주님 예수 그리스도의 이름으로 기도합니다. 아멘!

67. 삼일(수요)저녁예배 기도

"아버지께 참 되게 예배하는 자들은 영과 진리로 예배할 때가 오나니 곧 이 때라 아버지께서는 자기에게 이렇게 예배하는 자들을 찾으시느니라!"(요한복음 4:23)

사랑과 은혜가 풍성하신 하나님 아버지!

거룩한 성일을 지내고 삼일동안 하나님께서 지켜주셨다가 이렇게 수요일저녁이 되어 예배당에 나왔습니다.

이 저녁도 예배를 사모하는 마음과 감사하는 마음에 주의 전을 찾았사오니 주께서 감동하시고 연약하고 부족한 저희들을 사랑하셔서 크신 은혜를 베풀어 주시기를 기도합니다.

택함을 입어 영생을 선물 받은 우리들입니다. 비록 세상에 발을 딛고 살고 있지만 우리의 시민권은 저 하늘에 있는고로 항상 천국을 바라보며 살아가는 성도들이 되게 하시고, 현실에 모든 어려움을 믿음으로 이기며 내일에 대한 소망을 잃지 않게 하여 주시옵소서!

사랑하는 주님!

하나님 자녀의 권세를 받은 기쁨과 구원받은 행복이 날마다 우리 안에서 넘쳐나길 원합니다. 세상을 부러워하며 한발은 교회에 한발은 세상을 향하였던 죄를 용서하여 주시옵소서!

　세상이 결코 알지 못하는 신령한 기쁨을 알고 누리게 하시며 말씀 안에서 성령이 주시는 하나님의 위로와 채움을 경험하게 하여 주시옵소서!

　주님의 빛된 자녀가 된 우리들이 이 세상을 살아갈 때 무슨 일이든 위축되지 않게 하시고 내 곁에 계신 주님을 바라보며 항상 담대하고 당당하게 살아갈 수 있도록 도와 주시옵소서!

　너희는 마음에 근심하지 말라 하나님을 믿으니 또 나를 믿으라고 하신 주님! 세상의 모든 염려와 걱정과 짐을 이 시간 주님께 온전히 맡기기를 원하오니 주님께서 맡으시고 우리를 자유케 하여 주시옵소서!

　또한 우리의 믿음생활이 생활속에서 실천하는 믿음이 되길 원합니다. 입술로만 말하고 머리로만 아는 믿음에서 우리의 손과 발이 나서는 믿음이 되게 하여 주시옵소서!

　감사하신 주님!

　날마다 우리에게 좋은 것으로 가득 주셨건만 다른 사람들과 더불어 나누지 못했습니다. 하루 24시간을 주셨지만 저희들이 주님과 함께 한 시간은 너무나 작은 시간이었음을 고백합니다. 주님 앞에 더욱 깊은 감사의 시간을 드리며 더욱 많은 시간을 주님과 동행하게 하여 주옵소서!

　그동안 보이지 않았던 수고하고 무거운 짐진 이웃들을 돌아볼 수 있는 마음의 여유를 주옵시고, 하나님을 알지 못하는 이들과 어려움을 당한 이웃을 위해 기도하는 저희들이 되게 하여 주시옵소서!

세상을 살면서 주님의 뜻이 어디에 있는지 늘 분별하게 하시며 주님께서 주신 귀한 재능 자기 자랑하는 데 쓰지 않게 하시고 주님 복음전파의 도구가 되게 하시고 주신 건강 또한 주의 일을 위한 봉사에 몸 바치게 하옵소서!

저희 교회를 이 지역에서 하나님의 뜻하신 교회로 굳건히 세워주시고, 지켜주심을 감사드립니다. 하나님이 원하시는 복된 교회가 되게 하시고 늘 인도하여 주시옵소서.

이 시간도 말씀을 전하시는 목사님께 성령님께서 함께 하여 주시어서 이 예배가 보좌 앞에 향기로운 예배가 되게 하시고, 전하시는 말씀을 통해 하나님의 음성을 듣는 귀한 시간 되게 하여 주시옵소서. 이 모든 기도를 드릴 때에 우리를 구원하신 예수 그리스도의 이름으로 기도합니다! 아멘.

68. 금요기도회 기도

"모든 기도와 간구로 하되 무시로 성령 안에서 기도하고 이를 위하여 깨어 구하기를 항상 힘쓰며 여러 성도를 위하여 구하고"(에베소서 6:18)

사랑이 많으신 하나님 아버지!

금요일 저녁을 맞이해서 금요기도회로 하나님을 찾아 왔습니다.

우리의 정한 기도시간에 우리보다 먼저 오셔서 우리를 기다리시는 주님! 이 시간 우리가 기도의 사명을 맡은 직분자로서 그 사명을 충실히 감당하길 원합니다.

우리의 기도를 통해서 연약한 성도들이 믿음 가운데 온전해 지게 하여 주시옵소서. 우리의 간구를 통해 우리의 가정들이 바로 세워지게 하시며 우리의 입술을 통해 우리 교회와 이 사회와 나라와 민족이 세워지는 역사가 나타나게 하여 주시옵소서!

귀신을 쫓아내시며 기도 외에 이런 유가 나갈 수 없다고 말씀하신 주님!

이 자리에 참석한 모든 성도들이 기도의 능력자들이 되길 원합니다. 기도로 훈련된 교회의 일꾼이 되길 원합니다. 우리가 기도하는 가운데 성령충만이 임하게 하시고, 은혜충만, 말씀충만이 임하게 하여 주시옵소서!

기도하는 중에 우리 안에 자리하고 있던 모든 어둠의 세력이 물러나게 하시고 성령의 빛이 가득 비춰게 하심으로 마음의 평안을 얻게 하시고, 내가 주는 평안은 세상이 주는 것 같지 않다고 하신 주님의 평안을 맛보게 하여 주시옵소서!

이 가운데 갈길 몰라 방황하는 중에 기도의 자리에 참석한 성도가 있다면 주님께서 저들의 인생길에 빛이 되시고 등불이 되어 주시어서 가야 할 분명한 길이 보이게 하시며 방황이 멈추게 하시고 세상의 걱정과 근심에서 놓이게 하여 주시옵소서!

사랑하는 주님!

기도하는 가운데 또한 우리의 연약한 믿음이 반석위에 세워지는 믿음이 되길 원합니다. 사람들의 말이나 환경이나 상황에 따라 요동치는 믿음이 아니라 약속의 말씀에 확고히 붙들린 우리의 믿음이 되게 하여 주시옵소서!

오직 믿음으로 구하고 조금도 의심하지 말라 하신고로 이 시간 우리가 기도할 때 두 마음을 품어 정함이 없는 자와 같은 기도가 되지 않게 하시고 온전한 믿음으로 드려지는 기도가 되게 하여 주시옵소서!

감사하신 주님!

또한 이 시간 우리 가운데는 육신의 질병으로 고통받는 형제와 자매가 있습니다. 주님께서 말씀 주시기를 너희가 병 낫기를 위하여 서로 기도하라 하셨으며 의인의 간구는 역사하는 힘이 많다 하셨사오니 예수십자가로 의인된 백성의 기도를 들으심으로 이 모든 질병의 고통에서 우리를 회복케 하여 주시옵소서!

너희는 여호와를 맛보아 알라! 하셨습니다. 기도하는 이 시간 여호와 하나님 아버지를 맛보아 아는 시간 되게 하여 주시옵소서!

신령한 영안이 열리게 하시고 저 천국이 바라보이게 하시며 기도하는 즐거움과 그 행복을 알게 하시며 우리가 찬송함으로 임하시는 주의 성령을 체험하게 하여 주시옵소서!

오늘 우리의 기도가 오순절성령이 임했을 때의 그 뜨겁고 간절한 기도가 되길 원하오며 이 시간은 처음시간이오니 마치는 시간까지 주의 성령께서 홀로 주장하여 주시옵소서!

우리의 기도를 들어 응답하시는 우리주님 예수 그리스도의 이름으로 기도합니다! 아멘

69. 성찬식 기도

"내 살은 참된 양식이요 내 피는 참된 음료로다 내 살을 먹고 내 피를 마시는 자는 내 안에 거하고 나도 그 안에 거하나니 살아계신 아버지께서 나를 보내시매 내가 아버지로 인하여 사는 것 같이 나를 먹는 그 사람도 나로 인하여 살리라 이것은 하늘로서 내려온 떡이니 조상들이 먹고도 죽은 그것과 같지 아니 하여 이 떡을 먹는 자는 영원히 살리라"(요한복음 6:53)

사랑이 많으신 하나님 아버지!

이 시간은 우리 모두가 거룩한 성만찬예식을 하나님 앞에서 드리고자 합니다. 우리의 예배가 더욱 신령과 진정으로 드리는 예배가 되게 하시며 경건한 몸과 마음으로 주님의 살과 피를 대하는 시간 되게 하여 주시옵소서!

죄 많은 우리를 사랑하심으로 아낌없이 십자가에서 물과 피를 흘리신 주님! 주님의 십자가사랑을 생각하며 이 시간 십자가에서 찢기신 살과 흘리신 피를 우리 안에 모시길 원합니다!

주님께서 말씀하시길 "인자의 살을 먹지 아니하고 인자의 피를 마시지 아니하면 너희 속에 생명이 없느니라!" 말씀하셨습니다.

사랑하는 주님!

이 거룩한 시간 성령으로 떡과 포도주 위에 강림 하시고 우리의 생명이 되어 주시옵소서! 허물 많은 우리 안에 임하실 때에 우리의 죄가 사함받게 하시며 우리의 믿음이 반석위에 서게 하시며 우리의 질병이 치유되게 하여 주시옵소서!

제자들과 마지막 만찬을 드실 때 떡을 떼어 주시며 이것은 내가 너희를 위해 주는 내 몸이라 말씀하셨습니다. 주님은 죄 많은 우리를 위해 귀하신 몸을 십자가에 내어주셨는데 우리는 주님께 무엇들 드렸는지를 생각합니다. 부끄럽고 죄스런 마음이 한량 없습니다. 주님께 우리의 시간과 정성과 몸을 드리기에 인색했던 우리의 불신앙과 죄를 불쌍히 여겨 주시옵소서!

또한 주님께서는 십자가를 바라보며 아버지께서 내게 주신 잔을 내가 어찌 기쁨으로 받아 마시지 않겠느냐 말씀하셨습니다.

주님! 오늘 이 시간 우리도 주님이 주신 잔을 받아 마시기 원합니다. 그리고 주님의 고난과 피흘림을 묵상하기 원합니다. 이 자리에 함께 한 우리 모두로 하여금 주님의 남은 십자가 고난에 동참하는 참된 제자가 되게 하여 주시옵소서!

십자가로 주님과 하나되는 거룩한 시간입니다. 이 시간 이후로 오직 교만을 버리고 겸손을 택하게 하시며 자신의 공로가 아니라 오직 보혈의 공로에 의지해서 살아가는 주의 백성이 되게 하여 주옵소서!

거룩하신 주님!

주님의 말씀대로 주님 다시 오시는 날까지 이 예식을 거룩히 행하며 주님을 기념하길 원합니다. 원하옵건대 스스로 이 시간을 분별하여 주님께 영광을 돌리게 하여 주시옵소서!

주님께서 말씀하시길 누구든지 주의 떡이나 잔을 합당치 않게 먹고 마시는 자는 주의 몸과 피를 범하는 죄가 있다 하셨습니다. 사람이 자기를 살피고 그 후에야 이 떡을 먹고 이 잔을 마실찌니 주의 몸을 분변치 못하고 먹고 마시는 자는 자기의 죄를 먹고 마시는 것이라고도 말씀하셨습니다.

이 시간 우리로 하여금 스스로의 죄를 돌아보게 하시고 회개하게 하시며 경건하고 진실된 마음으로 이 성찬예식에 임하게 하여 주시옵소서!

이 모든 기도를 드릴 때에 십자가로 우리를 구원하신 우리 주님 예수 그리스도의 이름으로 기도하옵나이다. 아멘!

70. 세례식 기도

> "그러므로 너희는 가서 모든 족속으로 제자를 삼아 아버지와 아들과 성령의 이름으로 세례를 주고 내가 너희에게 분부한 모든 것을 가르쳐 지키게 하라 볼찌어다 내가 세상 끝날까지 너희와 항상 함께 있으리라 하시니라"(마태복음 28:19)

사랑이 많으신 하나님 아버지!

이 시간은 우리가 십자가보혈로 구원받는 것을 마음으로 믿고 입술로 고백한 성도들에게 물로 세례를 베푸는 예식을 하나님 앞에서 갖고자 합니다. 이 세례식이 사람이 주관하는 의식이 되지 않게 하시고 오직 주님이 주장 하시고 영광 받으시는 세례식이 되게 하여 주시옵소서.

세례받은 우리 성도들 모두 세례의 의미를 밝히 알게 하시고 오늘의 기쁨과 영광을 잊지 않게 하여 주시옵소서! 거듭남의 의미를 알게 하여 주시고 모든 신앙생활에서 다시 태어남으로 주님 앞에 설 수 있도록 하여 주시옵소서.

세례는 물로 죄를 씻는다는 의미인 것을 믿습니다. 죄를 씻어야 거룩한 하나님께 갈수 있기 때문입니다. 몸의 때는 물로 씻어지지만 영혼의 때는 물로 되지가 않습니다. 피로 씻어야 합니다. "생명이 피에 있나니 피가 죄를 속한다"고 하셨음으로 세례 받을 때의 물은 십자가에서 흘리신 예수님의 피를 상징함을 믿습니다. 믿음대로 행할 수 있는 능력을 오늘 부어 주시옵소서.

또한 세례는 구약의 의미로 표를 해 놓는 것임을 믿습니다. 구약 성경에 이스라엘 백성은 하나님 백성의 표시인 할례의 표를 몸 안에 지니고 있었던 것처럼 신약의 영적인 하나님 백성들도 하나님께서 표시를 해서 '너는 내가 불렀고 내가 세웠으니 너는 내 것이다' 라고 하는 표를 해 놓는 것임을 또한 믿습니다. 이 말씀을 믿고 신앙생활을 할 수 있는 능력을 주시옵소서.

성령으로 인을 봉해 두는 것임을 믿습니다. "너는 내 것이다"라고 쓰시고 성령으로 도장 찍어 풀로 붙이신 것을 믿습니다. 하나님이 꾸민 서류이기 때문에 아무도 손 델 수가 없음을 믿습니다. 오늘의 계기로 믿음이 더욱 성숙할 수 있도록 하여 주시옵소서.

또한 세례는 연합의 의미가 있음을 믿습니다. 나는 십자가 진 일이 없지만 내가 세례 받을 때 십자가 위의 주님과 연합되고 그의 죽음과 장사됨에서 하나로 붙고 승천과 부활에서 하나됨을 믿습니다. 우리의 세례는 결국 우리 죽을 육체의 부활을 가져오게 하는 하나님의 능력인 것을 믿습니다. 그 능력대로 살아가고 믿을 수 있는 마음을 오늘 주시옵소서.

거룩하신 주님!
또한 세례는 결혼식의 의미가 있는 줄을 믿습니다. 지상의 모든 성도는 주님의 신부가 되고 주님은 신랑이 되십니다. 우리가 주를 믿는 순간 우리 모든 성도는 주님의 신부로 하늘나라 호적에 등적됨을 믿습니다.

원하옵건대 오늘 세례받은 이후로는 세상과 죄와 유혹과 결탁하지 아니하고 오직 의와 진리와 거룩함으로 지으심을 받은 새 사람을 입는 시간 되게 하여 주시옵소서! 부딪치는 세상유혹과 마귀의 속삭임에 이길 수 있는 능력을 주시옵소서.

세례자와 입교자 모두에게 성령이 비둘기처럼, 축복이 이슬처럼 소복히 내리기를 우리주님 예수 그리스도의 이름으로 기도합니다. 아멘!

71. 헌금기도

"각각 그 마음에 정한 대로 할 것이요 인색함으로나 억지로 하지 말지 니 하나님은 즐겨 내는 자를 사랑하시느니라!"(고린도후서 9:7)

우리의 감사와 찬송과 예배를 받으시는 거룩하신 주님!

이 시간 우리가 하나님 아버지를 예배하면서 준비했던 예물을 제단 위에 올리기를 원합니다. 우리의 예배를 받으시는 주님께서 물질 또한 받아 주시기를 기도합니다!

이 물질은 단순한 물질이 아니라 하나님을 사랑하는 성도들의 마음과 정성과 중심이 담긴 믿음인 것을 믿습니다. 향기로운 향내로 하늘 보좌까지 오르게 하시고 하나님이 기쁘게 흡향하시는 물질이 되게 하여 주시옵소서!

드린 손길들 위에 복을 내려주시어서 저들이 땅에서 손으로 수고하며 애쓰는 모든 일들 위에 아름다운 열매와 결실이 있게 하시고, 저들이 속한 가정 위에도 복을 더하심으로 하나님 주신 화목과 건강이 항상 기득하게 하여 주시옵소서!

슬하에 주신 자녀들에게도 주께서 빛이 되시고 등불이 되어 주시어서 가는 길을 인도하여 주시며 어디에서 무엇을 하든지 하나님의 영광을 나타내는 주의 자녀가 되게 하여 주시옵소서!

감사하신 주님!

이 시간 우리의 예물이 주님이 칭찬하신 과부의 두 렙돈이 되길 원합니다. 예물의 많고 작음을 떠나 우리의 정성과 마음이 온전히 물질위에 담겨 있는 예물이 되게 하여 주시옵소서!

또한 사렙다 과부가 주의 종 엘리야에게 드린 떡이 되길 원합니다. 우리의 물질안에 담긴 믿음을 보시고 우리의 삶의 밀가루 통에 밀가루가 마르지 않고 기름독에 기름이 마르지 않는 복을 허락하여 주시옵소서!

긍휼이 풍성하신 주님!

이 시간 또한 기도하오니 혹이라도 우리가 드리는 헌금으로 우리의 믿음이 시험에 드는 일이 없도록 하여 주시옵소서! 사람들에게 보이기 위한 헛된 자랑과 인기와 공명심에 이끌려 전 재산의 반을 받치고도 죽임을 당한 어리석은 아나니아와 삽비라가 되지 않게 하여 주시옵소서!

이 예물을 드리는데에 있어서 사람을 보지 않고 오직 하나님만을 바라보게 하여 주시옵소서!

아까운 마음으로나 인색한 마음으로 드린 손길은 하나도 없는 줄 믿습니다. 오직 더 드리고 싶은 마음에 몸밖에 드릴 것 없어 이 몸 받칩니다! 하는 마음으로 드렸사오니 주께서 긍휼히 보시고 은혜를 베풀어 주시옵소서!

주님께서 말씀하시길 이 땅의 은과 금은 다 내 것이라! 하셨습니다. 이 모든 것이 다 하나님의 것이라는 고백이 우리의 드리는 헌금인 것을 또한 믿습니다.

　주님의 말씀에 따라 십의일조의 예물로 거룩히 구별하여 드렸사오니 하늘창고를 열으셔서 내가 너에게 복을 쌓을 곳이 없도록 부어 주신다고 하신 말씀을 이루어주시고, 어려운 중에도 감사의 제목들을 찾아내어 감사의 예물로 드렸사오니 우리의 생활가운데 더욱 큰 감사거리가 넘쳐나게 하여 주시옵소서!

　감사하신 주님!
　또한 우리 중에는 오직 하나님만 아시는 것으로 드린 구제와 헌신과 선행이 있음을 믿습니다. 주께서 기억 하시고 30배 60배 100배로 갚아 주실줄을 믿습니다.
　주님 앞에 우리의 시간과 물질과 헌신을 드리는 것을 큰 기쁨과 영광으로 아는 하나님의 자녀들에게 오늘도 큰 은혜를 베풀어 주실줄 믿사오며 우리의 삶에 항상 쓸 것으로 넘치도록 채우시는 우리주님 예수 그리스도이름으로 기도합니다. 아멘!

헌신예배 기도문

72. 남전도회 헌신예배 기도

"오직 사랑안에서 참된 것을 하여 범사에 그에게까지 자랄지라 그는 머리니 곧 그리스도라 그에게서 온 몸이 각 마디를 통하여 도움을 받음으로 연결되고 결합 되어 각 지체의 분량대로 역사 하여 그 몸을 자라게하며 사랑안에서 스스로 세우느니라!"(에베소서 4:14)

사랑이 많으신 하나님 아버지!

오늘 이 시간은 남전도회 헌신예배로 주님을 예배하기 원합니다. 우리의 예배 가운데 임재 하시고 우리의 찬송과 감사와 경배를 받아 주시옵소서! 우리의 허물과 죄를 십자가로 속량하신 주님께 우리의 시간과 정성과 예물을 드리기 원하오니 이 자리 가장 높은 곳에 좌정 하시고 영광을 받아 주시옵소서!

주님의 몸된 교회에 여러 기관을 두시는 중에 남전도회를 세우시고 지체로 삼으신 주님! 우리 남전도회가 교회의 중추가 되고 모범이 되며 기둥이 되게하여 주시기를 기도합니다. 모든 남전도회 회원들이 은혜가운데 주님을 사모하며 주의 명령을 준행할 때 우리교회가 더욱 큰 부흥이 일어날 줄을 믿습니다.

모이면 기도하고 흩어지면 전도하는 남전도회가 되게 하시며 목사님을 중심으로 교회를 세우고 받드는 일에 더욱 힘쓰는 우리 남전도회가 되게하여 주시옵소서!

특별히 우리 남전도회가 추진하려하는 많은 사업이 있습니다. 선교사업, 구제사업, 사회사업 가운데 아름다운 열매가 있게 하시고 그 모든 일들을 주님께서 주장하심으로 주님 영광받으시기에 합당한 일들이 되게하여 주시옵소서!

너희는 땅끝까지 이르러 복음을 전하라 하신고로 주님의 지상명령을 열심을 다해 준행하길 원합니다. 또한 너희의 착한 행실을 보고 하나님께 영광을 돌리라 하신고로 구제사업에 힘쓰기를 원합니다. 또한 교회가 속한 지역사회에 선한 사역을 감당함으로 우리교회가 사람들로부터 칭찬을 받음으로 주님께 영광 돌리기를 원합니다.

주님께서 전능하신 팔로 붙들어 주시고 직분과 사역을 맡은 모든 회원들 위에 함께 하심으로 저들의 가정과 하는 일 위에도 복을 더하여 주시옵소서!

사랑하는 주님!

특별히 주의 일을 감당하는 중에 낙심 가운데 빠진 성도가 있는지 이 시간 돌아보길 원합니다. 주님 앞에 헌신을 다짐하는 이 시간 주님께서 위로 하시고, 새 힘 주시고, 능력 주시길 원합니다.

주님께서 말씀하시길 피곤한 자에게는 능력을 주시며 무능한 자에게는 힘을 주시고 장정이라도 피곤하고 곤비하며 소년이라도 넘어지고 자빠지되 오직 여호와를 앙망하는 자는 독수리의 날개치며 올라감 같을 것이요 달음박질 하여도 곤비치 않고 걸어가도 피곤치 아니한다고 하셨습니다.

　주님의 일을 맡았사오니 그 일을 감당할 수 있는 능력과 지혜와 물질을 허락하여 주시옵소서!

　또한 주님께서 제자들을 보내시며 귀신을 쫓아내며 모든 병과 모든 약한 것을 고치는 능력을 주셨다 했습니다. 우리 남전도회 모든 회원들이 기도할 때 귀신이 물러가게 하시고, 합심하여 기도할 때 병든 이가 회복되고 치유 되게 하시는 놀라운 역사가 나타나게 하여 주시옵소서!

　시간이 지날수록 회원들간에 친목과 우애가 돈독해지게 하시며 서로가 서로에게 위로를 주고 소망을 주며 기쁨을 주는 우리 남전도회가 되게하여 주시옵소서!

　오늘 이 시간 주님께서 우리 남전도회원들의 몸과 마음과 시간과 정성을 받으신 줄을 믿사오며 이 모든 기도를 드릴 때에 우리를 죄악에서 구원하신 우리구주 예수 그리스도의 이름으로 기도합니다. 아멘!

73. 여전도회 헌신예배 기도

"그 주인이 이르되 잘 하였도다 착하고 충성된 종아 네가 작은 일에 충성하였으매 내가 많은 것으로 네게 맡기리니 네 주인의 즐거움에 참예할찌어다!"(마태복음 25:21)

감사와 찬송과 존귀와 영광을 받으시기에 합당하신 주님!

이 시간 우리 여전도회원들이 이 예배를 주관하며 여전도회 헌신예배로 드리기를 원합니다. 원하옵건대 사람이 주관자가 되지 않게 하시고 성령께서 친히 주관자가 되어 주시어서 이 예배가 온전히 주님 영광받으시는 예배가 되게하여 주시옵소서!

교회의 많은 기관 가운데 저희 여전도회를 세워주심을 감사드립니다. 우리 여전도회원들의 헌신과 충성과 봉사를 통하여 주의 몸된 교회를 자라게 하시고 든든히 세워주시는 것을 생각할 때에 더욱 큰 감사와 찬송을 주님께 드립니다.

이 시간 우리 모두가 예수님을 사랑했던 여인들이 되길 원하옵나이다. 예수님의 십자가 고난과 죽음의 자리에까지 주님을 쫓았던 여인들이 되길 원합니다. 향유옥합을 부어 예수님의 발을 씻긴 막달라 마리아가 되길 원합니다. 끝까지 믿음을 지켰던 수로보니게 여인이 되길 원합니다.

우리 여전도회 회원들의 마음을 감동하시고 감화하여 주시어서 예수님을 향한 사랑이 세상에 의해 변질되지 않게 하시며 주님 앞에 인정받은 참 믿음이 되게하여 주시옵소서!
　여전도회 회장님 이하 모든 임원과 회원들이 사랑으로 하나 되게 하시며 우리가 생각하고 추진하는 모든 사업이 주의 기쁨과 영광을 나타내기에 합당한 사업들이 되게하여 주시옵소서!
　교회내 다른 지체들과도 연합하여 교회를 세우며 목회자를 섬기며 각기 받은 은사의 분량대로 충성되이 감당할 때 주께서 이를 귀하게 보시고 우리에게 복과 은혜를 주실줄을 믿습니다.

　감사하신 주님!
　맡은 자에게 구할 것은 충성이라 하셨사오니 우리 여전도 회원들이 이름없이 빛도없이 맡은 자리에서 묵묵히 사역을 감당할 때 아름다운 주의 나라가 세워지고 확장되는 것을 믿습니다.
　섬세한 주님의 손길이 우리 여성도들의 손길에 나타난 줄을 믿사오니 여전도회원들의 손길로 인하여서 교회의 모습이 아름답게 가꾸어지고 세워지게 하여 주시옵소서!
　선한 여인 도르가의 선행과 구제로 인하여서 많은 사람이 저를 기억하고 베드로의 귀에까지 들림바 되어 죽음에서까지 살아나게 되었던 것처럼 우리 여전도회원들이 이 시대의 도르가가 되어서 하나님의 크신 능력을 체험하는 주인공들이 되게하여 주시옵소서!
　또한 한 가정의 어머니가 된 우리 여전도회 회원들에게 함께 하여 주시어서 가정들이 복을 받게 하심으로 남편들이 하는 일들이 형통하게 하시고 자녀들이 지혜롭고 건강하게 자라나게 하시며 항상 웃음꽃이 피어나는 가정들이 되게하여 주시옵소서!

우리 모든 여전도회원들에게 마음에 평안과 육신의 건강을 더 하여 주시고 주의 몸된 교회를 위하여 목회자를 위하여 나라와 민족을 위해 더욱 기도하기에 열심을 내는 성도가 되게하여 주시옵소서!

오늘 말씀을 맡으신 목사님에게도 영권을 부어주심으로 전해지는 말씀이 능력의 말씀이 되게 하시며 주님 주신 큰 은혜가 가득한 예배시간이 되게하여 주시옵소서!

예배의 시종을 주님께 온전히 맡기오며 우리 여전도회 헌신예배를 기쁨으로 받으시는 우리주님 예수 그리스도의 이름으로 기도합니다. 아멘!

74. 주일학교 헌신예배 기도

"예수께서 그 어린 아이들을 불러 가까이 하시고 이르시되 어린 아이들이 내게 오는 것을 용납하고 금하지 말라 하나님의 나라가 이런 자의 것이니라"(누가복음 18:16)

사랑이 많으신 주님!

이 시간 주일(교회)학교 헌신예배로 주님을 예배하기 원합니다. 우리 어린이들이 드리는 헌신을 주께서 기뻐 받아 주시옵시고 이 자리에서 주를 예배하는 모든 어린이들에게 은혜와 성령을 더하여 주시옵소서!

우리 교회 주일(교회)학교 모든 친구들은 하나님이 눈에 보이지는 않지만 이 세상을 지으신 하나님께서 살아계신 것을 믿으며 지금 이 자리에 우리와 함께 하시는 것을 믿습니다.

우리의 죄를 위해서 독생자를 보내주시고 십자가에서 피 흘려 죽으심으로 우리가 죄사함 받게 되었고 하나님 자녀가 된 것을 믿습니다.

이 시간 우리 어린이들이 우리를 위해 십자가를 지신 예수님을 생각하며 우리 어린이들의 정성어린 마음과 예물을 예수님께 드리길 원하오니 이 자리에 오셔서 우리의 예배를 받아 주시옵소서!

우리 어린 친구들의 믿음이 하나님이 기뻐 받으시는 믿음이 될 때에 하나님께서 하늘의 문을 열어 주시고 하늘의 신령한 복을 주실 줄 믿습니다.

다윗에게 주셨던 용기와 솔로몬에게 주셨던 지혜를 주시고 어른이 되기까지 지금의 순수한 믿음이 세상에 의해 변질되지 않도록 역사해 주시옵소서!

사람이 떡으로만 살 것이 아니요 하나님 입에서 나오는 모든 말씀으로 살 것이니라 하신고로 말씀을 사모하여 주일이 되면 예배당으로 달려오게 하시고 기쁨으로 주님을 찬송하며 믿음으로 기도하며 아멘으로 주의 말씀을 받아먹게 하여 주시옵소서!

집에서도 부모님께 순종하며 학업에 있어서도 모범을 보이고 무엇보다 기도생활에 부지런하게 하심으로 이 시대의 사무엘과 같은 하나님의 사람으로 자라나게 하여 주시옵소서!

키가 자라며 몸이 자랄때에 믿음과 지혜가 같이 자라게 하시고 하나님과 사람 앞에 은총과 존귀함을 받는 우리 주일학교 어린이들이 되게하여 주시옵소서!

어려서부터 하나님을 알고 말씀안에서 자라는 우리 어린이들이 요셉과 같이 큰 비전과 꿈을 꾸고 하나님나라와 영광을 위해서 귀하게 쓰임받는 이른으로 싱장하게 하여 주실술을 믿습니다.

우리 어린이들이 속한 가정에도 은혜를 주셔서 부모님과 형제들 모두가 예수안에서 복음화된 가정이 되게 하시며 주님 주시는 화목이 가득한 가정이 되게하여 주시옵소서!

주일학교 교사로 헌신하시는 우리 선생님들에게도 역사하여 주시어서 한 어린 심령을 천하보다 귀한 영혼으로 알고 위하여 기도하며 사랑으로 지도하게 하시고 작은 소자를 실족하지 않게 하시며 마음과 정성을 다함으로 주님의 칭찬을 받는 선생님들이 되게하여 주시옵소서!

　이 예배의 주관자이신 하나님의 성령이 처음부터 마치는 시간까지 홀로 영광 받으시며 우리 어린이들에게 크신 은혜를 주실 것을 믿사오며 우리 교회 주일학교 어린이들을 사랑하시는 우리주님 예수 그리스도의 이름으로 기도합니다. 아멘!

75. 학생회 헌신예배 기도

"청년이여 네 어린 때를 즐거워하며 네 청년의 날을 마음에 기뻐 하여 마음에 원하는 길과 네 눈이 보는대로 좇아 행하라 그러나 하나님이 이 모든 일로 인하여 너를 심판하실 줄 알라"(전도서 11:9)

감사하신 주님!

오늘 이 시간 학생회 헌신예배로 주님을 예배하게 하시니 감사합니다. 우리 학생들이 드리는 경배와 찬양을 기뻐 받아 주시옵시고 하나님께 큰 영광을 돌리는 시간되게 하여 주시옵소서!

주님을 예배하는 이 한 시간 성령의 기름부음이 이 자리에 함께 한 학생들에게 가득하게 하시고 우리 학생들에게 큰 믿음과 지혜로 임하여 주시옵소서!

길이요 진리요 생명이신 주님을 바라보기 원합니다. 믿음의 주요 온전케 하시는 예수를 바라보기 원합니다. 오직 믿음으로 주님을 바라보는 우리 학생들에게 이 시간 하늘 문을 열어 주시기를 간절히 기도합니다.

사랑하는 우리 학생들의 때가 학업에 전념하면서 미래를 꿈꾸며 앞날을 계획하는 참으로 중요한 시간인 줄을 믿습니다. 사춘기의 방황과 질풍노도의 시간이 멈추게 하시고 분명히 나아가야 할 방향과

목표를 정하게 하여 주시옵소서!

　우리 학생들의 마음속에 소원을 허락하시어서 학업의 동기가 일어나게 하시고, 지적 호기심을 더하심으로 하나님께서 주신 이 모든 세상의 지식이 저들의 것이 되게 하시며 그 속에서 주님의 능력과 솜씨를 발견함으로 더욱 겸손히 주님을 섬기는 학생들로 성장하게 하여 주시옵소서!

　오직 하나님의 말씀이 우리 학생들을 움직이는 힘이 되게 하시며 말씀안에서 저들의 가치관과 인생관을 세우고, 말씀안에서 꿈을 꾸며 오직 말씀안에서 좌로나 우로나 치우치지 않고 진리의 길을 행하게 하여 주시옵소서!

　자신들의 영광이 아니라 오직 주님의 영광을 위해 살기로 다짐하는 우리 학생들이 되게 하시고 우리 학생들이 어디에 있든지 주님의 향기와 빛을 발하는 주님의 사랑하는 학생들이 되게하여 주시옵소서!

　사랑하는 주님!

　우리 학생들이 마음으로 자기 길을 계획한다 할지라도 그 발걸음을 인도하시는 이는 우리 주님이라고 하셨습니다. 주님이 불꽃 같은 눈으로 지켜주시고 인생길을 인도하여 주시지 않는다면 우리는 쓰러지고 넘어질 수밖에 없습니다.

　우리 학생들의 앞길을 인도하여 주시고 전능하신 팔로 붙들어 주시어서 가는 길에 빛이 되시고 등불이 되어 주시옵소서!

장성하고 난 후에 세상이 헛되다 하기전에 어려서 주님을 만난 것이 큰 복인 것을 믿습니다. 평생을 주님과 동행하는 방법을 알게 하시며 주님을 섬기는 것으로 위로를 삼고 그 안에서 참된 만족과 행복을 발견하는 주님의 자녀들이 되게하여 주시옵소서!

모든 고민과 걱정을 주님께 맡기며 주님을 의지하고 기도의 생활을 게을리 하지 않을 때에 자비하신 주님께서 우리 학생들의 기도에 항상 귀기울여 주실줄을 믿습니다.

또한 주님을 사랑하는 우리 학생들이 주님의 말씀을 따라 복음 전하는 자가 되길 원합니다. 우리 학생들의 마음속에 영혼사랑의 마음이 가득하게 하시고 전도에 열심을 내게 하심으로 이 빈자리가 채워지게 하여 주시옵소서!

이 자리에 앉은 우리 학생 모두 주님 앞에 평생을 헌신하고 충성하기를 다짐하는 이 시간되게 하여 주시옵시기를 간절히 원하오며 이 모든 기도를 드릴 때에 우리의 예배를 받으시는 우리주님 예수 그리스도의 이름으로 기도합니다. 아멘!

76. 청년(대학부)헌신예배 기도

"주의 권능의 날에 주의 백성이 거룩한 옷을 입고 즐거이 헌신하니 새벽 이슬 같은 주의 청년들이 주께 나오는도다!"(시편 110:3)

사랑이 많으신 하나님 아버지!

이 시간 우리 교회의 청년들이 주님을 예배하며 주님 앞에 헌신을 다짐하는 시간되길 원합니다. 청년이 무엇으로 그 행실을 깨끗하게 하리이까 오직 주의 말씀을 따라 삼갈 것이니라 말씀하신 주님!

기도하오니 주의 청년들인 우리가 세상의 헛된 소망을 품고 살지 않게 하시고 영원한 천국과 진리되신 주님의 말씀을 품고 살아가는 청년들이 되게하여 주시옵소서!

세상은 우리를 육신의 일락이 있는 곳으로, 정욕과 쾌락이 있는 곳으로, 안목의 정욕과 이생의 자랑이 있는 곳으로 부르지만 이것들은 다 아버지께로 좇아온 것이 아니요 세상으로 좇아온 것임을 믿습니다.

긍휼이 풍성하신 주님!

우리가 주님을 사랑한다하지만 주님 앞에 우리의 믿음은 아직도 나약하고 세상 앞에 쓰러지기 쉬운 모습인 것을 고백합니다. 우리의 믿음을 굳은 반석위에 세워주시고 세상에 걱정과 근심 그리고 문제들과 싸워 능히 승리하는 믿음이 되게하여 주시옵소서!

우리의 앞길을 환히 보고 계시는 주님!
주님 앞에 온전히 우리의 인생길을 맡기기를 원하옵나이다. 우리 인생의 인도자가 되어 주시옵소서! 우리의 인생 길 앞에는 수 많은 길과 수 많은 선택이 있으며 수 많은 유혹과 또한 가능성이 있는 것을 믿습니다. 어디로 행해야 할지 모를 때에 주께서 우리의 갈 길을 비춰주시고 등불이 되어 주시옵소서!
길이요 진리요 생명이 되신 주님! 우리의 방황을 멈추게 하시며 우리의 길이 되어 주시옵소서!
우리 가운데는 미래를 꿈꾸지만 현실의 벽 앞에 힘들어 하는 이들이 있습니다. 당장 등록금을 마련해야 하는 일로 힘들어 하는 이들도 있고, 직장문제로 고민하는 이들도 있으며, 결혼과 암담한 미래로 인해 지레 좌절하고 낙심에 빠진 이들도 있습니다.

우리의 위로가 되시는 주님!
너는 청년의 때 곧 곤고한 날이 이르기 전, 나는 아무 낙이 없다고 할 해가 가깝기 전에 너의 창조자를 기억하라는 말씀을 기억합니다. 우리의 낙을 우리의 창조주이신 주님에게서 찾을 수 있게 하여 주시옵소서! 이 모든 일이 전능하신 하나님이 주관하시는 일인 것을 잊지 않게 하시고 초조함과 조바심 가운데 조급해 하지 않게 하여 주

시옵소서!

　온전하고 구비하여 조금도 부족함이 없는 인내를 배우게 하시고 청년의 때에 쌓은 많은 인생의 경험들이 우리 인생에 거름이 되게 하시고 약이 되게하여 주시옵소서.

　우리의 믿음과 인격이 하나님 앞에 사람 앞에 날마다 성숙해가게 하시며 언제나 주님 주신 지혜로 생각하고 말하게 하여 주시옵소서!

　혹이라도 미숙한 말과 행동으로 동기간에 금이 가는 일이 없게 하시고, 자신의 것만 고집하는 자만심에 빠지지 않게 하시며, 언제나 겸손을 잃지 않는 우리 청년들이 되게하여 주시옵소서!

　이 모든 일에 하나님의 영광을 나타내기에 합당한 우리 청년들이 되게하여 주시옵소서!

　말씀을 전하시는 목사님에게도 함께 하여 주시어서 오늘 드리는 예배중에 우리 청년들이 주님을 향한 결단이 있게 하시고, 온전한 헌신의 고백이 이어지는 거룩한 예배가 되게하여 주시옵소서!

　예배의 시종을 주께 맡기오며 우리 청년들을 사랑하시는 우리주님 예수 그리스도의 이름으로 기도합니다. 아멘

77. 찬양대 헌신예배

"할렐루야 내 영혼아 여호와를 찬양하라 나의 생전에 여호와를 찬양하며 나의 평생에 내 하나님을 찬송하리로다!"(시편 146:1)

사랑이 많으신 하나님 아버지!

이 시간 우리가 하나님 앞에 찬양대 헌신예배로 드리길 원합니다. 이 자리에 임재 하시고 좌정하사 우리가 드리는 찬양과 예배를 받으시고, 우리의 헌신에 귀 기울여 주시옵소서!

이 백성은 내가 나를 위하여 지었나니 나의 찬송을 부르게 하려 함이니라 말씀하신 주님!

미천한 저희를 불러 주님의 자녀로 삼아 주시고 특별히 저희들에게 귀한 달란트를 주사 찬송으로 주님께 영광 돌릴 수 있도록 귀한 직분 허락하여 주신 은혜를 감사드립니다.

그러나 저희는 주님이 주신 귀한 달란트를 주님의 뜻에 합당하게 헌신하는 자세로 사용하지 못할 때가 많이 있었음을 고백하며 회개하길 원합니다. 이 시간 이후로는 온전히 헌신히는 자세로 우리의 입술이 주님을 찬송할 수 있도록 역사하여 주시옵소서!

주님께서는 우리의 목소리를 들으시는 것이 아니라, 우리 마음의 중심과 심령을 감찰 하시고 우리의 찬송을 받아 주시는 분이신 것을 이 시간 우리가 깨달아 알게 하시고 우리의 모든 마음과 힘을 다하여 주님께 찬송 드릴 수 있도록 인도하여 주시옵소서.

거룩하신 주님!
혹이라도 주님께서 찬양대원으로 불러 사용하시고 계신 그 깊으신 뜻을 알지 못하는 대원들이 있다면 긍휼히 보시고 주님께서 그 심령에 찾아가셔서 주님의 뜻을 분별할 줄 아는 지혜를 주시고, 입으로만 노래 부르는 대원들이 없게 하시고 마음을 바쳐 주님께 찬송할 수 있는 믿음을 허락하여 주시옵소서!

모든 대원들이 자신의 파트를 귀하게 여기며 아름다운 하모니를 이룰 때에 하늘의 천사들이 화답하게 하시며 우리가 한 목소리로 노래하고 찬송할 때에 절망한 자가 소망을 얻게 하시고 병든 자가 치유되게 하시며, 하나님의 놀라운 역사가 나타나는 찬양시간이 되게 하여 주시옵소서!

다윗이 수금을 타며 찬송할 때 사울왕의 악귀를 내어 쫓으시고 병을 치유하신 주님께서 오늘 우리에게도 그와 동일한 치유의 은혜를 주실 줄을 믿습니다.

찬송중에 거하시는 주님!
우리가 교회에서 뿐만 아니라 우리의 전 인생이 찬송이 되길 원합니다. 우리가 가정에서 길에서 직장에서 주님을 찬양할 때 찬송중에 거하시는 성령께서 우리에게 임재하심으로 우리 마음이 하늘평안을 누리게 하시고 주님 주시는 온전한 치유를 경험하게 하여 주시옵소서!

또한 기도하옵기는 찬양대의 일을 주관하는 찬양대장과, 찬양대를 지휘하는 지휘자 그리고 반주자에게도 주님께서 크신 은혜를 베풀어주시고 건강을 지켜주셔서 찬양대를 이끌어 가는데 조금도 어려움이 없도록 인도하여 주시옵소서.

이 시간 함께 예배드리는 온 성도들의 마음이 주님을 찬양하는 은혜로 가득 채워주시고 사람은 나타나지 않고 오직 하나님의 영광만이 우리 가운데 가득하게 하여 주시옵소서!

언제나 우리를 지켜 보호하여 주시고, 우리에게 찬양을 통하여 귀한 은혜를 주시기를 원하시는 우리 구주 예수 그리스도의 이름으로 기도하옵나이다. 아멘.

78. 구역장(속장, 순장, 셀장) 헌신예배

"무리를 보시고 불쌍히 여기시니 이는 그들이 목자 없는 양과 같이 고생하며 기진함이라 이에 제자들에게 이르시되 추수할 것은 많되 일꾼이 적으니 그러므로 추수하는 주인에게 청 하여 추수할 일꾼들을 보내 주소서 하라 하시니라"(마태복음 9:36)

사랑이 많으신 하나님 아버지!

오늘 우리가 이렇게 모여 구역장(속장, 순장, 셀장) 헌신예배로 주님을 예배하게 하시니 감사합니다. 많은 주의 성도들 가운에 부족한 우리들을 구역장(속장, 순장, 셀장) 삼으시고 교회의 중직을 맡아 감당하게 하심에 죄스런 마음 뿐임을 고백합니다.

우리의 연약함과 부족함에도 불구하고 주님의 부름을 받은 사명자들이 되어 몸된 교회의 직분을 맡아 감당하게 하신 것은 우리의 능력보다 우리의 충성됨을 보시고 일을 맡기신 주님이신 것을 믿습니다.

맡은 자들에게 구할 것은 충성이라 하셨사오니 마지막 시간에 주의 포도원에 들어온 자의 마음으로 온전한 헌신과 충성을 다하게 하여 주시옵소서!

부흥하는 교회는 부흥하는 구역이 있음을 믿습니다. 내 자녀를 대하고 내 형제를 대하고 내 사랑하는 자들을 대하듯이 맡겨진 양무리들을 잘 인도하게 하시고 말씀으로 양육하게 하실 때에 구역마다 큰 부흥이 이루어지게 하여 주시옵소서!

사랑하는 주님!

우리들에게 목자의 심정을 갖게 하시기를 소망합니다. 네 양떼의 형편을 부지런히 살피며 네 소떼에 마음을 두라 말씀하신 대로 구역원(순원, 셀원)들의 마음을 살피게 하시고 저들의 사정과 형편을 돌아보며 위하여 기도하고 헌신하는 것으로 주님 앞에 참으로 충성된 구역장이 되게하여 주시옵소서!

훈육하고 가르치려들기 보다는 사랑으로 품을 수 있게 하시고 넓은 마음으로 구역원들 한명 한명의 마음을 얻을 수 있도록 역사하여 주시옵소서!

그리하여서 각 구역마다 단합이 잘 되고, 화합이 잘 되며 구역장들을 중심으로 교회가 일사불란하게 세워지며 든든한 교회의 기초를 놓을 수 있도록 역사하여 주시옵소서!

또한 주님께서는 일을 맡기실 때 능력도 그와 함께 주심을 믿습니다. 주님께서 12제자를 부르시고 일을 맡기실 때 귀신을 쫓아내고 모든 병과 모든 약한 것을 고치는 권능을 주셨다고 했습니다.

이 시간 원하오니 우리 구역장들 모두가 주님의 영적인 권능을 받게 하심으로 우리가 구역원(순원, 셀원)들을 위해 기도할 때 그 기도가 속히 응답되게 하시고, 병든 이를 위하여 기도할 때 속히 치유가 임하게 하시며, 절망하고 낙심한 이를 위하여 기도할 때 새 힘과 소망을 얻게 하여 주시옵소서!

긍휼이 풍성하신 주님!
이 시간 또한 기도하옵는 것은 어려움 중에 있는 구역장들을 돌아보아 주시길 소망합니다. 항상 영육간에 강건케 하시고 저들의 가정을 붙들어 세워 주셔서 모범이 되는 가정들이 되게 하시고 특별히 경제적으로 하는 일과 사업들이 번창하게 하시고 자녀들이 복을 받아 앞길이 열리게 하여 주시옵소서!
우리에게 맡겨진 양떼들을 향한 헌신이 결코 헛되지 않을 줄을 믿습니다. 주님의 몸된 교회를 세우며 하나님의 나라를 이 땅에 세우며 확장하는 일에 귀하게 쓰임받게 됨을 믿습니다.
이 시간 우리에게 말씀을 전하실 목사님에게 은혜를 더하심으로 우리가 다시한번 사명감에 불타오르는 시간 되게 하시고 뜨거운 마음으로 맡겨진 양떼를 위해 헌신하고 사랑할 수 있는 마음을 허락하여 주실 줄을 믿사오며 이 자리에서 우리의 헌신을 받으시는 우리 주님 예수 그리스도의 이름으로 기도합니다. 아멘!

79. 제직 헌신예배

"오직 사랑 안에서 참된 것을 하여 범사에 그에게까지 자랄찌라 그는 머리니 곧 그리스도라 그에게서 온 몸이 각 마디를 통하여 도움을 입음으로 연락하고 상합 하여 각 지체의 분량대로 역사하여 그 몸을 자라게 하며 사랑 안에서 스스로 세우느니라!"(에베소서 4:15)

사랑이 많으신 하나님 아버지!

주님의 몸된 교회의 지체가 된 제직들이 모여 헌신예배를 드리기 원합니다. 우리의 예배에 임재 하시고 우리의 찬송과 경배와 헌신을 받아 주시옵소서!

죄 많은 사람들을 세상으로부터 구별하시어 부르시고 예수십자가의 보혈로 거룩한 백성 삼으신 주님! 주님께서는 연약한 우리에게 은사를 주시고 또한 은사에 따라 교회의 직분을 주셨습니다.

이 귀한 직분을 세상에서 얻은 직분보다 귀히 여기며 성실히 감당하기 원합니다. 성령으로 우리를 덧입혀 주시고 신령한 직분을 하나님 앞에서 감당하게 하여 주시옵소서!!

교회는 단순한 건물이나 사람의 모임이 아니라 그리스도의 몸인 것을 믿습니다. 주님의 몸에 지체가 된 우리 제직들이 서로 도우며 맡은 지체의 분량대로 감당하며 주님의 몸을 세우기를 원합니다.

손이 해야 하는 일이 있고 발이 해야 하는 일이 있으며 입이 해야 하는 일이 있고 몸 속에 있는 기관들이 해야 하는 일이 있습니다. 이 중 어느 하나라도 자신의 일을 소홀히 여기며 그 일을 등한히 한다면 몸은 온전히 세워지지 않는 것을 믿습니다.

교회의 각 기관들과 그 기관의 중심된 우리 장로님 권사님 집사님을 붙들어 주시어서 교회일에 크고 작은 일이 없는 줄 믿사오니 성심을 다하여 주의 몸을 받들게 하여 주시옵소서!

맡은 자들에게 구할 것은 충성이라 하셨사오니 사람을 바라보지 않고 오직 일을 맡기신 하나님을 바라보며 충성하게 하시고 주님 오시는 날 착하고 충성된 종으로 칭찬받게 하여 주시옵소서!

교회의 머리가 되신 주님!

또한 간절히 기도하오니 혹이라도 주의 일을 감당하는 중에 시험에 드는 일이 없도록 주의 성령께서 역사하여 주시옵소서!

몸이 하나요 성령이 하나이니 너희가 한 소망 안에서 부르심을 입었다 하셨습니다. 하나 됨을 깨는 분열이 우리 교회에서는 일절 일어나지 않게 하시고 서로 사랑으로 나보다 남을 낫게 여기며 주의 몸을 세우게 하여 주시옵소서!

몸된 교회의 제직이 된 우리들이 더욱 열심을 내어 주일성수하며, 새벽재단을 쌓으며, 신앙의 본을 보이게 하시고 교회가 속한 지역사회를 위해서도 더욱 열심히 봉사하며 교회가 많은 사람들의 칭찬을 받게 하심으로 우리교회가 날로 부흥케 되는 역사를 이루어 주시옵소서!

우리교회의 귀한 장로님, 권사님, 집사님에게 주님은 세상의 사업장도 주셨습니다. 주님께서 말씀하시길 "이는 주를 사랑하는 자로 재물을 얻어서 그 곳간에 채우려 하심이라!"고 하셨습니다.

주님의 몸된 교회의 지체가 된 제직들이 세상 사람들 앞에 물질이 없어서 궁색해 지는 일이 없도록 넘치는 물질로 채워 주시며 자녀들에게도 복을 주시어서 저들의 앞길에 주님의 인도하심이 항상 따르게 하여 주시옵소서!

이 시간 주님 앞에 새롭게 다짐하고 결단하며 헌신하는 제직들에게 크신 은혜를 베풀어 주실 줄을 믿사오며 오늘 말씀을 맡은 목사님에게도 성령의 권능을 더하여 주시옵소서!

죄인된 우리를 몸된 교회의 지체와 제직으로 삼으신 우리주님 예수 그리스도의 이름으로 기도합니다. 아멘!

80. 교사 헌신예배

"그가 혹은 사도로, 혹은 선지자로, 혹은 복음 전하는 자로, 혹은 목사와 교사로 주셨으니 이는 성도를 온전케 하며 봉사의 일을 하게 하며 그리스도의 몸을 세우려 하심이라"(에베소서 4:11)

감사하신 주님!

오늘 이 시간 우리가 교사 헌신예배로 주님을 예배하기 위해 모였습니다. 우리의 예배에 찾아오시고 가장 높은 곳에 좌정하사 이 예배의 주인이 되어 주시옵소서!

저희들을 세상 많은 사람들 가운데 구별하여 불러 주시고 또한 귀한 직분을 맡겨 주셔서 어린 생명들을 주님의 귀한 말씀으로 양육할 수 있도록 은총을 허락하여 주신 것을 감사드립니다.

이 시간 우리 교사들이 한자리에 모여 더욱 큰 헌신을 다짐하는 헌신예배로 이 시간을 드리길 원하오니 주의 성령께서 우리 선생님들 마음에 감화 감동 하시어서 각오와 다짐을 더욱 새롭게 하는 시간되게 하여 주시옵소서.

긍휼이 풍성하신 하나님!

지난 시간을 돌이켜 보면 여러 가지 이유와 핑계로 인해 주님이 맡겨주신 귀한 직분과 사명을 충실히 감당하지 못하고 충성하지 못했음으로 고백합니다. 우리의 게으르고 나태한 죄를 용서하시고 다시금 사명감으로 충만해지는 시간이 될 수 있도록 역사하여 주시옵소서!

한 생명이 천하보다 귀하다는 사실을 망각하고 맡겨진 영혼을 실족하게 한 일이 없는지 이 시간 회개하길 원합니다. 소자 하나를 실족게 하면 차라리 연자 맷돌을 달고 바다에 빠지는 것이 낫다고 말씀하신 주님이신 것을 우리가 잊지 않게 하여 주시옵소서!

자비하신 하나님!

사랑하는 우리 어린 학생들의 모습에서 주님의 모습을 보게 하시고 저들의 길을 지도할 때에 마음을 다하여 말씀으로 양육하게 하시며 위하여 기도하며 사랑하며 모든 일에 진심을 가지고 대하게 하시고 우리의 믿음과 행동에 있어서 가식되고 외식적인 모습으로 비춰지지 않도록 우리 선생님들의 신앙이 먼저 하나님 앞에 바로 서게 하여 주시옵소서!

자녀들은 우리 부모와 교사의 거울인 것을 믿습니다. 어린 심령들에게 언제나 신앙의 모범을 보일 수 있는 교사들이 될 수 있도록 성령께서 이끌어 주시옵소서.

우리 학생들은 다음 세대의 교회의 일꾼들임을 믿습니다. 우리가 땅 끝까지 복음을 전한다고 했을 때 또 다른 땅 끝이 우리 자녀들인 것을 믿습니다. 우리가 믿음을 우리 자녀들에게 잘 물려주는 것을 통해 우리 나라가 저 서구의 교회들처럼 텅빈 교회의 전철을 밟지 않도록 역사하여 주시옵소서! 이 자리에 함께 머리 숙인 모든 성도들이 우리 자녀들의 신앙교육의 중요성을 깨닫게 하여 주시옵소서.

특별히 간구 하옵기는 어려운 환경 속에서도 교사의 직분을 감당하고자 힘쓰고 애쓰는 선생님들이 있습니다. 성령께서 위로하여 주시고 함께 해 주심으로 독수리의 날개치며 올라가는 새 힘을 공급받게 하여 주시옵소서!

또한 지도 전도사님을 위시하여 지도부장, 지도 교사들이 한 마음 한 뜻이 되어 주님이 맡기신 어린 생명들을 잘 양육 할 수 있게 하시고, 부흥하는 주일학교 부흥하는 학생회가 될 수 있도록 이끌어 주시옵소서.

오늘 말씀을 들고 단위에 서시는 강사 목사님을 성령의 능력으로 붙들어 주셔서 목사님의 선포 하시는 말씀을 통해 모든 교사들이 영적으로 재충전하고 더욱 사명에 불타는 교사들로 결단하는 시간이 되게하여 주시옵시기를 간절히 원하오며 특별히 예배의 순서를 맡은 분들에게도 함께 하셔서 성령의 인도함을 받게 하여 주시옵소서!

예배의 시종을 주님께 의탁하오며 어린 생명들을 천국의 주인공으로 보시는 예수 그리스도의 이름으로 기도 드립니다. 아멘!

심방 기도문

81. 배우자를 위한 기도

"여호와 하나님이 이르시되 사람이 혼자 사는 것을 좋지 아니하니 내가 그를 위하여 돕는 배필을 지으리라 하시니라"(창세기 2:18)

온 세상 만물을 지으시고 아담과 하와를 지으신 하나님!

하나님 지으신 모든 것이 보기 좋으셨으나 아담이 혼자 있는 것을 보고 좋지 않다고 말씀하신 주님이심을 믿습니다. 이 시간 기도하오니 나의 아담과 하와를 허락하여 주시옵소서!

나보다 나를 더 잘 알고 계시는 분이 주님이신 것을 믿습니다. 나의 부족하고 모자란 부분을 채워주고 나 역시 상대의 부족함을 채워주는 것을 통해 온전한 한 몸을 이룰 수 있는 배우자를 주님께서 예비하여 주시기를 이 시간 간절히 기도합니다.

감사하신 주님!

아내(남편)를 얻은 자는 복을 얻은자라 하셨고 집과 재산은 조상으로 말미암지만 지혜로운 아내(남편)는 여호와에게서 말미암는다고 하셨습니다. 전쟁터에 나갈 때는 10번 기도하고 배우자를 위해서는 100번을 기도하라 했습니다. 나를 위해 어딘가에 예비해 놓으신 배우자를 얻기 위해 더 많이 기도하길 원합니다.

은혜로우신 주님!

이 시간 우리의 아내감(남편감)이 지혜로운 사람이기를 소망합니다. 하나님을 두렵고 떨림으로 섬길 줄 아는 하나님 경외하는 사람이길 바랍니다. 지식과 교양이 있고 인내와 섬김을 아는 배우자이기를 원합니다. 사랑과 헌신의 사람이기를 소원합니다.

외로울 때 서로 의지하며 기쁨이 되는 배우자이길 원합니다. 같은 주제를 놓고 즐거운 대화가 이루어지는 배우자이길 소망합니다. 모든 일에 서로를 배려하며 편안하게 해 주는 배우자이기를 원합니다. 작은 일에 즐거워하고 만족해 하고 행복을 나누는 배우자이길 바랍니다.

자기 일을 소중히 여기며 매사에 긍정적이고 내면이 깊은 배우자이기를 소원합니다.

남편감이라면 넓은 마음에 이해심이 많고 한 가정을 책임질 수 있는 경제력이 있기를 소망합니다. 일에 있어서는 치밀하고 이성적이되 가끔 멜로영화를 볼 때면 우느라고 나보다 더 많은 휴지를 사용하는 감성이 있는 남편감이기를 소망합니다. 키는 (   )에 몸무게는 (   )이길 바랍니다.

우리의 아내감이라면 음식 솜씨가 좋고, 옷 입는 맵씨가 고우며, 매사에 말씨가 고운 아내감이길 원합니다. 자녀들을 자애롭게 돌보고 집안일에 부지런한 현숙한 아내감이기를 원합니다. 애교가 많고 집안 분위기를 부드럽게 하는 유머가 넘치는 아내이길 바랍니다. 키는 (   )에 몸무게는 (   )이길 바랍니다.

이 모든 것을 예비하시되 나로 하여금 나의 완벽한 이상향이 나타나길 기다리는 어리석음에서 깨이게 하여 주시옵소서!

이 세상에 완벽한 사람은 없는 것을 믿습니다. 나 역시 불완전하듯 상대의 불완전한 부분을 나의 것으로 덮을 수 있는 마음을 가지게 하여 주시옵소서!

누가 현숙한 여인(남편)을 얻겠느냐 그 값은 진주보다 더 하다고 했습니다. 나의 선택에 앞서서 주님으로부터 말미암는 배우자를 맞이하길 원하오니 주님 불쌍히 여기시고 나의 또 다른 한쪽인 배우자를 향한 간절한 기도에 응답하여 주시옵소서!

나의 기도가 주님 앞에 상달되어 나의 배우자가 예비되는 이 시간이기를 간절히 바라오며 이 모든 기도를 드릴 때에 우리주님 예수 그리스도의 이름으로 기도합니다. 아멘!

82. 결혼한 부부를 위한 기도

"이러므로 남자가 부모를 떠나 그 아내와 연합 하여 둘이 한 몸을 이룰찌로다 아담과 그 아내 두 사람이 벌거벗었으나 부끄러워 아니하니라"(창세기 2:24)

사랑의 하나님 아버지!

여기 주님의 허락하심으로 새롭게 한 몸을 이룬 귀한 가정이 있습니다. 이 새 가정의 주인이 하나님 되어 주시기를 이 시간 간절히 기도합니다.

주님은 말씀하시길 아담에게서 취하신 갈빗대로 여자를 만드시고 그를 아담에게로 이끌어 오셨다 했습니다. 엄밀히 말해서 우리의 배우자들은 모두가 주님의 손에 이끌려 지금 우리 앞에 오게 된 줄을 믿습니다.

사랑하는 주님!

결혼생활이 시작되면서 연애기간에는 보이지 않던 단점들이 보일 때에 그것을 지적하고 고치려들기 보다는 나의 것으로 덮을 수 있는 아량과 이해심을 허락하여 주시기를 소망합니다.

주님의 말씀처럼 서로가 돕는 배필이 되게 하시고 바라는 배필이 되지 않게 하여 주시기를 기도합니다! 내가 먼저 상대의 연약함과 부족함을 도울 생각을 갖게 하시고 나에게 맞춰 주기만을 바라는 이기적 모습을 버리게 하옵소서!

나로 하여금 먼저 한 가정을 책임질 수 있는 성숙한 인격자가 되게 하시며, 하나님을 온전히 바라는 믿음의 사람이 되게 하시며, 사랑과 헌신의 사람이 되게 하여 주시옵소서!

허물은 덮어주고 연약함은 도와주며 부족한 부분이 있다면 나의 것으로 채워주는 배우자가 되게 하여 주시옵소서!

이러므로 남자가 그 부모를 떠나 그 아내와 연합한다고 했습니다. 경제적이나 정신적이나 모든 면에서 부모님으로부터 독립할 수 있게 하시고 홀로 서는 가정이 되게 하여 주옵소서!

또한 서로의 부끄러운 모습을 보고도 부끄러워 아니했다 하셨습니다. 우리의 몸에 부끄러운 부분이 있는 것처럼 우리의 성품과 인격에도 부끄러운 부분이 있음을 믿습니다.

부끄러워 한다는 것은 놀림당하고 조롱당할 것이 두려워 우리의 몸을 가리우는 것입니다. 우리 모두는 부끄러운 부분이 있습니다. 배꼽밑에 점이 있기 때문입니다. 서로의 부끄러운 모습을 보고도 부끄러워 하지 않아야 진정한 부부인 것을 믿습니다.

그러나 부끄러워 하고 있다면 이미 놀림당하고, 지적당하고, 조롱당했기 때문인 것을 믿습니다. 자기자신의 흉을 보고 지적하는 일은 없듯이 배우자의 흉은 곧 나의 흉인 것을 기억하게 하여 주시옵소서!

벌거벗은 모습 뿐만 아니라 벌거벗은 인격에도 서로에게 부끄러움이 없게 하여 주시옵소서!

사랑의 주님!
주님 말씀하시기를 아내들을 향하여서는 교회가 그리스도에게 하듯 아내들은 범사에 자기 남편에게 복종할지니라 말씀 하시고 남편들을 향하여서는 아내 사랑하기를 그리스도께서 교회를 사랑하시고 그 교회를 위하여 자신을 주심 같이 하라 하셨습니다.

이는 남편이 아내의 머리됨이 그리스도께서 교회의 머리됨과 같음을 믿습니다. 아내는 머리된 남편을 우습게 여기지 않게 하시고, 남편은 예수님처럼 자기 목숨을 내놓을 각오하고 아내를 사랑하게 하여 주시옵소서!

하나님이 하나 되게 하신 것을 사람이 나눌 수 없다고도 하셨습니다. 하나님이 하나 되게 하시며, 하나님이 정해 주시고, 하나님이 이끌고 오심으로 진정으로 나와 함께 한 몸을 이룬 배필인 것을 한시도 잊지 않게 하여 주시옵소서!

남편이 늙기까지 아내가 곁에서 힘이 되게 하시고 아내가 늙기까지 남편이 곁에서 도움이 되게 하심으로 평생을 해로하며 하나님 앞에 복된 인생을 살아가는 이 부부가 되기를 우리주님 예수 그리스도의 이름으로 간절히 기도합니다. 아멘!

83. 임신을 위한 기도

"이삭이 그의 아내가 임신하지 못하므로 그를 위하여 여호와께 간구하매 여호와께서 그의 간구를 들으셨으므로 그의 아내 리브가가 임신하였더니"(창세기 25:21)

사랑이 많으신 하나님 아버지!

오늘 주님께서 하나 되게 하신 가정에 자녀의 복을 주시기를 기도하기 원합니다.

태를 열기도 하시고 닫기도 하시는 이가 우리 하나님이신 것을 믿습니다. 자식은 여호와의 주신 기업이요 태의 열매는 그의 상급이라고 말씀하신 주님!

슬하에 자녀를 주심으로 부부사이가 더욱 사랑으로 든든해지게 하시고 이 가정이 더욱 견고한 유대감으로 하나되게 하여 주시옵소서!

생명은 오직 하나님으로 말미암는다는 사실을 기억하게 하시고 사람으로 말미암지 않는다는 것을 잊지 않게 하옵소서!

이 부부의 몸을 빌어 하나님께서 창조하신 존귀한 생명을 허락하시기를 구합니다. 귀한 생명이 잉태될 때에 주의 성령께서 아이의 몸을 조성하시고 건강히 자라게 하실 것을 믿습니다.

우리 믿음의 조상인 아브라함은 독자 이삭을 낳기까지 오랜시간을 기다리며 믿음의 훈련을 받았습니다. 이삭이란 이름의 뜻이 웃음인 것처럼 사랑하는 아이를 낳고 기뻐하며 활짝 웃는 이 가정이 되게 하여 주시옵소서!

또한 한나가 아이가 없음으로 그 마음이 격동하여 주님께 기도한 즉 하나님은 사무엘을 허락하셨듯이 이 가정이 한나와 같이 간절한 마음으로 주님 앞에 자녀 주심을 기도하오니 하나님께서 긍휼히 보시고 태의 문을 열어 주시옵소서!

하나님이 주신 이 땅의 모든 생명이 주님께로부터 왔고 주님의 것임을 고백합니다. 기다림 없이 아이를 얻은 가정보다 더욱 감사로 하나님의 역사를 체험하는 은혜가 있음을 믿습니다.

하나님께서는 아브라함 가정에 믿음을 주시려고 이삭을 얻기까지 훈련과 연단에 시간을 갖게 하셨습니다.

이 가정에도 연단의 시간을 통해 믿음을 세우신 줄을 믿사오니 원하옵건대 사라에게 명년에 아들이 있을 것이라 말씀하셨던 것처럼 이 가정에도 명년에 자녀가 있을 것이라 말씀하여 주시옵소서! 태의 문을 열어 새 생명을 안겨 주시옵소서! 그 새 생명이 잉태되는 날까지 보호하고 지켜주시옵소서.

무엇보다도 기도로 준비하고 또한 경건하며 건강한 생활과 신앙 활동을 할 수 있도록 도와주시며 언제나 이 가정에 기도와 찬송이 끊이지 않는 그러한 가정이 될 수 있도록 하여 주시옵소서. 말씀으로 지켜가는 가정이 될 수 있도록 하여 주시옵소서.

날마다 가정의 열매로 나타날 아이를 위하여 기도하면서 긍정적이고 순종적인 삶과 신앙생활을 할 수 있도록 하여 주시며 마음 가짐과 생활태도에도 늘 인내의 마음까지 주시옵소서.
　아이를 안고 춤추며 노래하며 주님께 영광 돌리는 그날이 속히 이루게 하심을 믿사오며 이 가정을 사랑하심으로 이제 곧 자녀의 복을 허락하여 주실 우리주님 예수 그리스도의 이름으로 기도합니다. 아멘!

84. 산모와 태중의 아기를 위한 기도

"하나님이 라헬을 생각하신지라 하나님이 그를 들으시고 그 태를 여 신고로 그가 잉태 하여 아들을 낳고 가로되 하나님이 나의 부끄러움 을 씻으셨다 하고 그 이름을 요셉이라 하니"(창세기 30:22)

사랑이 많으신 하나님 아버지!

하나님께서 하나 되게 하신 가정에 새 생명을 허락하시고 태중에 품게하신 은혜에 감사드립니다. 이제 꼬박 열 달을 품고 있는 기간 동안 부부에게 큰 믿음을 더하심으로 태중에 있는 아이를 말씀으로 양육하게 하옵시고, 늘 기도와 찬양을 통해 아이가 뱃속에서부터 주 님을 만나고 찬양할 수 있도록 하여 주시옵소서.

아이는 엄마와 아빠가 같이 품는 것을 믿습니다. 태중의 아이를 인하여 부부가 더 많이 사랑하고, 더 많이 하나되며, 더 많이 성숙되 는 시간 되게 하시기를 기도합니다.

또한 산모의 마음에 늘 기쁘고 감사한 마음을 허락해 주셔서 뱃속 에 있는 아이도 기쁘고 감사한 마음을 가질 수 있도록 도와 주시옵 소서.

아이는 엄마의 안정된 심장소리를 듣고 정서적으로 그 마음이 안 정을 얻는 것을 믿습니다. 세상에 더럽고 추한 것은 보지 않게 하시고, 맑고 고운 것을 많이 보고, 많이 감동하게 하여 주시옵소서!

무릇 지킬만한 것보다 네 마음을 지키라 생명의 근원이 이에서 난다고 하셨사오니 산모가 마음을 세상에 걱정근심이나 주변의 환경에 빼앗기지 않도록 항상 지켜 주시옵소서!

엄마의 건강이 탯줄을 통해 공급 되게 하시고, 동시에 엄마의 믿음이 전달 되게 하시고, 엄마의 마음이 아이에게 전해지게 하여 주시옵소서! 엄마와 아이의 정서적이고 영적인 교감이 온전히 이루어지게 하여 주시옵소서!

아이의 영혼이 엄마 아빠의 기도와 찬송과 말씀을 받아 먹게 하시고, 몸이 자라고 지능이 자라게 하시고, 무엇보다 하나님을 보는 영의 눈을 띄워 주시옵소서! 엄마가 만난 하나님을 태중의 아이가 만나는 역사가 있게 하여 주시옵소서!

이 아이로 인하여 이 가정이 복을 받고 더 나아가 이 사회와 나라가 복을 받게 하시기를 기도합니다. 이 아이로 인하여 하나님의 복이 많은 사람에게로 흘러가는 복의 통로가 되게 하시기를 소망합니다. 이 아이를 이 부부의 자녀이기 이전에 하나님의 자녀로 품어 주시옵소서!

은혜로우신 주님!
산모에게 열달의 시간은 힘든 고통의 기간이지만, 이 시간을 통하여 귀하고 아름다운 한 생명이 탄생함을 알게 해 주시고, 이 때를 감사함과 기쁨으로 보낼 수 있도록 하여 주시옵소서.

가족들에게도 은혜를 베풀어 주시고, 산모가 편안하고 기쁜 마음으로 남은 기간을 준비할 수 있도록 산모에 대한 사랑과 배려를 아끼지 않게 하여 주시옵소서.

또한 순산할 수 있는 은혜를 허락하시고 출산 후의 몸조리에도 주님의 회복케 하시는 역사가 있게 하실 줄을 믿습니다!

이 가정과 집안에 큰 복으로 새 생명을 허락하신 우리주님 예수 그리스도의 이름으로 기도합니다. 아멘!

85. 백일, 돌 기도

"아기가 자라며 강 하여지고 지혜가 충족하며 하나님의 은혜가 그 위에 있더라"(누가복음 2:40)

사랑이 많으신 하나님 아버지!

귀한 가정에 새 생명을 허락하신지 벌써 백일(일년)이 되었습니다. 그동안 많은 것이 달라졌음을 믿습니다. 아이가 생긴 이후로 밤에 잠 못자는 일이 많아졌으며 마른자리 젖은자리 돌보면서 온전한 헌신과 희생이 무엇인지 깨닫게 하심을 믿습니다.

그것을 통해 진정한 사랑을 깨닫게 하시고 이제부터는 연애하던 에로스와 필레오 사랑에서 한 단계 넘어서서 무조건적인 하나님의 사랑인 아가페 사랑을 깨닫게 하심을 믿습니다.

감사하신 주님!

이 존귀한 생명을 이 가정에 맡기신 이는 하나님이신 것을 믿습니다. 해맑은 아이의 눈동자와 환한 웃음속에서 생명의 창조자이신 하나님을 보게 하시고 이 어린 영혼을 통해서 하나님의 영광이 이 가정에 나타나게 하여 주시옵소서!

몸이 자라면서 믿음과 지혜가 같이 자라게 하시고, 마음이 온유하고 겸손하여 주님을 닮게 하시고, 하나님과 사람 앞에 은총과 존귀히 여김을 받는 아이로 자라게 하여 주시기를 간절히 기도합니다.

이 아이가 자라 어딜 가든지 주께서 동행하여 주시기를 기도합니다. 또한 만남의 복을 주심으로 이 아이 곁에는 항상 도울자들이 가득하게 하시고, 악한 무리들은 일절 붙지 않도록 주께서 지켜 주시기를 기도합니다.

어려서부터 큰 꿈을 꾸게 하시고, 무엇을 하든 머리가 될지언정 꼬리가 되지 않게 하시고, 사무엘과 같이 하나님께 기도함으로 주님을 의지할 줄 알게 하시며 예배를 귀히 여기는 주의 자녀가 되게 하여 주시옵소서.

주님의 기쁨이 항상 이 아이에게 있음을 믿습니다. 이 아이가 자라 이 세상에서 존귀한 자리에 이를 때에 자신의 영광을 드러내지 않게 하시고 오직 주님의 영광을 나타내는 아이가 되게 하여 주시옵소서!

이 시간 기도하옵기는 이 아이를 맡아 키우는 부모에게 흠 없이 아이를 양육할 수 있도록 힘과 능력을 더하여 주시기를 기도합니다. 부모로서 자녀를 칭찬하며 축복하는 말을 아끼지 않게 하시고 부모가 줄 수 있는 모든 사랑을 받아먹게 하심으로 자존감이 높은 아이로 장성하게 하여 주옵소서!

하오나 또한 자녀를 징계하지 않는 자는 그 자녀를 사랑치 않는 부모라고 말씀하셨사오니 따끔히 가르칠 때가 있음을 분별하게 하여 주시옵소서!

자비로우신 주님!

또한 이 아이로 인하여 이 부부의 사랑이 더욱 견고하여 지도록 역사하여 주시길 기도합니다. 더욱 단단한 사랑의 끈으로 이 가정이 결속되게 하시며 성령이 하나 되게 하신 것을 힘써 지키는 가정이 되게 하여 주시옵소서.

"자식은 여호와의 주신 기업이요 태의 열매는 그의 상급이라"고 말씀하셨습니다. 이 자녀가 참으로 이 부부의 기업이 되게 하시고 상급이 되게 하시고 머리위에 면류관이 되게 하심을 믿사오며 이 시간 이후로 영원토록 이 아이를 지키시며, 인도하시며, 책임지실 우리주님 예수 그리스도의 이름으로 기도합니다. 아멘!

86. 입학을 위한 기도
(머리에 손을 얹고 안수기도해 주세요)

"아브라함이 그 땅 이름을 여호와이레라 하였으므로 오늘까지 사람들이 이르기를 여호와의 산에서 준비되리라 하더라.(창세기 22:14)"

감사하신 주님!

사랑하는 ○○가 어느덧 자라 (초등, 중등, 고등, 대학교)에 입학하게 되었습니다. 이제까지 함께 하시고 앞길을 인도해 주신 하나님을 생각할 때에 감사와 찬송을 드립니다.

여호와이레의 하나님께서 ○○(을)를 위하여 미리 예비하셨다가 허락하신 학교에 올해 입학하려고 합니다. 하나님이 주신 학교이니 ○○가 이 학교를 사랑하게 하시고 즐겁고 활기찬 학교생활이 되기를 기도합니다.

하나님이 학교를 예비하셨으니 또한 선생님과 친구들도 예비하셨음을 믿습니다. 참으로 인생을 배울 수 있는 귀한 선생님을 만날 수 있도록 주님께서 역사하여 주시고 마음을 나누고 의지할 수 있는 선한 친구들이 주위에 가득하게 하시기를 기도합니다.

학교에 공부하러 갑니다. 지혜와 명철을 더하여 주시어서 하나를 알면 열을 깨달을 수 있는 직관력을 주시고, 이해하는 영과 깨닫는 영으로 함께 하시며 좀 더 집중하여 학업에 임할 수 있도록 집중력도 더하여 주시옵소서.

무조건 억지로 하는 공부가 되지 않게 하시고, 지적인 호기심을 가지고 학업에 임할 수 있도록 하시며, 분명한 목표를 바라보면서 비전과 꿈을 키우며 스스로 동기부여를 할 수 있도록 하나님의 성령이 ○○(을)를 인도하여 주시옵소서!

이 땅의 모든 지식은 하나님에게서 말미암은 것임을 믿습니다. 여호와 하나님은 그 지식으로 해양이 갈라지게 하셨으며 공중에서 이슬이 내리게 하셨다고 하셨습니다.

우리가 살아가는 모든 세상에 주신 하나님의 지식과 경륜을 볼수 있는 지식의 눈을 허락하여 주시옵소서!

여호와를 경외하는 것이 지식의 근본이라 하셨사오니 이 아이의 지식이 늘어날 때 마다 그 지식을 이 땅에 두신 하나님을 찬양하게 하시고 더욱 겸손한 마음을 갖게하여 주시옵소서!

사랑이 많으신 주님!
학교는 공부만 하러 가는 곳이 아닌 줄 믿습니다. 학교라고 하는 작은 사회속에서 선생님과 친구들을 대하며 사회성이 자라게 하시고 대인관계를 익히게 하여 주시기를 기도합니다.

자기가 있어야 할 자리를 잘 찾게 하시고, 넓은 마음에 친구를 배려할 줄 알게 하시며, 사려깊은 생각과 행동으로 선생님의 칭찬과 사랑을 받는 아이가 되게 하여 주시옵소서!

친구들 사이에 리더십 있는 아이가 되게 하시며 정의감 있는 아이가 되게 하심으로 불의 앞에서는 항거할 줄 아는 용기도 허락하여 주시옵소서!

학교생활하면서 인격이 성숙해지고 세상을 보는 가치관이 잘 정립되게 하시며 늘 긍정적이며 감사한 마음으로 생활할 수 있도록 주께서 함께 하여 주시옵소서!

집과 학교를 오가는 길 위에도 하나님이 불꽃 같은 눈으로 지켜 주시고 동행하여 주심으로 안전한 등하교길이 될 수 있도록 역사하여 주시옵소서!

사랑하는 ○○이의 (초등, 중등, 고등, 대학교)학창생활 위에 함께 하실 우리주님 예수 그리스도의 이름으로 축복하며 기도합니다. 아멘

87. 졸업을 위한 기도

(머리에 손을 얹고 안수기도해 주세요)

"너희 속에 착한 일을 시작하신 이가 그리스도 예수의 날까지 이루실 줄을 우리가 확신하노라!"(빌립보서 1:6)

사랑하는 하나님 아버지!

사랑하는 ○○이가 엊그제 (초등, 중, 고등)를 입학한 것 같은데 벌써 졸업을 하게 되었습니다. 학교를 졸업하기까지 항상 함께 해 주시고 은혜를 주신 하나님의 사랑에 깊은 감사를 드립니다. 보호하여 주심을 이시간 감사드립니다.

하나님께서 인도하신 (초등, 중, 고등)학창생활이었음을 고백합니다. 어려운 학업을 감당하기 위해 많은 어려움과 힘든 과정이 있었지만 그때마다 하나님께서 크신 은혜로 보살펴 주시고 돌보아 주심으로 영광스런 오늘 이 자리가 있는 것을 믿습니다.

감사하신 주님!

시작이 있으면 마침이 있음을 믿습니다. 우리의 시작을 언제나 함께 해 주시고 우리의 가야할 길을 인도하시는 분이 우리 주님이신 것을 믿습니다!

이제 졸업을 하면서 상급학교로 진학을 하게 됩니다. 하나님께서 예비하신 상급학교에서도 더욱 열심히 학업에 임하게 하시고, 꿈과 비전을 꿈꾸며 즐거운 학창시절을 보낼 수 있도록 도와주시기를 간절히 기도합니다.

기도해서 얻은 학교였습니다. 이제 또한 기도해서 얻은 상급학교를 가고자 합니다. 주님 그곳에서 기다리고 있는 선생님을 하나님께서 예비하여 주시옵시고, 같이 할 많은 친구들도 그리하여 주시옵소서.

꿈과 비전은 우리 아이들이 꾸지만 그곳에 도달하게 하시는 이는 우리 하나님이신 것을 확실히 믿습니다. 사람이 마음으로 자기 길을 계획할지라도 그 걸음을 인도하시는 이는 여호와 하나님이라 하셨습니다.

또한 너는 네 명철을 의지하지 말고 범사에 그를 인정하라 그리하면 네 길을 지도하시리라고 말씀하셨습니다.

사랑하는 ○○이가 힘든 학업을 이어 가면서 오직 주님만을 의지하고 바라며 주님의 도우심을 받는 아이가 되길 기도합니다. 보혜사 성령으로 항상 곁에 계시는 주님을 섬기고 바랄 수 있는 믿음이 항상 견고한 반석위에 서 있게 하여 주시옵소서!

자비로우신 주님!
학업을 감당하면서 터득한 많은 지식이 상급학교에서도 귀하게 쓰여지게 하시고 또한 학창시절을 지내면서 하나님이 만나게 하신 인간관계를 평생의 귀한 자산으로 여기게 하시고 동기들간의 우정을 기억하게 하여 주시옵소서!

졸업은 또 다른 시작이라고 했습니다. 우리가 하나님 나라 가는 그 순간까지 시작과 끝이 반복될 텐데 그때마다 알파와 오메가 되신 주님께서 우리의 인생길을 인도하여 주실 줄을 믿습니다.

우리의 시작과 함께 하시며 우리의 끝을 항상 아름답게 하실 우리 주님 예수 그리스도의 이름으로 축복하며 기도하옵나이다. 아멘!

88. 수험생(입시생)을 위한 기도

(머리에 손을 얹고 안수기도 해 주세요)

"너는 마음을 다 하여 여호와를 의뢰하고 네 명철을 의지하지 말라 너는 범사에 그를 인정하라 그리하면 네 길을 지도하시리라"(잠언 3:5-6)

감사하신 주님!

사랑하는 ○○가 입시시험을 앞두고 하나님 앞에 도움을 구합니다. 언제나 우리의 도움이 되신 주님께서 사랑하는 ○○이의 마음을 이시간 강하고 담대히 하여 주시기를 기도합니다.

오랫동안 준비하고 기도하며 공부했습니다. 이제 평가받는 시간을 앞두고 하나님 앞에 온전히 맡기기를 원하옵나이다. 온전히 주의 성령께서 ○○이를 붙들어 주시고, 마음의 평안을 주시어서 차분한 마음가운데 실력을 마음껏 발휘할 수 있도록 최상의 컨디션을 허락하여 주시옵소서!

누구든지 지혜가 부족하거든 모든 이에게 후히 주시고 꾸짖지 아니하시는 하나님께 구하라 그리하면 주시리라 말씀하신 주님!

이 시간 사랑하는 ○○에게 집중력과 함께 솔로몬에게 주셨던 지혜의 영을 부어 주시옵시기를 간절히 기도합니다.

시험문제 한 문제 한 문제를 대하면서 공부했던 것들이 잘 생각나게 하시며 생각이 막히지 않고 머리회전이 잘 될 수 있도록 역사하여 주시옵소서! 다니엘에게 주셨던 총명함을 사랑하는 ○○에게도 허락하시기를 간절히 원합니다.

두 마음을 품어 의심하는 자리에 있는 자는 무엇이든지 주께 받을 줄 생각지 말라 말씀하셨습니다. 오직 믿음으로 구하고 조금도 의심하지 말라 하셨사오니 이 시간 이후로는 온전히 주님께서 인도하심을 믿습니다. 붙드심을 믿습니다. 역사하심을 믿습니다.

주의 전능하신 팔에 붙들려 시험장으로 향할 때 사자 같이 담대하게 시험장 문을 들어서게 하시며 웃으며 시험장을 나오기까지 주의 성령께서 매 시간 시간을 주장하여 주시옵소서!

사람이 최선을 다하지만 하나님의 인도하심이 없으면 사람의 노력이 아무 의미 없는 것임을 믿습니다.

최선을 다 했기에 후회가 없게 하시고 후회가 있다면 오직 최선을 다하지 못한 것에 대한 마음만 있게 하여 주시옵소서! 시험이 끝나면 모든 것을 훌훌 털어 버리고 결과를 오직 주님께 온전히 맡기게 하여 주시옵소서!

감사하신 주님!

또한 기도하옵기는 이 시험이 인생의 전부가 아닌 것을 믿습니다. 학생의 본분이 공부하는 것임으로 시험을 준비할 때는 인생의 전부인 것처럼 준비했사오나 사랑하는 ○○이의 전 인생이라는 시간에서 보았을 때 이 시험이 결코 전부가 아닌 작은 한 부분인 것을 믿습니다.

지금 웃는다고 영원한 승자가 아니고 지금 운다고 영원한 실패자가 아님을 잊지 않게 하여 주시옵소서! 승리와 실패는 결과에 있지 않고 과정에 있다는 것을 기억하게 하시고 어떤 결과 앞에서도 평정심을 잃지 않는 주의 자녀가 되게 하여 주시옵소서!

시험을 준비하는 과정을 통해 인생을 배우고 스스로를 단련할 수 있는 기회로 삼아 주심을 감사드립니다. 모든 것을 구비하여 부족함이 없는 인내를 배우고 성숙한 인격으로 자라는 계기가 되게 하심을 감사합니다.

주님!

온전히 사랑하는 ○○이의 몸과 마음을 강한 팔로 주장하여 주시옵시기를 간절히 원하오며 우리에게 지혜를 주시는 우리주님 예수 그리스도의 이름으로 기도합니다. 아멘!

89. 직장을 위한 기도

(머리에 손을 얹고 안수기도해 주세요)

"너희가 내 이름으로 무엇을 구하든지 내가 시행하리니 이는 아버지로 하여금 아들을 인하여 영광을 얻으시게 하려 함이라 내 이름으로 무엇이든지 내게 구하면 내가 시행하리라!"(요한복음 14:13)

사랑의 하나님 아버지!

주님의 사랑하는 자녀가 학교생활을 마치고 이제 사회에 첫발을 들여 놓기 전 먼저 기도하는 것을 통해 앞길을 개척해 나가길 원합니다. 주님의 인도하심 없이는 그 무엇도 시작할 수 없기에 주님 앞에 이 시간 도움을 구합니다.

감사하신 주님!

직장을 구하기가 어렵다하지만 하나님께서 사랑하시는 자녀를 위하여 예비하신 직장이 있음을 믿습니다. 이제 곧 나타내 보여 주시길 간절이 원합니다. 주님은 있을 곳을 예비하시는 주님이신 것을 믿습니다.

제자들이 두려워하고 있을 때에 주님께서는 내가 먼저 가서 너희 일할 곳을 예비하면 다시와서 너희를 영접할 것이다라고 안심시키신 주님! 주님은 우리의 천국처소를 예비하시는 주님이시면서 또한 우리가 땅에 사는 동안 이 땅의 처소를 예비하시는 주님이신 것을 믿습니다.

우리의 일터를 허락하실 때에 적성에 맞는 직장이 되게 하시며 실력을 마음껏 발휘할 수 있는 직장이길 소망합니다. 하루를 시작하면서 기쁨으로 출근하는 일터이기를 원합니다. 밝은 미래를 꿈꾸며 자신의 비전을 키울수 있는 직장이길 바랍니다.

직장을 구하는 과정에서 어려움이 있고 낙심된 일이 있다 할지라도 주님주신 힘으로 너끈히 이겨내게 하시고 자신감을 잃지 않고 용기를 잃지 않고 높은 자존감으로 면접을 보게 하여 주시옵소서!

이스라엘 백성들 앞에 홍해가 있고 광야가 있다 할지라도 하나님은 그들을 젖과 꿀이 흐르는 가나안 땅으로 인도하신 것같도 같이 우리들 삶의 터전으로 주님께서 인도하심을 믿습니다.

우리의 가나안인 직장에서 수고한 모든 일 가운데 아름다운 열매와 결실이 맺혀지게 하시며 그 속에서 주님의 살아 계심을 드러내는 주님의 자녀가 되길 기도합니다.

그리하여 사랑하는 자녀가 속한 직장에서도 하나님의 나라가 세워지며 확장되는 놀라운 역사가 일어나게 하여 주시옵소서!

상사를 잘 모시게 하시고 동료들과 원만히 지내며 그속에서 주님의 자녀된 모습을 잃어버리지 않도록 역사해 주실 줄 믿습니다.

사랑하는 주님!

오직 물질을 위해서 일하는 사람이 되지 않게 하시고 하루하루의 일을 주님 맡기신 일이라고 믿고 성실히 감당할 때에 주어지는 보수를 감사함으로 받게 하여 주시옵소서!

이 세상에 하나님이 경영하지 않으시고 관여하지 않는 일은 없는 것을 믿습니다. "무슨 일을 하든지 마음을 다하여 주께 하듯 하고 사람에게 하듯 하지 말라 이는 유업의 상을 주께 받을줄 앎이니 너희는 주 그리스도를 섬기느니라!"고 말씀하신 주님이신 것을 기억합니다.

무슨 일을 하든 하나님이 맡기신 일로 알고 성실히 감당케 하시고 주님의 영광을 나타내게 하여 주시옵소서!

이 모든 기도를 사랑하는 자녀의 직장을 예비 하시고 또한 직장생활 위에 함께 하실 우리주님 예수 그리스도의 이름으로 기도합니다. 아멘!

90. 군 입대를 위한 기도

(머리에 손을 얹고 안수기도 해 주세요)

"내가 너와 함께 있어 네가 어디로 가든지 너를 지키며 너를 이끌어 이 땅으로 돌아오게 할찌라 내가 네게 허락한 것을 다 이루기까지 너를 떠나지 아니하리라 하신지라!"(창세기 28:15)

사랑이 많으신 하나님 아버지!

사랑하는 아들이 자라 어느덧 국방의 의무를 감당해야 하는 나이가 되었습니다. 그동안 건강한 몸과 마음으로 자라게 하신 하나님께 감사의 기도를 드립니다.

부모님 슬하에서 사랑받는 아들로만 지내다가 이제는 국가의 일원으로서 그 책임을 다하는 자리에 서길 원합니다. 부모님이 있어 내가 있듯이 조국이 있어 또한 내가 있음을 믿습니다.

더욱 넓은 시각으로 세상을 바라보며 부모에게 효도했듯이 국가에도 충성하는 아들이 되게 하여 주시옵소서!

사랑하는 아들의 앞길을 예비하신 때에 군대라고 하는 단련의 장을 허락하심은 그곳에서 더욱 듬직하고 남자다운 아들로 다시 태어나게 하심인 것을 또한 믿습니다.

집 떠나서 모든 것을 다른 사회속에서 지내게 됩니다. 단체생활

속에서 사회성이 길러지게 하시고, 위계질서를 배우게 하시며 오랜 시간 참고 견디는 인내를 배우게 하여 주시옵소서!

군 생활 동안 인격으로나 믿음에 있어서나 한 단계 성숙된 아들의 모습으로 다시 태어나게 하여 주실 것을 믿습니다. 2년이라는 시간이 결코 헛된 시간되지 않게 하시고 알찬 시간으로 보내는 지혜를 허락하여 주시옵소서!

자비로우신 주님!

사랑하는 아들의 마음에 두려움이 있을 수 있습니다. 그러나 대한민국의 건강한 아들이면 누구나 다 갔던 길입니다. 누구나 다 해냈던 일입니다. 이 아들도 이제 차례가 되었습니다. 여호수아처럼 마음을 강하게 하고 담대히 하게 하여 주시옵소서!

부모님과는 잠시 헤어지게 되지만 하나님은 이 아들의 군생활 동안 온전히 동행하실 것을 믿습니다. 곁에서 도와주시고, 인도해주시고, 지켜주시며, 힘주실 것을 믿습니다.

힘들고 어려움이 있을 때 함께 하시는 하나님을 더욱 깊이 발견하는 시간 되게 하실 줄을 믿습니다.

야곱이 집 떠나 광야를 지날 때 주님께서 나타나셔서 내가 네게 허락한 것을 다 이루기까지 널 떠나지 않을 것이라 말씀하셨던 것처럼 집 떠나 군대로 향하는 사랑하는 아들에게도 동일한 말씀을 주시기를 원합니다.

이 아들이 행군 할때나 잠 잘때나 길을 갈때나 밥을 먹을때나 어디에 있든지 보혜사 성령께서 이 아들의 방패가 되어 주시길 기도합니다. 산성이 되어 주시길 기도합니다. 요새가 되어 주시길 기도합니다.

긍휼이 풍성하신 주님!
이 시간 이 아들을 군에 보내는 부모님의 마음을 위로 하시기를 원합니다. 노심초사 잠 못드는 일이 없게 하시고 담대하게 주님 앞에 맡기는 믿음으로 군에 보내게 하여 주시옵소서!
마지막으로 이제 사랑하는 아들이 군에 가는 지금모습 그대로 다시 부모님과 교회의 품에 안길 수 있도록 임마누엘의 하나님께서 온전히 함께 해 주실 줄을 믿사오며 우리를 주의 군사로 세우시기를 원하시는 우리주님 예수 그리스도의 이름으로 축복하며 기도하옵나이다. 아멘!

91. 생일을 맞은 성도를 위한 기도

"하나님이 가라사대 저가 나를 사랑한즉 내가 저를 건지리라 저가 내 이름을 안즉 내가 저를 높이리라!"(시편 91:14)

사랑이 많으신 하나님 아버지!

주님께서 사랑하시는 ○○○(성도, 집사, 권사, 장로)가 생일을 맞이 했습니다. 하나님께서 ○○○(성도, 집사, 권사, 장로)를 이 땅에 보내심은 주님의 깊은 뜻이 있기 때문인 것을 믿습니다. ○○○(성도, 집사, 권사, 장로)로 하여금 그 귀한 뜻을 알게 하시고 그 뜻 안에서 살아가게 하시니 감사드립니다.

이 세상을 지으신 이의 뜻이 있음을 믿습니다. 또한 사랑하는 ○○○(성도, 집사, 권사, 장로)를 지으신 하나님의 뜻이 있는 것을 믿습니다. 주님께서 사랑하는 ○○○(성도, 집사, 권사, 장로)의 인생을 통해 하나님의 나라를 세우시고, ○○○(성도, 집사, 권사, 장로)가 하는 일을 통해 주님의 나라가 확장되는 놀라운 역사를 이루어 가시길 기도합니다.

언제 어느 곳에 있든지 하나님의 영광과 주님의 살아 계심을 드러내는 인생을 살게 하시기를 기도합니다. 이 세상 많은 사람들이 자신의 기쁨과 자신의 영광을 위해 살아간다고 해도 ○○○(성도, 집사, 권사, 장로)는 오직 주님나라와 영광을 위해 살아가는 노아와 에녹 같은 믿음의 사람이 되게 하여 주시옵소서!

감사하신 주님!
하나님이 아시고 사랑하신 성도의 인생길을 주님께서 인도하여 주시길 기도합니다. ○○○(성도, 집사, 권사, 장로)가 부를 때에 내가 여기있다 하시고 응답하여 주시옵소서! ○○○(성도, 집사, 권사, 장로)가 어려움에 처했을 때에 베드로의 손을 잡고 일으키신 주님께서 사랑하는 성도의 팔을 잡아 일으켜 주시옵소서! 주님께서 지키지 않으시면 파수꾼의 경성함이 허사라고 하셨사오니 시마다 때마다 동행하시고 지켜 보호하여 주시옵소서!

하는 일의 지경을 넓히시고, 온갖 구하는 것이나 생각하는 것에 더욱 넘치도록 역사하시는 주님의 손길이 ○○○(성도, 집사, 권사, 장로)의 삶에 아름다운 결실을 허락하여 주시옵소서! 육신의 건강을 항상 붙들어 주시고, 가정에 화목을 주시며, 자녀들의 앞길을 인도하여 주시옵소서!

하나님의 축복이 ○○○(성도, 집사, 권사, 장로)로 인하여 이 가정에 흘리들게 하시고 속한 일터에 흘러들게 하시고, 속한 교회에 흘러들게 하심을 우리는 믿습니다. 사랑하는 ○○○(성도, 집사, 권사, 장로)와 함께 한 모든 이들이 ○○○(성도, 집사, 권사, 장로)로 인하여 기뻐하며 즐거워하며 하나님의 은혜를 누리게 하여 주

시옵소서!

 복된 ○○○(성도, 집사, 권사, 장로)님의 생일로 인하여서 모든 이들에게 기쁨이 되게 하심을 감사하오며 이 모든 축복의 기도가 하나라도 땅에 떨어지지 않고 하늘에서 하감 하시고 땅에서 응답하여 주시옵시기를 간절히 원하오며 우리를 구원하신 우리주님 예수 그리스도의 이름으로 기도합니다. 아멘!

92. 이사한 성도를 위한 기도

"이에 아브람이 장막을 옮겨 헤브론에 있는 마므레 상수리 수풀에 이르러 거하며 거기서 여호와를 위하여 단을 쌓았더라"(창세기 13:18)

감사하신 하나님 아버지!

주님의 은혜로 이렇게 이사할 수 있는 모든 여건을 허락하여 주심을 감사드립니다. 하나님이 예비 하시고 하나님이 때가 되어서 오게 하신 집인 것을 믿습니다.

이제 기도하오니 주님께서 이 집에서도 전과 같이 주님이 주인 되어 주시기를 간절히 기도합니다. 우리의 주거조건이 어떠하든 우리는 언제나 주님집에 전세사는 것을 믿습니다.

이 집에서 일어나는 모든 일을 주님께서 친히 맡아주시고 주관하시며 책임져 주시기를 기도합니다. 이 집안 식구들이 저 현관 문지방을 드나들 때마다 임마누엘 하나님께서 함께 하시고, 하나님의 지키심과 인도하심을 경험하게 하여 주시옵소서!

온전히 주님을 하나님으로 섬기며 왕으로 섬기는 이 가정에 복위에 복을 주시고 은혜위의 은혜를 주실 때 하늘의 신령한 복과 땅위의 기름진 복이 임하게 하시며 신명기 28장을 통해서 약속하신 네가 들어가도 복을 받고 나와도 복을 받을 것이라는 말씀이 이루어지는 가정되게 하여 주시옵소서!

구약의 이스라엘백성을 하늘의 만나와 메추라기로 먹이셨던 것처럼 사랑하는 ○○○(성도, 집사, 권사, 장로)님의 가정이 이 집에 사는 동안 하나님의 공급하심과 채우심을 받게 하시며 필요한 것, 있어야 할 것으로 언제나 가득하게 하여 주시옵소서!

이 집안에서 하는 일에도 복을 주심으로 하는 일이 형통하게 하시고, 자녀들은 하나님이 주신 지혜와 명철이 가득하게 하시며, 영육간에 모든 식구가 강건하게 하시며 항상 화목함으로 하나된 가정이 되게 하여 주시옵소서!

언제나 찬송소리가 높이 울려퍼지게 하시고, 웃음소리가 끊이지 않게 하시며, 참다운 평안과 안식이 있는 집이 되게 하여 주시옵소서!

그리하여 이곳이 하나님 나라를 전하는 천국의 대사관이 되게 하시고 주위의 많은 사람들에게 하나님의 살아 계심을 나타내 보이는 증거가 되는 집이 되게 하여 주시옵소서!

자비로우신 주님!

우리가 이 땅에서 거하는 모든 집은 장막인 것을 믿습니다. 우리 믿음의 조상 아브라함을 평생토록 외국인으로 유리하며 벽돌집이 아닌 장막집에 살게하신 이유는 세상이 나그네 인생길임을 알리시기 위함인 것을 믿습니다.

아브라함처럼 이 땅에다 소망을 두지 않게 하시고 비록 몸은 벽돌집에 살아도 우리의 마음은 오직 신령한 천국을 바라보며 이 땅에서의 우리 인생이 나그네 인생길에 불과한 장막집 인생인 것을 잊지 않게 하여 주시옵소서!

마지막으로 이 가정이 이 집에 사는 동안 악한 영이 일절 틈타지 못하게 하시며 오직 하나님의 성령께서 온전히 지키시며 안보 하시며 책임지시기를 간절히 원하오며 우리의 있을 곳을 예비하시는 우리주님 예수 그리스도의 이름으로 기도합니다. 아멘!

93. 개업을 위한 기도

"너의 행사를 여호와께 맡기라, 그리하면 너의 경영하는 것을 이루리라"(잠언 16:3)

사랑하는 하나님 아버지!

하나님이 사랑하시는 가정에 귀한 사업장을 허락하심을 감사드립니다. 귀한 사업을 시작하기에 앞서서 먼저 하나님께 기도하며 예배하는 것으로 첫 시작이 되게 하신 것을 감사드립니다.

이 사업장의 주인이 하나님 되심을 믿습니다. 사람의 지혜와 사람의 능력을 넘어서서 하나님의 인도하심과 경영하심이 이 사업장 위에 함께 하시기를 기도합니다.

사람의 생각대로 계획하며 설계하는 것이 아니라 먼저 여호와 하나님의 도우심과 말씀에 의지하여 사업장을 경영하는 믿음과 지혜를 허락하여 주시옵소서!

여호와께서 집을 세우지 아니하시면 세우는 자의 수고가 헛되며 여호와께서 성을 지키지 아니하시면 파숫군의 경성함이 허사라고 말씀하신 주님! 이 사업장을 세우시는 분이 우리주님 되어 주시고 이 사업장을 지켜주시는 분도 주님 되어 주실 줄을 믿습니다.

감사하신 주님!

이 사업장을 맡은 사랑하는 ○○○(성도, 집사, 권사, 장로)님 가정에 은혜를 주심으로 물질을 쫓지 않게 하시고 도리어 물질이 쫓아오는 역사가 있게 하여 주시옵소서! 놀라운 역사를 이곳에 주옵시고 돈을 번다는 마음보다 사람들의 마음을 얻으려 하는 전략을 갖게 하시기를 원합니다.

'어떻게 하면 손님을 기쁘게 해주고, 행복하게 해줄까?'를 연구하며 노력하게 하옵소서! 손님 한 명 한 명에게 정성과 친절을 다하다 보면 물질은 자연히 따라올 줄을 믿습니다.

많은 고객들의 마음을 얻게 하심으로 단골들이 많이 늘어나게 하시고 일취월장 번창하는 사업장이 되게 하여 주시옵소서!

이 사업을 통하여 하나님의 영광을 드러내며, 하나님께 더욱 헌신하며 봉사하며 충성하기 위한 기반이 되는 사업이 되도록 하시고 많은 것, 넘치는 것만을 위하지 않게 하시고 옳은 것, 정직한 것, 부끄럼 없는 것을 취할 수 있도록 또한 역사하여 주시옵소서. 주님의 마음이 잘 나타나는 사업장이 되게 하여 주시옵소서.

적든지 크든지 간에 하나님 아버지께 온전한 십일조의 생활을 하는 데에 거리낌 없는 믿음을 허락하여 주시길 기도합니다. 그리하여 십일조를 통해 하나님이 주시기로 약속하신 복을 얻는 주인공이 되게 하여 주시옵소서!

이 사업체를 맡아 운영하는 ○○○(성도, 집사, 권사, 장로)님과 수고하는 모든 분들이 한 마음 되게 하시고, 건강으로 지켜 주시고,

지혜로 이끌어 주시며 모두가 함께 주를 바라는 신앙의 길로 인도하여 주시옵소서!

은혜로우신 주님!
참 많이 준비하고, 계획하고, 기도하며 시작하는 사업이오니 항상 지켜 주시고 도와 주시옵소서! 무소불능 하시며 무슨 경영이든지 이루지 못하실 경영이 없으신 주님께서 온전히 이 사업체를 경영하여 주실 줄을 믿사오며 우리의 경영이 되신 우리주님 예수 그리스도의 이름으로 기도합니다. 아멘!

94. 병환중에 있는 성도를 위한 기도

"내 이름을 경외하는 너희에게는 의로운 해가 떠올라서 치료하는 광선을 발하리니 너희가 나가서 외양간에서 나온 송아지 같이 뛰리라!"
(말라기 4:2)

사랑이 많으신 하나님 아버지!

주님의 사랑하시는 ○○○(성도, 집사, 권사, 장로)님이 병환중에 있습니다. 육신의 질병중에 신음하며 고통하는 성도를 불쌍히 여기시는 주님!

"너희 중에 병든자가 있느냐 저희는 교회의 장로들을 청할 것이요 주의 이름으로 위하여 기도할찌니라 믿음의 기도는 병든 자를 구원하리니 주께서 저를 일으키신다" 하셨습니다.

부족한 사람(들)이 방문하여 예수의 이름으로 병 낫기를 기도합니다. 믿음으로 기도하며 하나님의 역사가 나타나길 간절히 소망합니다. 의인의 간구는 역사하는 힘이 많다고 하셨습니다. 예수보혈의 공로로 의인된 성도들이 마음을 합하여 간절히 구하오니 사랑하는 ○○○(성도, 집사, 권사, 장로)님의 병환을 치유하여 주시옵소서!

사람이 병을 진단하나 치료하시는 이가 하나님이신 것을 믿습니다. 사람이 수술을 하지만 아물게 하시고 회복시키시는 이는 하나님이신 것을 믿습니다.

생명을 소성케 하시는 주님!
이스라엘이 광야길에 마라의 쓴물을 먹고 괴로워 할 때 나뭇가지로 물을 맑히시며 나는 너희를 치료하는 여호와라 말씀하셨습니다.
여호와 라파되신 주님께서 오늘 이 시간 치료의 빛을 사랑하는 ○○○(성도, 집사, 권사, 장로)님에게 비춰주시기를 기도합니다. 참으로 주님 주시는 치유를 경험하게 하여 주시옵소서!
병원에서는 우리가 보이지 않는 빛을 이용해서 질병을 치료하는 것을 보게 됩니다. 그러나 적외선, 엑스선, 방사선 같은 빛보다 더 강렬한 빛이 성령이 비춰시는 여호와 라파의 빛인 줄을 믿사오니 사랑하는 성도의 환부에 이 능력의 빛을 비추어 주시옵소서
그리하여 "내 이름을 경외하는 자에게는 의로운 해가 떠올라서 치료하는 광선을 발하리니 너희가 나가서 외양간에서 나온 송아지 같이 뛰리라!" 하신 말씀의 주인공이 되게 하여 주시옵소서!
이와 같은 질병중에 하나님을 더 깊이 만나게 하시고, 더 큰 믿음으로 성장하는 계기가 되게 하심을 믿습니다. 하나님과 더욱 가까이 두시고자 겸손한 마음으로 주님을 바라보게 하시기 위해 질병도 허락하신 줄 믿사오니 이제 회복케 하시고 속히 일어나게 하여 주시옵소서!

긍휼이 풍성하신 주님!

사랑하는 ○○○(성도, 집사, 권사, 장로)님의 마음을 다잡게 하시고 마음이 약해지지 않도록 주께서 마음을 담대히 지켜 주시옵소서! 불안해 하거나 두려워하지 않게 하시고, 언제나 주님주신 평안한 마음으로 가득하게 하여 주시옵소서!

주님이 반드시 치유하신다는 믿음을 사랑하는 ○○○성도에게 허락하여 주시옵소서!

담당하는 주치 의사의 마음을 주께서 감동 하시고 정성을 다해 치료하게 하시며 병간하느라 고생하는 식구들 위에도 성령께서 위로하시고 새 힘 주시기를 기도합니다.

이 모든 기도를 드릴 때에 우리의 질병중에 치유를 주시는 우리주님 예수 그리스도의 이름으로 기도합니다! 아멘.

95. 수술을 앞둔 성도를 위한 기도

"나는 너희를 치료하는 여호와임이니라."(출애굽기 15:26)

감사하신 주님!

사랑하는 ○○○(성도, 집사, 권사, 장로)가 인생길을 살다가 뜻하지않은 질병으로 인하여(뜻하지 않은 사고로 인하여) 수술을 해야 하는 시간을 맞았습니다.

수술을 받으면서 왜 내가 이런 수술을 받아야 하는지 낙심하는 마음은 없음을 믿습니다. 도리어 수술 받을 수 있는 모든 여건과 은혜를 허락하신 하나님께 감사하는 마음인 것을 믿습니다.

수술을 받으면서 잠시 두려운 마음을 갖을 수 있지만 주님께서 강하고 담대한 마음과 믿음을 주심으로 이번 수술을 너끈히 감당하게 하실 줄 믿습니다.

최초의 수술을 하신 분은 우리 하나님이신 것을 믿습니다. 아담을 마취시켜 깊이 잠들게 하시고 그 **뼈**를 취하심으로 하와를 만드셨던 것처럼 사랑하는 ○○○(성도, 집사, 권사, 장로)를 깊이 잠들게 하시고 몸의 온전치 못한 부분을 손보아 주시길 원합니다.

집도의 손위에 주님의 손을 얹어 주시고 모든 수술과정이 순조

롭게 진행될 수 있도록 역사하여 주시옵소서! 모든 보조하는 간호사들에게도 함께 하심으로 성공적인 수술이 되게 하심을 믿습니다.

능력의 주님!
잠시 잠들었다 일어나면 모든 것이 다 깨끗해져 있음을 믿습니다. 수술 부위가 속히 살이 올라 아물게 하시고 회복이 빠르게 하심으로 다시 활동하는데에 부족함이 없도록 주님께서 역사하여 주시옵소서!
사람이 수술을 하지만 다시 소성케 하시는 이가 하나님이시며 모든 몸의 기능을 주관하시는 이가 우리 하나님이신 것을 믿습니다.
이번 수술을 통하여 주님께 더욱 가까이 가며 큰 믿음을 얻게 되는 계기가 되게 하여 주시옵소서!
위하여 병간하고 돕는 모든 식구들 위에도 주님께서 은혜를 베푸심으로 이번 일을 통하여 식구들의 마음이 더욱 하나 될 수 있도록 역사하여 주시옵소서!

사랑의 주님!
우리가 살아가면서 많은 병고에 시달릴 수도 있습니다. 때로는 뜻하지 않은 사고로 인하여 병원에서 많은 시간을 보낼 수도 있습니다. 그러나 그때마다 우리는 주님을 붙잡고 기도하며 의지할 수 있는 마음과 용기를 주시옵소서. 늘 감사의 생활로 회복을 기도하며, 주님이 지켜주시고 보호하여 주신다는 것을 확신할 수 있는 신앙을 주시옵소서.

　이제 마음을 온전히 비우고 이 모든 것을 주님께 맡기오며 평안한 마음으로 수술실을 들어갑니다. 사랑하는 ○○○(성도, 집사, 권사, 장로)의 인생과 동행이 되신 주님께서 수술실에서도 큰 도움이 되어 주실 줄을 믿사오며 우리의 몸을 어루만지시고 치유하시는 우리주님 예수 그리스도의 이름으로 기도합니다. 아멘!

96. 고난을 당한 성도를 위한 기도

"고난 당하기 전에는 내가 그릇 행하였더니 이제는 주의 말씀을 지키나이다. 고난 당한 것을 내게 유익이라 이로 인하여 내가 주의 율례를 배우게 되었나이다!"(시 119:67)

사랑이 많으신 하나님 아버지!

이 시간 우리의 고난중에 위로가 되시며 우리의 환란중에 소망이 되신 주님을 바라보기 원합니다.

주님은 고난당하는 자를 불쌍히 여기시며 환란당하는 자를 긍휼히 보시는 하나님이신 것을 믿습니다. 이 시간 기도하오니 우리의 고난이 어디서 말미암은 것인지 알게 하여 주시옵소서!

요나와 같이 불순종한 결과로 일어나게 된 풍랑이라면 이 시간 마음을 다하여 회개하기 원합니다. 하오나 우리의 믿음을 연단하기 위한 풍랑이라면 주님께서 욥과 같이 우리를 회복시켜 주실 줄을 믿습니다.

환란과 역경중에도 우리의 믿음이 욥과 같이 흔들리지 않도록 우리의 마음과 우리의 입술을 붙잡아 주시옵소서!

우리 삶 속에는 질병으로 인한 고난과, 물질적 어려움, 그리고 사람사이의 고통이 있습니다. 사람의 병을 치료하시는 이가 우리 하나님이라 하셨고, 사람 마음 속에서 역사하시는 이가 우리 주님이라 하셨으며, 이 땅의 물질도 다 주님 것이라 하셨사오니

사랑하는 주여!
질병으로 인한 고난이라면 치유를 주시고, 사람으로 인한 어려움이라면 분노에 찬 에서의 마음을 만지신 주님께서 우리 곁의 사람들 마음을 만져주시고, 물질의 어려움이라면 이는 내 사랑하는자로 재물을 얻어서 그 곳간에 채우려 함이라 말씀하신대로 물질문제를 해결하여 주시옵소서!

우리 주님은 앞에 있는 즐거움을 위하여 십자가를 참으셨다 하셨습니다. 부활의 영광을 위해 십자가의 모진 고난을 참으신 주님을 생각하길 원합니다.

이 시간 또한 기도하오니 우리의 고난을 바라볼 때에 우리가 지은 죄에서 바라보지 않게 하여 주시옵소서! 우리의 죄는 예수님이 십자가로 다 담당하신 것을 믿습니다.

우리의 고난을 바라볼 때에 장차 우리에게 있을 영광에서 바라보게 하여 주시옵소서! 우리의 고난은 장차 올 영광과 족히 비교할 수 없다 했음으로 이제 우리 앞에 다가올 영광에서 지금의 고난을 바라보게 하여 주시옵소서! 그리하여 영광에서 우리의 고난을 바라볼 때 우리는 고난을 이기고 시련을 이길 수 있는 힘을 얻을 수 있게 됨을 믿습니다.

죄에서 이 고난을 바라보면 우리는 일어날 수 없습니다. 끊임 없는 절망과 낙심만이 거듭될 것입니다. 우리 죄악을 위하여 대속의 재물이 되신 주님이시여! 이 시간 간절히 기도하오니 우리가 이 고난과 역경을 이길 수 있도록 힘을 더해 주시옵소서!

이 고난이 지나갈 것이고 지나간 후에는 우리가 같이 웃으며 그날에 함께 하신 주님을 찬송하며 하나님께 영광 돌리게 될 것을 믿습니다.

그리하여 "고난이 내게 유익이라 이로써 내가 주의 율례를 배우게 되었다!"고 고백했던 시편기자의 신앙고백이 우리의 신앙고백이 되게 하여 주실 줄을 믿사오며 우리의 환란 중에 큰 도움이 되신 우리주님 예수 그리스도의 이름으로 기도합니다. 아멘!

97. 시험에 들은 성도를 위한 기도

(믿음의 실족한 이를 위한 기도)

"시험에 들지 않게 깨어 있어 기도하라 마음에는 원이로되 육신이 약하도다!"(마태복음 26:41)
"근신하라 깨어라 너희 대적 마귀가 우는 사자 같이 두루 다니며 삼킬 자를 찾나니 너희는 믿음을 굳게 하여 저를 대적하라!"(베드로전서 5:8)

사랑하는 하나님 아버지!

우리의 하나님은 지금도 살아계셔서 우리의 반석이 되시며, 우리의 산성이 되시며, 우리의 구원이 되신 주님이신 것을 믿습니다.

이 시간 기도하옵기는 우리의 믿음이 견고한 반석에 서기를 기도합니다. 우리의 믿음이 말씀의 뿌리를 내림으로 세상에서 흔들리지 않는 믿음이 되기를 원하옵나이다.

믿음은 들음에서 나고 들음은 그리스도의 말씀을 말미암는다 하셨습니다. 아이가 밥을 먹고 성장하듯이 우리의 믿음도 하나님의 말씀을 받아먹고 자라나야 할 줄 믿습니다.

건강한 몸이 병균에 저항력을 키우듯 우리의 영혼과 믿음이 영적인 눈이 트이고, 세상에 대한 저항력을 키우며, 악을 물리치는 믿음이 되길 바랍니다.

"우리의 싸울 것은 혈과 육에 대한 것이 아니요 어두움의 세상 주관자들과 하늘에 있는 악의 영들에게 대함이라" 말씀하셨습니다.

악한 영이 우리의 믿음을 떨어뜨리려 유혹할 때 그것을 넘어설 수 있는 믿음이 있기를 바랍니다. 우리가 주님 가르쳐 주신 기도를 드릴 때에 우리를 시험에 들게 하시며 다만 악에서 구하옵소서라고 기도하듯이 악한 영의 시험에 들지 않게 항상 깨어서 기도할 수 있는 은혜를 주시옵소서!

예수님을 유혹했던 마귀는 오늘도 하나님의 사람들을 넘어뜨리기 위해 우는 사자와 같이 삼킬 자를 찾아다닌다 했습니다.

사람간의 문제, 물질의 문제, 환경의 문제와 더불어 이 모든 문제 가운데에는 공중 권세잡은 악한 영의 역사가 있음을 깨닫고 악한 영의 궤계에 빠지지 않게 하여 주시옵소서!

40일 금식기도하신 예수님을 물질로 유혹하고, 명예로 유혹하고, 권세로 유혹했던 마귀는 지금도 하나님의 사람들을 넘어뜨리기 위해 끊임없이 미혹의 영으로 역사하고 있음을 믿습니다.

사랑하는 주님!

원하오니 우리의 마음과 믿음이 사람들이 하는 말에 따라 이끌리지 않게 하시고, 여건과 환경에 따라 이리저리 요동하지 않게 하시고, 오직 하나님 주신 말씀위에 굳건히 서 있게 하여 주시옵소서!

의인은 시냇가에 심겨진 나무라 하셨습니다. 뿌리가 말씀 속에 견고히 뿌리내리게 하심으로 세상 유혹에 흔들리지 않게 하여 주시옵소서. 악인은 바람에 나는 겨라했습니다. 정함도 없이 세상의 유혹과 사람들의 말에 이리저리 휩쓸리는 정함 없는 믿음 되지 않게 하여 주시옵소서!

끝으로 기도하옵기는 원하오니 우리의 시험이 마귀의 유혹에 빠져 금과 같은 믿음을 잃어버리는 안타까움이 없게 하시고 주님주신 연단과 훈련의 과정이 되어서 더욱 깊은 믿음으로 성장하는 기회가 되게 하여 주시옵소서! 시험을 극복하는 과정을 통해서 더욱 반석 위에 선 믿음 되게 하실 줄을 믿습니다.

우리의 당한 시험에 이김을 주시고 승리를 주시는 우리주님 예수 그리스도의 이름으로 기도합니다. 아멘!

98. 환갑(진갑)을 맞은 성도를 위한 기도

"여호와를 경외하며 그 도에 행하는 자마다 복이 있도다 네가 네 손이 수고한대로 먹을 것이라 네가 복되고 형통하리로다 네 집 내실에 있는 네 아내는 결실한 포도나무 같으며 네 상에 둘린 자식은 어린 감람나무 같으리로다 여호와를 경외하는 자는 이 같이 복을 얻으리로다 여호와께서 시온에서 네게 복을 주실찌어다 너는 평생에 예루살렘의 복을 보며 네 자식의 자식을 볼찌어다 이스라엘에게 평강이 있을 찌로다!"(시편 128:1~6)

은혜로우신 하나님 감사합니다.

하나님께서 일찍이 존귀한 ○○○(성도님, 집사님, 장로님)으로 당신의 거룩한 백성으로 삼으시고 오늘날까지 동행하시고 함께 하심으로 건강을 주시고 장수케 하시니 감사하옵고 또한 감사하옵나이다.

이제 (환갑, 진갑, 칠순)을 맞이하며 온가족이 모여 앉아 하나님 앞에 감사의 예배를 드리길 원하옵나이다!.

이제까지 ○○○(집사님, 권사님, 장로님)을 인도 하시고 지켜주시고 주장하신 이가 여호와 하나님이신 것을 믿습니다.

또한 ○○○성도(집사님, 권사님, 장로님)의 기도를 하나님 기억하시고 ○○○ (집사님, 권사님, 장로님)의 충성과 헌신을 주께서 아시는 바 됨을 믿습니다.

감사하신 주여!
○○○(성도님, 집사님, 권사님, 장로님)에게 복을 더해 주셔서 하나님 부르시는 그날까지 영육 간에 강건함을 허락하여 주시옵소서!
마음의 평강을 주시고 가정의 화평을 더하여 주시옵소서! 후대에 복을 주셔서 그 자손들로 번창케 하여 주시옵소서!
야곱으로 하나님 백성을 삼으셨던 것처럼 ○○○(성도님, 집사님, 권사님, 장로님)의 후손으로 하나님 백성 삼으시고 저들의 하나님이 되어 주시옵소서! 자녀들 위에 지혜와 명철을 더 하시고 저들 가는 길에 빛이 되어 주시옵소서!
하나님의 영광과 하나님의 살아계심이 이 가정과 후손을 통하여 나타나길 기도합니다. 하나님을 섬기듯 지극정성으로 부모님을 봉양하게 하시고 그것을 자녀들인 저들에게 복이 되게 하여 주옵소서! 형제간에 우애 있게 하시고 어려울 때 같이 기도하게 하시고 기쁠 때 같이 웃게 하시고 슬플 때는 같이 울게 하여 주시옵소서! 온 가족의 마음을 하나 되게 하시고 흩어지지 않게 하여 주시옵소서! 가족 간에 사랑으로 안아주며 기도해 줄 수 있는 가정이 되게 하여 주시옵소서.
항상 감사하며 기도하며 주의 말씀 붙들고 살아가는 하나님의 가정되게 하여 주옵소서!

"백발은 영화의 면류관이라 의로운 길에서 얻으리라!" 말씀하신 주님! ○○○(성도님, 집사님, 권사님, 장로님)의 생애를 통해서 자녀들이 지혜와 경륜의 빛을 얻게 하시고, 후대에 더욱 존경받는 이름이 ○○○(집사님, 권사님, 장로님)님의 이름 되게하여 주시옵소서!

하나님의 영이 사랑하는 ○○○(성도님, 집사님, 권사님, 장로님) 가정과 그 슬하에 후손대대로 함께 하여 주옵시기를 간절히 원하오며 우리 주 예수 그리스도의 이름으로 기도합니다! 아멘.

99. 임종을 앞둔 성도를 위한 기도

"가로되 예수여 당신의 나라에 임하실 때에 나를 생각하소서 하니 예수께서 이르시되 내가 진실로 네게 이르노니 오늘 네가 나와 함께 낙원에 있으리라 하시니라"(누가복음 23:42)

사랑이 많으신 하나님 아버지!

여기 하나님 은혜로 한 평생을 살다가 이제 세상 나그네 인생길을 다 마치고 본향인 천국을 바라보기 원하는 성도가 누워 있습니다.

천국가고 싶으나 우리의 공로가 없습니다. 오직 예수십자가의 공로를 의지하는 자에게 천국을 허락하시는 이가 우리 하나님이신 줄을 믿사오니 십자가보혈을 의지하며 천국문 앞에 선 ○○○(성도, 집사, 권사, 장로)님의 영혼을 주께서 받아 주시기를 간절히 기도합니다!

가난한 자는 복이 있나니 천국이 저희 것이라 말씀하신 주님!

이 시간 (성도, 집사, 권사, 장로)님이 오직 나사로 같은 빈자의 마음으로 겸손히 주님 앞에 서길 원합니다. 예수님십자가에 달리실 때 또 한편에 달렸던 사람의 마음으로 주님 앞에 신앙고백하길 원합니다.

"당신의 나라에 임하실 때에 나를 생각하소서 하니 주께서 이르시기를 내가 진실로 네게 이르노니 오늘 네가 나와 함께 낙원에 있으리라!" 하셨습니다.

이와 동일한 신앙고백으로 주님을 바라보는 성도의 영혼을 주님께서 불쌍히 보시고 오늘 사랑하는 ○○○(성도, 집사, 권사, 장로)님의 영혼이 주님과 함께 낙원에 있게 하실 것을 믿습니다.

두려워 하는 제자들을 향하여서 너희는 마음에 근심하지 말라 하나님을 믿으니 또 나를 믿으라 내 아버지 집에 거할 곳이 많도다 그렇지 않으면 너희에게 일렀으리라 내가 너희를 위하여 처소를 예비하러 가노니 가서 너희를 위하여 처소를 예비하면 내가 다시 와서 너희를 내게로 영접하여 나 있는 곳에 너희도 있게 하리라 말씀하신 주님!

또 한 명의 주님의 제자가 여기 있습니다. 주께서 이 영혼을 천국으로 인도하시고, 천사들의 영접을 받게 하여 주시옵소서!

천국은 내가 들어가는 것이 아니라 영접을 받는 곳이라 하셨습니다. 천국 문 앞에서 주님께서 마련하신 거룩한 의에 옷을 입고 천국에 입성하게 하시고 인생살이 모든 고난과 고통을 떨쳐 버리고, 하나님이 주신 천국의 자유를 누리게 하여 주시옵소서!

긍휼이 풍성하신 하나님 아버지!

앞서서 부모님(가족)을 보내드리는 가족들의 마음을 헤아려 주시옵시고 위로하여 주시옵소서! 잠시 잠깐의 헤어짐인 것을 기억하게 하시고 우리 모두가 이 길을 뒤따르게 된다는 사실을 잊지 않게 하여 주시옵소서.

이 세상을 살면서 오직 예수를 의지하는 우리의 믿음이 세상에서 난 것으로 흐트러지지 않도록 주님께서 지켜주시기를 간절히 원하오며 성도의 죽는 것을 귀중히 보시는 우리주님 예수 그리스도의 이름으로 기도합니다. 아멘!

100. 장례예배

"성도의 죽는 것을 여호와께서 귀중히 보시는도다!"(시편 116:15)

거룩하신 하나님 아버지!

오늘 고 ○○○(성도, 집사, 권사, 장로)님의 천국환송 예배를 하나님 앞에서 드리기 위해 우리 모두가 이렇게 모였습니다.

주님은 말씀하시길 땅에 있는 성도는 존귀한 자니 나의 모든 기쁨이 저에게 있다 하셨습니다. 그리고 또한 성도의 죽는 것을 여호와 하나님께서 귀중하게 보신다 하셨습니다. 이제 주님이 귀하게 보시는 성도가 이 세상에서의 마지막 예배를 하나님 앞에서 드리려 합니다.

주님께서 이 예배를 받아 주시고 또한 우리의 믿음을 받아 주시어서 우리의 구원이 행위가 아닌 예수 그리스도 십자가 보혈로 말미암는다는 진리를 이 시간 깨닫게 하여 주시옵소서!

이 세상에 하나님 앞에 행위가 온전한 자는 없는 것을 믿습니다. 율법의 행위로는 의롭다함을 받을 육체가 없다고 말씀하신 주님! 오늘 생을 마감한 고 ○○○(성도, 집사, 권사, 장로)님의 믿음을 주께서 받아 주시고 주님의 십자가보혈은 그 모든 죄를 씻고도 남음이 있는 줄 믿사오니 사랑하는 성도의 영혼을 받아 주시옵소서!

자비하신 주님!

죽음 앞에 연약하기 그지없는 우리 모두를 불쌍히 여겨 주시옵소서! 지금 이 자리에서 아무것도 할 수 없는 연약한 존재들이 우리들인 것을 깨닫고 겸손히 주님의 말씀에 귀 기울이게 하여 주시옵소서!

주님은 그 마음이 높은 자를 멀리 하시고 그 마음이 겸손한 자와 함께 하시는 주님이신 것을 믿습니다. 너희 인생이 무엇이뇨 너희는 아침에 잠깐 있다 사라지는 안개니라 하셨습니다. 또한 우리의 인생이 밤의 한 경점 같다 하셨습니다. 헛된 인생길에서 세상에만 소망을 두지 않게 하시고 영원한 천국을 바라보며 살아가는 우리의 인생이 되게 하여 주시옵소서!

긍휼이 풍성하신 주님!

우리 모두에게 우리 앞에 당한 죽음을 두려워 하지 않게 하여 주시기를 기도합니다. 우리의 죽음은 소멸이 아니라 분리인 것을 믿습니다. 우리의 육신이 우리의 영과 잠시 분리되는 시간을 갖겠지만 이제 주님 다시 오시는 날 우리의 육신은 영광스런 부활의 몸을 입고 천국에 입성하게 됨을 믿습니다. 그날을 기다리며 오늘의 슬픔을 잊게 하여 주시옵소서!

이 시간 또한 기도하옵기는 사랑하는(남편, 아내, 아버지, 어머니)와 이별을 당한 가족들의 마음을 주께서 어루만져 주시고 위로하여 주시길 기도합니다. 더욱 주님께 가까이 가는 시간이 되게 하심으로 주님 주시는 큰 능력과 위로와 소망을 얻게 하여 주시옵소서!

또한 "우는 자들로 같이 울라!" 하신 말씀을 따라 가까운 친지와 이웃이 또한 이 자리를 같이 했습니다.

저들에게도 은혜를 베풀어 주시어서 복을 내려 주시옵소서!

사랑하는 주님!

"지혜자의 마음은 초상집에 있다" 하셨습니다. 이곳에서 우리의 가야 할 곳을 다시 한 번 확인하는 은혜를 허락하여 주시옵소서!

이 모든 기도를 드릴 때에 죽은자를 영생의 부활로 일으키시는 우리주님 예수 그리스도의 이름으로 기도합니다. 아멘!

부록1 : 구역예배 기도문

구역예배(속회, 셀, 목장) 기도 1

"내게 줄로 재어 준 구역은 아름다운 곳에 있음이여 나의 기업이 실로 아름답도다!"(시편 16:6)

사랑이 많으신 하나님 아버지!

오늘 이렇게 구역(속회, 셀, 목장) 식구들이 예배로 주님을 경배하기 위하여 한자리에 모였습니다.

주일을 거룩히 지내고 주중에 모여 구역(속회, 셀, 목장)원들 간의 예배와 교제시간을 허락하시니 참으로 감사하옵고 감사하옵나이다.

우리의 모임이 습관적으로나 억지로한 모임이 아니라 자원하는 마음과 사모하는 마음으로 이렇게 모였사오니 주의 성령께서 이 모임과 함께 하시고 영광을 받아 주시옵소서!

말세가 될수록 모이기를 폐하는 어떤 사람들의 습관과 같이 하지 말고 오직 권하여 그 날이 가까움을 볼수록 더욱 그리하자 하셨습니다.

예수피로 한 형제 한 자매를 이룬 우리 ○○교회의 ○○구역(속회, 셀, 목장) 식구들이 한마음으로 서로를 돌아보며 사랑하게 하시고 흩어지면 복음 전하며 주의 일을 성실히 행하길 원합니다.

주님의 몸된 교회를 사랑하듯 교회의 지체가 된 구역(속회, 셀, 목장)을 사랑하게 하시고 우리의 신앙이 교회중심 구역(속회, 셀, 목장) 중심이 될 수 있도록 역사하여 주시옵소서!

은혜로우신 주님!

구역(속회, 셀, 목장) 모임과 예배를 통해서 성도간의 하나 됨이 더욱 견고해지게 하시고 믿음이 성장하며 하나님의 기쁨이 되게 하여 주시옵소서!

세상에서 살아갈 때에는 너희가 먹든지 마시든지 주님의 영광을 위해서 살라! 하신고로 언제 어느 자리에 있든지 마음과 뜻을 다해 주님의 말씀을 준행하게 하시고 주님의 향기와 빛을 나타내는 예수의 제자로 살아가는 일에 열심을 내게 하여 주시옵소서!

주님의 기쁨이 되고 하나님의 영광이 된 거룩한 성도들의 인생을 주님께서 돌보아 주실 줄 믿습니다. 우리의 온갖 구하는 것이나 생각하는 것에 더욱 넘치도록 역사하시는 이가 우리 주님이신 줄을 믿사오니 우리의 머리카락까지 다 세시는 아버지께서 우리의 필요에 따라 쓸 것을 채우시고 있을 것으로 넘치게 하여 주시옵소서!

주님께서 우리 구역(속회, 셀, 목장)원들의 공급자가 되시며, 위로자가 되시며, 도울 자가 되심을 믿습니다.

부득이한 사정으로 이 자리에 참석지 못한 구역(속회, 셀, 목장)원들에게도 주님께서 찾아가시고 다음부터는 같이 할 수 있도록 그 모든 여건을 허락하여 주시옵소서!

시작에서 헤어짐까지 우리 주님께서 홀로 함께 하시고 은혜와 성령을 각 사람 마음에 주실 줄을 믿사오며 우리를 죄악에서 구원하신 우리 주님 예수 그리스도의 이름으로 기도합니다. 아멘!

구역예배(속회, 셀, 목장) 기도 2

"항상 기뻐하라 쉬지 말고 기도하라 범사에 감사하라 이는 그리스도 예수 안에서 너희를 향하신 하나님의 뜻이니라!"(데살로니가전서5:15)

사랑이 많으신 하나님 아버지!

이 시간 몸된 교회의 지체된 저희들이 구역(속회, 셀, 목장) 예배로 주님께 영광 돌릴 수 있는 은혜를 주시니 감사합니다. 오늘도 우리와 함께 하시며 우리의 생명이 되신 주님께 영광을 돌리기 원하오니 이 자리에 찾아오셔서 우리의 예배를 받아 주시옵소서!

주님께서는 우리를 창세전에 택하여 주시고 오늘날까지 인도하시고 지켜주셨지만 저희들은 주님의 사랑을 깨닫지 못하고 불신앙 가운데 살았음을 고백합니다.

이 시간 주님께서 우리의 죄를 십자가에서 속량하시고 이후로는 주님께 충성된 삶을 살 수 있도록 도와 주시옵소서!

거룩하신 하나님 아버지!

이 시간 우리 구역(속회, 셀, 목장) 식구들을 위하여 기도하기 원합니다. 우리구역(속회, 셀, 목장) 이 더욱 주님께 인정받는 구역(속회, 셀, 목장)이 되게 하시고 주님주신 은혜와 평강이 넘치는 구역이 되게 하여 주시옵소서!

그리하여 서로 사랑하며 모든 구역 식구들의 마음이 성령의 끈으로 묶여 있는 가정들이 되게 하여 주시옵소서!

우리 구역의(속회, 셀, 목장) 각 가정들을 하나님께서 돌보아 주실 때에 여러 가지 문제와 어려움으로 기도하는 그들의 기도가 다 예수 안에 이루어지게 하시길 기도합니다.

구역을 위하여 수고하시는 구역장님에게 더욱 축복하셔서 구역을 돌보는데 부족함 없게 하시고 건강으로도 지켜 주옵소서.

전능하신 하나님 아버지!

저희 교회에 속한 모든 구역을 주께서 불꽃같은 눈으로 지켜주셔서 모든 구역들이 주님께 영광 돌리며 몸된 교회를 섬기는데 열심을 갖게 하시옵소서. 한 구역이라도 실족함 없게 하시고 모든 구역장님들을 지켜주옵소서.

저희들의 목자가 되신 목사님을 위하여 기도하오니 목사님의 가정에 평강을 주시고 목사님에게 늘 성령의 새 힘과 능력을 허락하여 주시옵소서!

이 예배에 참석치 못한 식구들도 주님께서 친히 돌보아 주시며 저희 구역(속회, 셀, 목장)을 통하여 저희 교회가 부흥하는 원동력이 되게 하옵소서!

시종을 주님께 맡기오며 거룩하신 예수님 이름 받들어 기도드립니다. 아멘!

구역예배(속회, 셀, 목장) 기도 3

"그러므로 형제들아 내가 하나님의 모든 자비하심으로 너희를 권하노니 너희 몸을 하나님이 기뻐하시는 거룩한 산 제사로 드리라 이는 너희의 드릴 영적 예배니라"(로마서 12:1)

사랑이 많으신 하나님 아버지!

이 시간 우리(속회, 셀, 목장) 구역 식구들이 함께 모여 기도하며, 찬송하며, 살아계신 하나님 앞에 예배드릴 수 있도록 인도해 주심을 감사드립니다.

주께서 저희의 삶을 인도하여 주심으로 오늘도 구역(속회, 셀, 목장) 예배로 이 가정에 모이게 하심을 믿습니다. 모인 저희에게 주의 성령께서 임재 하셔서 모든 심령들이 기쁨과 감사로 충만하게 되기를 소망합니다.

그냥 와서 습관적으로 형식적으로 예배드리고 가는 것이 아니라 주님 주시는 참된 은혜와 기쁨을 얻고 축복된 길로 나아가기에 부족함이 없는 귀한 시간 되길 원합니다.

감사하신 주님!

몸된 교회의 소그룹인 우리 구역(속회, 셀, 목장) 안에서 많은 영혼들이 거듭나고, 변화되게 하시며 이 시간 모인 한 영혼 한 영혼이 주님 오시는 날 착하고 충성된 종이라 칭찬 받을 수 있는 성도들이 될 수 있도록 역사하여 주시옵소서!

특별히 오늘 이 시간 저희들이 귀한 이 가정에 모여 하나님께 예배하며 교제할 수 있는 은혜를 허락하여 주시니 감사합니다.

주님께서 이 가정에 필요한 은총을 내려 주시고 이 가정의 모든 일들을 주께서 인도하시며 살펴주셔서 불꽃 같은 눈동자로 항상 지켜 주옵소서. 구역(속회, 셀, 목장) 예배를 위하여 준비한 손길마다 축복하여 주시고, 우리 모두가 주님 오시는 그날까지 더 열심을 내어 주의 일을 섬기며 받들기에 부족함이 없게 하여 주시옵소서!

또한 우리 구역(속회, 셀, 목장)을 위하여 수고하시는 구역장님에게 성령의 한없는 은혜를 덧입혀 주심으로 구역원들을 위해 항상 애쓰며 기도할 때에 피곤치 않게 하시고 주님을 더욱 의지하는 귀한 구역장님이 되게 하옵소서.

오늘 구역(속회, 셀, 목장) 예배에 참석하지 못한 가정도 있습니다. 주님께서 돌아보아 주셔서 언제 어디서 무엇을 하든지 주님을 기쁘시게 하고 사람들 가운데서 화평케 하는 귀한 하나님의 사람들이 되게 하옵소서.

은혜로우신 주님!
이 시간 이 예배를 통하여 저희를 다시 한 번 정결하게 하시고 주님만 따르기로 새롭게 다짐하는 귀한 시간이 되게 하여 주옵소서.

늘 넘어지기 쉽고 주님의 말씀을 잊고 살기 쉬운 저희를 말씀과 기도와 찬양으로 다시금 무장하는 시간되게 하여 주옵소서.

우리 모두가 마음과 정성을 다해 드리는 이 예배가 하나님을 기쁘게 하는 참된 예배가 되게 하옵시고 이 시간과 이 자리를 기억하고 나아와 머리 숙인 모든 심령들에게 신령한 은혜를 내려주시기를 간절히 기도하오며 우리를 사랑하시는 우리 주님 예수 그리스도의 이름으로 기도드립니다. 아멘!

구역예배(속회, 셀, 목장) 기도4

"아버지께 참으로 예배하는 자들은 신령과 진정으로 예배할 때가 오나니 곧 이때라 아버지께서는 이렇게 자기에게 예배하는 자들을 찾으시느니라"(요한복음 4:23)

우리의 길과 진리요 생명이 되시는 주님!

전능하신 주님께 찬양과 영광을 돌립니다. 이 시간 특별히 구역(속회, 셀, 목장) 예배로 하나님을 예배할 수 있도록 모든 여건과 시간을 허락하여 주심을 감사드립니다.

죄가 많은 우리들을 예수 안에 거룩한 백성 삼으시고 오늘날까지 보호하시고 지켜주셨건만 주님의 뜻을 깨닫지 못하고 믿음 없는 모습으로 살아갈 때가 많이 있었습니다. 믿는다는 말뿐이지 우리의 삶 속에서는 믿지 않는 자와 다를 것 없는 그와 같은 시간도 있었음을 고백합니다.

저희를 불쌍히 여기셔서 이 모든 불신앙과 죄 가운데서 우리를 구원해 주옵시고 이후로는 하나님께 충성된 삶을 살 수 있도록 우리의 믿음을 굳세게 하여 주시옵소서.

사랑의 하나님 아버지!

우리 구역(속회, 셀, 목장)을 더욱 축복해 주시고 각 가정들을 돌보아 주시길 기도합니다. 그리하여 여러 가지 어려움과 문제로 인하여 기도하는 우리 구역(속회, 셀, 목장)원들의 기도가 예수 안에서 다 이루어지게 하여 주시옵소서!

근심걱정을 주님께 온전히 맡기고 주님 주신 자유함 가운데 거할 수 있도록 우리의 마음을 붙들어 주시옵소서!

여러 가지 처지와 환경에 따라서 멀리 출타해 있는 구역(속회, 셀, 목장) 식구들도 있사오니 어느 곳에 있든지 굳건한 믿음으로 살게 하셔서 기쁨의 소식이 늘 끊어지지 않게 도와 주시옵소서.

또한 구역(속회, 셀, 목장)을 위하여 수고하시는 권찰과 구역장님을 더욱 축복해 주시고 구역(속회, 셀, 목장)을 돌보는데 부족함 없게 하시며 건강으로도 지켜 주옵소서!

자비하신 주님!

오늘도 우리 모두가 천국 소망을 바라보며 이 자리에 모였사오니, 하늘의 신령한 은혜를 경험하는 시간이 되게 하시고, 기도드리며 말씀을 듣는 심령마다 확신에 찬 응답이 있게 하시옵소서.

귀한 주님의 말씀을 전하는 구역(속회, 셀, 목장)장님에게 성령의 능력으로 붙들어 주시고 귀 기울여 주님의 말씀 듣기를 사모하는 심령마다 살아계신 하나님의 음성을 들을 수 있도록 역사해 주시옵소서!

예배의 시종을 주님께 의탁하오며 언제나 임마누엘로 우리와 함께 하시는 우리 주님 예수 그리스도의 이름으로 기도드립니다. 아멘

구역예배(속회, 셀, 목장) 기도5

"예수께서 가라사대 여자여 내 말을 믿으라! 이 산에서도 말고 예루살렘에서도 말고 너희가 아버지께 예배할 때가 이르리라"(요한복음 4:21)

영광과 존귀를 받으시기에 합당하신 하나님 아버지!

우리들의 몸과 마음을 다하여 찬양과 경배를 드립니다. 지난 5일간도 주님의 십자가 은혜아래 보살펴 주시어서 살게 하시다가, 이렇게 금요일을 맞아 ○○○의 가정으로 불러주시어 구역(속회, 셀, 목장) 예배를 드리게 하여 주신 은혜를 감사드립니다.

오늘도 우리들에게 주님의 귀한 사랑을 주시니 감사드립니다. 주님! 지난 5일 동안 우리는 주님의 사랑을 잊어버리고 제멋대로 살았음을 고백합니다. 육체의 소욕은 성령을 거스르고 성령의 소욕도 육체를 거스린다고 말씀하셨는데 생명의 길인 성령의 인도하심을 따르지 않고 사망으로 인도하는 길에서 방황한 우리들의 죄를 용서하여 주시옵소서.

우리들이 이 시간을 통하여 몸과 마음을 정결케 하여 주님만을 따르고 섬기는 일에 다시 한 번 다짐하는 시간 되게 하옵소서. 주께서 우리와 동행하여 주시면 우리가 어느 곳에 있든지 항상 기뻐하며, 범사에 감사할 수 있사오니, 우리가 늘 주님과 동행할 수 있도록 우리의 힘이 되어 주시옵소서!

사랑이 많으신 주님!

주님께 경배하고 주님의 도움을 입기 위해 이렇게 주 앞에 모인 구역(속회, 셀, 목장) 식구들을 주님의 크신 날개 아래 보호하여 주시옵소서. 아버지께서 구역의 가정 가정마다 능력의 손길을 펼치사, 가정에 하나님 주시는 소망과 평안과 기쁨이 가득하게 하여 주시옵소서.

특별히 이 시간 우리들이 예배를 드릴 수 있도록 수고를 아끼지 아니한 이 가정에 축복을 내려 주시고, 이 가정의 모든 일들을 주께서 친히 담당하여 주시사, 눈동자와 같이 이 가정을 지켜 주시옵시기를 기도합니다.

또한 구역을 위해 항상 애쓰며, 구역 식구들을 위해 기도하는 구역장(속회, 셀, 목장)님을 피곤치 않게 돌보아 주시고 크신 은혜를 내려 주시어 주님을 사모하는 마음이 날마다 더하게 하여 주시옵시고 어려운 가정을 위하여 기도할 때 문제가 해결 되게 하시고, 병든 가정을 위하여 기도할 때 치유의 역사가 일어나게 하시며, 상처받은 영혼을 위하여 기도할 때 주님의 크신 위로가 있게 하여 주시옵소서!

거룩하신 주님!

이 시간 각 구역들이 각 가정에 모여 구역(속회, 셀, 목장) 예배를 드리고 있사오니, 우리교회 모든 구역이 믿음위에 든든히 서게 하시어 우리교회가 주님이 기뻐 받으시는 교회가 되게 하여 주시옵소서!

우리의 구원이 되신 우리 주님 예수 그리스도의 이름으로 기도하옵나이다. 아멘!

구역예배(속회, 셀, 목장) 기도 6

"감사함으로 그의 문에 들어가며 찬송함으로 그의 궁정에 들어가서 그에게 감사하며 그의 이름을 송축할지어다!"(시편 100:4)

감사하신 주님!

이 시간에 특별히 구역(속회, 셀, 목장) 예배로 드릴 수 있도록 은혜 베풀어 주심을 감사드립니다. 저희를 구원하여 주시고 천국 백성으로 삼아주신 것도 감격할 따름이온대, 몸된 교회의 권속이 되게 하시고 지체가 되게 하시니 감사합니다.

이 시간 구역(속회, 셀, 목장) 예배를 드리면서 진정으로 사모하는 마음으로 주님의 이름을 높이 부릅니다. 주님께서 피 값을 주고 사신 권속들이 한 자리에 모여 예배 하오니 이 자리에 좌정하사 홀로 영광 받아 주시옵소서.

긍휼이 풍성하신 주님!

지난 한 주간을 돌이켜 보건대, 주님의 뜻대로 살겠노라 하면서도 죄악된 길에서 벗어나지 못하고 세상에 동요되어 살았음을 고백하지 않을 수 없나이다.

정신없는 세상 속에 살아가면서 죄가 우리 안에 스며드는 것도 잊고 있었습니다. 죄가 우리 속에서 왕 노릇 하기 전에 주님의 용서를 구하게 하시고 우리 심령 속에서 은혜가 왕 노릇 하도록 역사하여 주시옵소서! 은혜를 구하오니 불쌍히 여기사 더 이상 죄의 노예가 되어 성령을 거역하는 삶이 되지 않도록 말씀으로 사로잡아 주시옵소서!

은혜로우신 주님!
주께서 성령으로 함께 역사하여 주시어서 우리들의 교회에 사랑이 충만하고 예수님의 향기가 가득하게 하여 주시옵소서. 우리교회가 멸망 받을 영혼들을 구원하는 영혼구령사업에 더욱 힘쓰게 하시고 이 시대의 구원의 방주가 되게 하여 주시옵소서!
또한 교회가 속한 지역사회를 돌아보며 세상의 어두운 곳을 비출 때마다 빛의 역사가 일어나게 하시고 죄악으로 가득찬 세상에 사랑의 손길을 펼칠 때마다 놀라운 역사가 일어나게 하여 주시옵소서

은혜의 주님!
우리 구역(속회, 셀, 목장) 안에 어려움과 문제 가운데 처한 가정을 돌아보아 주시어서 하나님의 능력을 힘입는 계기가 되게 하시고 그 일로 인하여서 더욱 큰 믿음을 얻는 역사가 있게 하여 주시옵소서!
이 시간 생명의 말씀을 전하실 구역(속회, 셀, 목장)장님을 성령의 능력으로 붙들어 주시고 주시는 말씀으로 이 자리에 참여한 우리 모두가 다시 한 번 새롭게 결단하는 시간이 되게 하여 주시옵소서!
예배의 시종을 주님께 의탁하오며 우리들을 죄악에서 구원하여 주신 예수 그리스도의 이름으로 기도 드립니다. 아멘!

구역예배(속회, 셀, 목장) 기도7

"너는 마음을 다하고 성품을 다하고 힘을 다하여 네 하나님 여호와를 사랑하라"(신명기 6:5)

사랑이 많으신 하나님 아버지!

오늘 저희 구역(속회, 셀, 목장) 모임을 ○○○(성도, 집사, 권사, 장로)님댁에서 모여 이렇게 예배드리게 하심을 감사합니다.

이 시간 주님께서 저희 구역(속회, 셀, 목장)을 통하여 영광을 받아 주시기를 기도합니다. 하나님의 나라가 우리 구역(속회, 셀, 목장)에 온전히 이루어지기를 기도합니다!

또한 우리 구역(속회, 셀, 목장)원들의 마음에 하나님 주시는 의와 평강과 기쁨이 넘치게 하심으로 구역예배시간이 기다려지게 하시고 이 시간이 은혜가 충만한 복된 시간 되게 하시기를 기도합니다.

거룩하신 하나님!

우리구역(속회, 셀, 목장)이 하나님의 뜻인 영혼을 구원하는 일을 최우선으로 하게 하옵시고 이 지역의 영혼들을 많이 구원하는 구역이 되게 하여 주시옵소서!

가족을 전도하고 이웃을 전도하여 하나님의 나라를 세우고 확장하는 일에 부름받은 거룩한 천국의 일꾼들이 되게 하여 주시옵소서!

너희의 착한행실을 통하여 하늘에 계신 하나님께 영광을 돌리라 하신 주님! 부족하지만 우리의 선행과 봉사로 주님께 돌아오는 영혼들이 나타나게 하여 주시옵소서!

은혜로우신 주님!
주님께서 우리 구역(속회, 셀, 목장)원들에게 필요한 것을 공급하여 주시기를 원합니다. 우리가 기도하기 전에 우리의 구하는 것을 다 아시는 아버지여 간절히 원하오니 경제적으로 어려운 우리 구역(속회, 셀, 목장)원들의 가정경제가 살아나게 하여 주시옵시고, 육신이 병들어 힘들어 하는 가정에는 치유의 역사가 나타나게 하시고, 세상걱정 근심에 매여 있는 가정에는 하나님께 맡길 수 있는 믿음을 허락하여 주시옵소서! 또한 기도하옵기는 우리 안에 하나님의 나라가 세워질 때에 우리의 입술에서 부정적인 말과 원망불평이 사라지고 온전한 감사와 기쁨의 신앙고백이 이어지게 하여 주시옵소서!

사랑의 하나님!
우리 구역(속회, 셀, 목장)이 시험에 들지 않기를 원합니다. 세상으로부터 시험당하지 않기를 원합니다. 우리의 신앙생활에 물질로 시험당하지 않기를 원합니다. 사람들로 인하여 시험이 없기를 원합니다. 천군 천사로 우리 구역(속회, 셀, 목장)과 가정들을 지켜 주옵소서!
우리의 위로자요, 구원자요, 방패가 되시는 우리 주님 예수 그리스도의 이름으로 기도 드립니다. 아멘!

부록2: 특별 기도문

야외예배 기도문

"창세로부터 그의 보이지 아니하는 것들 곧 그의 영원하신 능력과 신성이 그 만드신 만물에 분명히 보여 알게 되나니"(로마서 1:20)

사랑이 많으신 하나님 아버지!

오늘 하나님께서 창조하신 아름다운 자연 속에서 하나님의 솜씨와 영광을 찬양하며 우리교인 모두가 하나 되는 은혜를 허락하심을 감사드립니다.

교제와 친교의 시간을 갖기 전에 먼저 하나님 앞에 예배드리며 이 귀한 시간을 허락하신 주님께 영광을 돌리기 원하오니 이 예배를 받아 주시옵소서!

특별히 이 시간 아름답고 오묘한 자연 속에서 온 성도들이 하루를 보내려고 합니다. 세상에서 살아가던 찌든 때를 다 벗어버리게 하시고 스트레스도 풀게 하여 주시옵소서!

하나님께서 허락하신 이 시간을 통해서 우리를 향하신 하나님의 사랑을 더욱 깊이 깨닫게 하시고, 우리의 몸과 마음이 새롭게 되게 하시고, 성도간의 친밀감을 쌓는 교제를 통하여 더욱 깊은 사랑으로 하나 되는 시간되게 하여 주시옵소서!

이 시간이 오래도록 기억에 남는 좋은 추억으로 쌓이게 하여 주시옵시고 진행되는 순서마다 하나님께서 기뻐하실 만한 아름다운 시간으로 이어지게 하여 주시옵소서!

처음부터 마치는 시간까지 악한 마귀 틈타지 못하도록 우리 모두를 지켜 보호하여 주시옵소서!

감사하신 주님!

이 시간 또한 목사님을 통해 주시는 말씀을 통하여 큰 은혜를 받게 하시고 목말라 갈구하는 우리의 심령에 생수의 강이 흘러나게 하시며 오늘의 모든 시간을 통하여 하나님께는 영광이 되고 참석한 모든 성도들에게는 성령 안에서 하나 되는 기쁨을 허락해 주시옵소서!

이와 같이 좋은 곳에서 하루를 쉬며 재충전 할 수 있는 은혜를 베푸시며 우리 성도들의 영원한 기쁨이 되신 우리주님 예수 그리스도의 이름으로 기도드립니다. 아멘.

수련회 기도문

"도가니는 은을, 풀무는 금을 연단하거니와 여호와는 마음을 연단하시느니라!"(잠언 17:3)

사랑이 많으신 하나님 아버지!

오늘 이렇게 우리 ○○○교회(전교인, 아동부, 학생회, 선교회)가 (여름, 겨울)수련회를 갖고자 합니다. 이와 같이 좋은 수련회장소를 예비하여 주시고 이곳에서 기도하며, 찬송하며, 말씀을 들으며 우리의 심령으로 새롭게 될 수 있는 은혜를 허락하신 하나님께 감사를 드립니다.

세상을 살다가 세상 죄에 빠져 우리 영혼이 많이 피폐해 있음을 고백합니다. 이 시간 온전한 회개를 통해 우리가 변화되게 하시고 하나님을 더욱 뜨겁게 만나는 역사를 허락하여 주시옵소서!

하나님의 말씀이 언제나 머리로만 있었지 우리의 손발이 온전히 따르지 못했음을 고백합니다. 마음은 원이로되 육신이 약하다는 핑계로 주님의 말씀을 온전히 준행치 못했음을 불쌍히 여겨 주시옵소서!

이 시간 주시는 말씀에 훈련과 찬양집회와 각종 프로그램을 통해서 우리가 성령 충만하게 하시고 주님의 말씀을 온전히 따르는 제자가 되게 하여 주시옵소서!

감사하신 주님!
이번 수련회가 은혜의 수련회가 되길 기도합니다. 말씀을 통해 온전한 주님과의 만남을 갖게 하시고 성도의 교제를 통해 더욱 하나 된 우리 (전교인, 아동부, 학생회, 선교회)가 되길 원합니다. 말씀 안에서 꿈을 꾸고, 그 꿈을 나누며 실현하는 경험의 기회가 되게 하소서!

또한 말씀과 성령 안에서 우리 모두가 변화되어 우리 삶에 30배 60배 100배의 결실이 나타나길 기도합니다. 주님께서 주신 복된 열매를 가득히 안고 돌아가는 은혜가 있게 하여 주시옵소서! 유익한 수련회 정말 참여하길 잘했다고 감사하며 돌아갈 수 있는 수련회가 되게 하여 주시옵소서!

참으로 하나님의 살아계심을 경험하는 놀라운 시간으로 처음부터 마치는 시간까지 주의 성령께서 모든 이의 심령 속에 함께 하여 주시옵소서!

모든 일정에 차질이 없게 하시고 특별히 수련회 기간 동안 적절한 날씨를 주시기를 또한 기도하오며 이번 수련회를 통하여 크신 은혜를 베푸실 우리주님 예수 그리스도의 이름으로 기도합니다. 아멘!

신우회 기도문

"무슨 일을 하든지 마음을 다 하여 주께 하듯 하고 사람에게 하듯 하지 말라 이는 기업의 상을 주께 받을 줄 아나니 너희는 주 그리스도를 섬기느니라!"(골로새서 3:23)

　사랑이 많으신 하나님 아버지!
　오늘도 ○○직장 신우회로 모여 하나님 앞에 예배를 드리려 합니다.
　이 예배에 함께 하심으로 우리의 모임이 사람간의 모임이 되지 않게 하시고 주님이 주인되시고 영광 받으시는 거룩한 모임이 되게 하여 주시옵소서!
　창세전부터 우리를 그리스 도안에서 구원 하시고 하나님 백성 삼으신 주님!
　우리가 이 세상을 살아가는 동안 우리를 사랑하여 주시어서 직장을 주시고 또한 직장 내에 예수공동체를 이루게 하심으로 이렇게 정기적으로 모여 기도하며 찬송하며 말씀을 보며 예수 안에 하나 된 은혜를 누리게 하시니 감사합니다.

　감사하신 주님!
　우리가 무엇을 하든지 하나님 앞에서 하길 원합니다!

주일날 교회에서만 하나님을 섬기는 사람의 모습을 보이는 것이 아니라 우리의 가정과 직장에서 하나님사람의 모범을 보이고자 하오니 우리와 함께 하심으로 우리의 삶을 통해서 예수의 향기가 품어나게 하시고, 우리의 말과 행동을 통해 주님의 빛이 나타날 수 있도록 역사하여 주시옵소서!

직장에서 하나님의 사람으로 일하는 데는 어려움이 있습니다. 그러나 우리가 그러한 어려움들을 이겨내기 원합니다. 임마누엘로 우리와 함께 하시는 주님께서 우리의 힘이 되어 주시고 능력이 되어 주시옵소서!

원하옵기는 이 신우회가 더욱 활성화 될 수 있도록 주님께서 은혜를 베풀어 주시고 직장내 많은 동료들이 마음을 같이하여 하나님을 섬길 수 있는 믿음의 공동체가 되게 하여 주시옵소서!

부득이한 사정으로 이 시간 자리에 같이 하지 못한 신우들도 주님께서 찾아가시고 이 시간을 기억케 하시며 주님 주시는 은혜를 나누어 주시옵소서!

말씀을 전하시는 ○○○(목사님, 전도사님)께도 성령으로 붙들어 주시고, 우리 모두는 주시는 말씀을 아멘으로 받게 하시고, 오늘도 말씀 붙들고 승리하는 우리 모두가 되게 하여 주시옵소서!

우리를 구원하시고 오늘도 이 자리에 우리와 함께 하심으로 우리의 힘과 능력이 되신 우리주님 예수 그리스도의 이름으로 기도합니다. 아멘!

선교사 파송 기도

"오직 성령이 너희에게 임하시면 너희가 권능을 받고 예루살렘과 온 유대와 사마리아와 땅 끝까지 이르러 내 증인이 되리라 하시니라"(사도행전 1:8)

사랑이 많으신 주님!

주님이 부활승천 하시기전 마지막 우리에게 주신 지상명령을 기억합니다. 너희는 가서 모든 족속으로 제자를 삼아 아버지와 아들과 성령의 이름으로 세례를 주고 내가 분부한 모든 것을 가르쳐 지키게 하라고 하셨습니다. 제일 먼저는 가야함을 믿습니다. 이 시간 우리가 가길 원합니다. 또한 보내길 원합니다.

예수님이 하나님의 명령에 순종하여 하늘영광을 버리고 이 땅이란 선교지로 오셨듯이 이제 우리도 주님이 보내시는 선교지로 가길 원하옵나이다. 구한말 미개한 나라에 복음을 들고 온 수 많은 선교사들의 헌신이 있어 오늘의 한국교회가 세워진 것처럼 이 시간 우리가 이 시대의 언더우드와 아펜젤러가 되길 원합니다.

감사하신 주님!

사랑하는 주님의 종 ○○○(가정)이 선교의 사명을 받고 오직 영혼 사랑하는 마음으로 주님이 보내시는 곳으로 가길 원하오니 주님께서 가는 길을 인도하시고 보살펴 주시옵소서!

선교지에서 한 알의 밀알이 되어 썩어짐으로 아름다운 선교의 열매와 결실이 나타나게 하시며 주께로 돌아오는 많은 영혼들이 나타나게 하여 주시옵소서!

한 생명을 천하보다 귀하게 여기시는 주님!

주님께서 빌립을 사마리아로 보내심은 그곳에 복음을 들어야 하는 구스내시가 있었기 때문인 것을 믿습니다. 바울이 환상 중에 손짓하는 마게도냐인을 본 것은 그 땅에 구원받을 하나님의 백성이 가득했기 때문인 것을 믿습니다.

바울에게 말씀하시되 두려워하지 말며 잠잠하지 말고 말하라 내가 너와 함께 있으매 아무 사람도 너를 대적하여 해롭게 할 자가 없을 것이니 이는 이 성중에 내 백성이 많음이라 말씀하신 주님!

사랑하는 ○○○선교사에게 ○○라는 열방을 품게 하심은 그 땅에 주께로 돌아올 자들이 많이 있기 때문인 것을 믿습니다. 담대히 복음을 전하게 하시고, 지혜롭게 전하게 하시고, 주님 주시는 능력으로 십자가 보혈의 증인이 되게 하여 주시옵소서!

주님 주시는 기사와 표적이 그 땅과 백성들 사이에서 많이 나타나게 하여 주시옵소서!

하나님이 가증히 여기시는 우상숭배를 버리게 하시고 모든 악을 버리고 하나님 말씀으로 새롭게 된 거룩한 땅이 되게 하여 주시옵소서! 물설고 낯설은 곳이지만 속히 적응하게 하시고 모든 선교일정이 순전히 행하여짐으로 그 땅에도 주의 몸된 교회와 하나님의 나라가 든든히 세워지게 하여 주시옵소서!

살아계신 주님!
선교사는 가는 선교사와 보내는 선교사가 있는 줄 믿습니다. 우리 모든 성도는 보내는 선교사가 되게 하심으로 항상 위하여 기도하고 후원하는 일에 앞장서게 하여 주시옵소서!

보내는 가족들의 마음을 살펴주시고 보내는 교회 성도들의 마음 또한 항상 그를 위하여 기도하기를 쉬지 않게 하시며 선교하는 가정과 선교하는 교회가 하나님 주시는 복을 받게 하여 주시옵소서!

하나님의 성령이 열방을 품고 선교지로 떠나는 ○○○선교사님 위에 온전히 함께 하실 것을 믿사오며 우리를 구원하기 위하여 이 낮은 땅으로 오신 우리주님 예수 그리스도의 이름으로 기도합니다. 아멘!

부흥회(전도집회) 기도문

"날마다 마음을 같이 하여 성전에 모이기를 힘쓰고 집에서 떡을 떼며 기쁨과 순전한 마음으로 음식을 먹고 하나님을 찬미하며 또 온 백성에게 칭송을 받으니 주께서 구원 받는 사람을 날마다 더하게 하시니라"(사도행전 2:46)

사랑이 많으신 하나님 아버지!

죄 많은 우리들을 세상에서 부르시고, 십자가의 보혈로 죄사함를 얻게 하시며, 하나님을 아바 아버지라 부를 수 있게 하신 은혜를 감사합니다.

이번 부흥성회를 통하여 성령의 역사하심을 체험하게 하심으로 우리 안에 깊게 자리잡고 있던 죄를 고백하고 회개하게 하시며 우리의 연약한 믿음을 회복시키시는 시간되기를 원합니다.

이 시간 주의 성령을 우리에게 넘치도록 부어 주시어서 우리의 영이 깨어나게 하시고, 임하시는 성령을 인하여 새 힘을 얻게 하시고, 독수리의 날개 치며 오르는 믿음의 비상을 허락하여 주시옵소서!

은혜로우신 주님!

우리가 이 세상에 살아가지만 이 세대를 본받지 않고 주의 선한 뜻이 무엇인지 깨달아 주의 성령으로 행하는 자들 되길 원합니다.

육체의 소욕을 쫓아 살지 않게 하시고, 오직 성령의 소욕을 쫓아 살아가게 하심으로 이 세상에서 주님의 기쁨이 된 우리 모두가 되게 하여 주시옵소서.

육신을 쫓는 자는 육의 일을 생각하고 영을 따르는 자는 영의 일을 생각한다고 말씀하셨습니다. 저희들도 영의 일을 쫓아 생명과 평강 가운데 거하게 하시고 항상 주님을 모시고 살아가는 우리의 인생이 복된 인생이 되게 하여 주시옵소서!

이 땅에 소망을 두지 아니하고 오직 하늘의 신령한 은혜를 사모하며 오직 주님 주시는 말씀의 젖을 사모하며 사는 거룩한 성도가 되게 하여 주시옵소서!

궁휼이 풍성하신 주님!

주의 사자 목사님께서 주의 성령의 말씀을 듣고 단에 서서 선포할 때 그 말씀이 우리 안에서 피가 되고 살이 되게 하시며 우리의 모든 삶을 떠받치는 든든한 뼈대가 되게 하여 주시옵소서!

주의 말씀을 인하여 크신 능력이 덧입혀 지게 하시고 은혜의 보좌 앞인 하나님 앞으로 더욱 담대히 나아가는 은혜를 더하여 주시옵소서!

우리의 영혼을 소성 시키시고, 새롭게 하시며 새로운 피조물로 다시금 회복시키시는 우리주님 예수 그리스도의 이름으로 기도합니다. 아멘!

부록3: 주일학교, 학생회 대표 기도문

주일학교 대표기도 1

"예수께서 대답 하여 가라사대 기록되었으되 사람이 떡으로만 살 것을 아니요 하나님의 입으로 나오는 모든 말씀으로 살 것이라 하였느니라 하시니"(마태복음 4:4)

사랑이 많으신 하나님 아버지!

오늘 이렇게 우리 모두가 거룩한 주일을 맞이하여 하나님을 예배하기 위해 교회로 나왔습니다. 우리의 발걸음을 주님 전으로 인도하여 주심을 감사드립니다!

이 시간 우리의 죄를 대신 지시고 십자가에 달려 피 흘리신 예수님을 바라보기 원합니다. 예수님이 아니었다면 우리는 우리의 죄로 말미암아 무서운 지옥으로 떨어져야 했지만 우리를 사랑하신 예수님의 십자가 희생으로 우리가 천국가게 된 것을 믿습니다.

우리의 구원자가 되신 예수님께서 이 자리에 우리와 함께 하심을 믿습니다. 주님은 말씀하시길 사람이 떡으로만 살 것이 아니요 하나님의 입에서 나오는 모든 말씀으로 살 것이라 말씀하셨습니다.

우리의 육신은 밥을 먹어야 살지만 우리의 영혼은 하나님의 말씀을 먹어야 힘내서 살 수 있음을 믿습니다. 하나님의 말씀은 귀로 먹는 것입니다.

믿음은 들음에서 나고 들음은 그리스도의 말씀으로 말미암는다고 하셨사오니 오늘도 목사님과 선생님을 통해 주시는 말씀을 잘 듣고 깨달을 수 있도록 은혜를 베풀어 주시옵소서!

　우리의 몸이 자라고 키가 자랄 때 믿음도 꼭 같이 자랄 수 있게 하시고 세상의 악한 마귀유혹과 꾀임에 넘어가지 않고 오직 하나님의 말씀으로 물리칠 수 있는 믿음으로 성장하는 우리 모두가 되게 하여 주시옵소서!

　하나님께 금보다 귀한 믿음을 드림으로 이 세상에서 하나님의 큰 기쁨이 된 우리 어린이들이 되게 하여 주시옵소서!

　은혜로우신 주님!

　이 자리에 아직 참석치 못한 친구들이 많이 있습니다. 속히 저들의 발걸음을 인도해 주시옵시고 여러 가지 사정으로 같이 예배하지 못한 친구들도 다음 주에는 꼭 같이 할 수 있도록 역사해 주시옵소서!

　또한 교회 다니다가 지금은 다니지 않는 친구들에게도 다시금 은혜를 베풀어주셔서 교회를 다시 찾을 수 있도록 불쌍히 여겨 주시옵소서! 빈자리가 너무 많이 있습니다. 주님께서 이 빈 자리를 채워주시고 우리도 열심히 전도할 수 있는 용기와 지혜를 더하여 주시옵소서!

　이 시간 우리에게 말씀을 전하시는 목사님(전도사님)에게도 크신 은혜를 베풀어 주셔서 우리를 가르치기에 부족함이 없게 하여 주시옵소서!

　오늘도 우리와 함께 하시고 우리 친구들의 예배를 기쁨으로 받으시는 우리주님 예수 그리스도의 이름으로 기도합니다. 아멘!

주일학교 기도문 2

"주의 말씀은 내 발의 등이요 내 길에 빛이니이다!"(시편 119:105)

사랑이 많으신 하나님 아버지!

오늘도 거룩한 주일이 되어 기쁜 마음으로 주님을 예배하러 교회를 찾았습니다. 우리가 이 시간 주님을 예배하기에 앞서 먼저 우리의 죄를 주님 앞에 회개하기 원합니다.

지난 한 주간 동안 하나님의 말씀을 온전히 지키지 못했고, 부모님 말씀에도 불순종한 적이 있었습니다. 텔레비전 보는 것과 컴퓨터 게임하는 것만 좋아했고, 기도하기에 게을렀으며 말씀을 보며 전도하는 일도 하지 않았습니다.

은혜가 많으신 주님!

주님이 오신다는 소식을 듣고 사람들의 눈을 피해 돌무화과 나무 위에서 주님을 만났던 삭개오가 자신의 죄를 깨닫고 회개했을 때 삭개오를 용서하신 주님이신 것을 믿습니다. 이 시간 우리가 진심으로 회개할 때 우리의 죄를 또한 용서하여 주시옵소서!

하얀 눈과 같이 우리의 마음이 깨끗하고 순수하길 기도합니다. 거칠고 사나운 말과 불평하고 원망하는 말이 우리 입에서 사라지게 하시고 항상 축복하고 감사하는 우리 어린이들의 입이 되게 하여 주시옵소서!

예수님을 믿는 어린이들로서 세상의 빛이 되게 하시고, 모범이 되게 하시며, 하나님의 영광을 나타내기에 합당한 사람들로 자라나게 하여 주시옵소서!

주님만을 의지하고 나아가는 우리 어린이들의 앞길을 주님께서 인도하시고 지켜주시고 책임지실 것을 믿습니다.

자비로우신 주님!

이 시간 우리 선생님들에게도 은혜를 베풀어주시고 우리를 말씀으로 가르치기에 조금도 부족함이 없도록 늘 성령으로 붙잡아 주시며 영육간의 강건함을 허락하여 주시옵소서!

말씀을 전하시는 목사님(전도사님)에게도 은혜를 베풀어 주시어서 들리는 말씀이 우리의 믿음에 살이되고 피가 되게 하여 주시옵소서!

이 시간은 첫 시간이오니 마치는 시간까지 악한 마귀 틈타지 못하도록 주의 성령께서 지켜 주시기를 간절히 원하오며 우리를 죄악에서 구원하신 우리주님 예수 그리스도의 이름으로 기도합니다. 아멘!

학생회(중, 고등부) 예배 기도문 1

"사람이 마음으로 자기의 길을 계획할지라도 그 걸음을 인도하는 자는 여호와시니라!"(잠언 16:9)

사랑이 많으신 하나님 아버지!

한 주간도 저희들을 지켜주시고 주님 안에서 세워주심을 감사드립니다. 오늘도 거룩한 주일이 되어서 학생회 예배에 참석했사오니 이 시간 우리가 드리는 경배와 찬송을 받아 주시고 우리의 영광이 되어 주시옵소서!

주님을 예배하기에 앞서 먼저 한 주간 동안 주님 앞에 알고 짓고 모르고 지은 죄를 사함 받기를 원합니다. 우리가 이 시간 겸손히 우리의 허물을 십자가 아래 내려 놓을 때에 보혈의 피로 우리를 깨끗이 씻기시고 우리를 만나 주실 줄 믿습니다.

자비로우신 주님!

우리의 믿음이 일시적인 감정이 되지 않도록 주님께서 역사하여 주시기를 기도합니다. 우리의 믿음이 말씀의 뿌리가 깊이 내림으로 세상의 죄악과 유혹을 능히 이기게 하시고, 우리의 믿음이 견고한 반석에 뿌리내린 믿음이 되어 시절을 따라 과실을 맺는 시냇가에 심기운 나무 같이 되게 하여 주시옵소서!

복 있는 자는 오직 주의 말씀을 주야로 묵상하는 자라고 했사오니 우리 마음에 주님의 말씀이 항상 살아있게 하시고, 여호와를 경외하는 것을 지혜의 근본이라 하셨사오니 하나님을 경외하는 것으로 지혜와 명철을 얻게 하여 주시옵소서!

공부하는 학생입니다. 솔로몬에게 주셨던 지혜를 저희에게도 주셔서 공부하는데 지식의 모자람이 없도록 도와주시고 다니엘에게 주셨던 분별력을 주심으로 언제 어느 자리에서든지 하나님의 영광을 나타내기에 합당한 사람으로 자라나게 하여 주시옵소서!

그리고 학업이란 핑계를 대고 일주일 동안 세상 속에만 빠져 살아가지 않도록 해 주시고 항상 주님의 말씀을 마음에 품고 주님의 빛과 향기가 된 삶을 살 수 있도록 역사하여 주시옵소서!

은혜로우신 주님!

오늘 말씀을 전하시는 목사님(전도사님)에게도 은혜를 베풀어 주시어서 전하시는 말씀이 성령의 강권하시는 말씀으로 우리 마음 판에 새겨지게 하여 주시옵소서! 그 말씀으로 힘입어서 또 한 주간을 승리하게 하여 주시옵소서!

주님을 만나러 왔다가 수의 마당만 밟고 거저 돌아가는 친구들이 한 명도 없도록 주의 성령께서 역사하여 주시옵소서!

우리를 사랑하시는 우리주님 예수 그리스도의 이름으로 기도합니다. 아멘!

학생회(중, 고등부) 예배 기도문 2

"여호와를 경외하는 것을 지혜의 근본이요 거룩하신 자를 아는 것을 명철이니라"(잠언 9:10)

사랑이 많으신 하나님 아버지!

거룩한 주일을 맞이해서 하나님을 예배하고 주님의 십자가 성호를 높이기 위해 주님의 전을 찾았습니다. 이 시간 우리 모두가 우리의 죄를 위해 하늘보좌를 버리시고 낮고 천한 땅에 오셔서 죽기까지 복종하신 주님을 바라보기 원합니다!

주님은 우리를 위해 목숨을 버리셨는데 우리는 주님께 무엇을 드렸는지 생각할 때에 부끄럽고 죄스런 마음 뿐인 것을 고백합니다.

우리의 마음이 온전히 주님의 말씀아래 거하지 못하고 세상의 걱정과 근심으로 살아간 일주일이었음을 또한 고백합니다.

성적으로 인한 고민 그리고 부모님과의 갈등 그리고 불확실한 미래에 관한 문제 이성친구 문제 등등 우리 앞에는 우리가 다 해결 하지 못하는 산적한 많은 문제들이 있습니다.

이 시간 주님께서 이 모든 문제의 해결이 되어 주시기를 간절히 기도합니다. 너는 너의 모든 염려를 여호와께 맡겨 버리라 말씀하신 주님의 말씀을 붙잡고 이 시간 주님 주시는 자유함과 하늘 평안을 누릴 수 있도록 역사하여 주시옵소서!

은혜로우신 주님!
주님 주시는 위로와 소망을 이 시간 허락 하시고 주님을 예배하는 가운데 주님 주시는 강하고 담대한 믿음을 갖게 하여 주시옵소서! "두려워하지 말라 내가 너와 함께 함이라 놀라지 말라 나는 네 하나님이 됨이라 내가 너를 굳세게 하리라 참으로 너를 도와 주리라 참으로 나의 의로운 오른손으로 너를 붙들리라!" 말씀하신 주님께서 이 시간 성령으로 우리의 마음을 붙드시는 것을 체험하게 하여 주시옵소서!

모든 문제를 주님께 맡기고 하루하루 맡겨진 학업에 최선을 다하여 성실히 임하게 하여 주시옵소서!

주님이 이 땅에 주신 모든 지식을 깨달아 아는데 있어서 이해되는 영으로 함께 하여 주시옵시고, 지루함으로 하지 않게 하시고 지적호기심을 가지고 학업에 임할 수 있도록 도와 주시옵소서! 그리하여 학업에 흥미와 집중력이 생기게 하여 주시옵소서!

학업의 진보가 있게 하시고, 학업에 자신감이 생기게 하시며, 학업의 보람과 성취감을 느낄 수 있도록 역사하여 주시옵소서!

감사하신 주님!
주님 쓰시기에 합당한 그릇이 되길 원합니다. 주님 손에 들린 지팡이가 되길 원합니다. 추수 때에 주님의 마음을 흡족하게 해 드리는 얼음냉수가 되길 원합니다!

　주님께서 우리의 앞길을 축복하심을 믿습니다. 여호와이레 되신 하나님의 예비하심을 믿습니다. 요셉과 같이 끝까지 주님을 의지하고 꿈과 비전을 잃지 않도록 우리의 믿음을 지켜 주시옵소서!

　오늘도 이 예배에 찾아오시고 우리의 소망이 되어 주시옵소서! 말씀을 전하시는 목사님에게도 성령의 기름부음을 허락하여 주시옵소서! 첫 시간이오니 마치는 시간까지 주님이 홀로 영광받아 주시옵소서!

　우리의 구원이 되신 우리주님 예수 그리스도의 이름으로 기도합니다. 아멘!

아들을 위한 기도문

주여!

저의 아들을 맑은 호수처럼 깊은 심중을 지닌 아이로 키워 주옵소서!

먼저는 인생의 의미와 그 무상함을 깨달아 자신의 소위와 처지를 아는 동시에 높고 높은 하나님의 엄위를 보게 하시어 이것이 지혜의 샘인 것을 알게 하옵소서!

그가 어려서 비전의 가치를 알아 목표한 일에 매진하여 달려들게 하시되 냉철한 총기가 앞서게 하시고, 나아갈 때와 물러설 때를 분별하게 하옵소서!

그의 안목과 지성을 밝히셔서 사물의 잎과 숲을 다 볼 수 있게 하시며, 인생의 많은 경륜을 쌓게 하시고 편벽되이 좌로나 우로나 치우치지 않고 말씀의 길을 가게 하옵소서!

인생을 더욱 깊이 있게 알아 갈 나이가 되었을 때에는 그의 인생 앞서 행하신 하나님을 깨닫게 하시고, 결국 하나님을 바라는 신앙을 최고의 것으로 여기게 하옵소서!

시련과 역경을 만났을 때는 그 앞에 겁쟁이가 되지 않게 해달라고 기도하게 하옵시고, 마음을 다스림으로 오래 참는 인내를 알게 하옵소서! 그에게 더욱 남자다운 기상과 배포를 알게 하시어 변변찮은 오해에 해명하려 들게 하지 마시며 하나님이 아시는 일로 접어두게 하옵소서!

그의 용기에 만용이 없게 하시고, 그의 자유함에 방종이 없게 하시며, 그의 지혜엔 교활함이 없게 하시며, 그의 겸손에 비굴함이 없게 하옵소서!

반듯한 믿음의 아들로 자란 그의 모습을 보고 살아계신 하나님의 영광을 보게 하옵소서!

또한 사랑하는 아들에게 만남의 복을 허락하심으로 시마다 때마다 하나님이 붙이신 믿음의 사람들이 그의 곁을 두르게 하시며 사랑으로 평생을 함께 할 돕는 배필을 아들에게 허락하여 주시옵소서!

그의 입술에서는 언제나 감사가 떠나지 않게 하시며 그가 잠들었을 때는 그의 몸을 어루만지심으로 항상 강건하게 하옵소서!

무엇보다 그의 말이 정직하게 하시고, 인품이 온유하게 하시며, 천국을 소유한 자가 되어 얄량한 세상의 것을 얻기 위해 하나님이 주신 명예와 자존심을 파는 일이 없게 하옵소서!

그리고 나서 작은 것을 소중히 여기고 큰 것에서 소박함을 느끼는 그의 정서가 눈물을 족히 사랑하고 가슴에서부터 멋과 여유가 풍기는 아이로 주께서 허락한 그의 인생을 풍요로이 누릴 줄 알게 하옵소서!

때로는 눈 내리는 숲가 가문비 아래에서, 차 향기 가득한 거실에서 아버지의 기도를 기억하게 하시고 어느덧 이 아이가 성년이 되었을 때 나는 나의 사랑하는 아버지의 기도대로 살았노라고 후세에 전하게 하옵소서!

1996. 8. 9.

(저의 아들 방에 걸려 있습니다. 혹 같이 하실 분은 카피해서 걸어 놓으셔도 무방합니다. 저작권 문제로 뭐라 할 사람 없습니다. 제가 쓴 거니까요)

딸을 위한 기도문

주여!

저의 딸을 싱그런 봄날 새벽이슬 같이 주께 나오는 딸이 되게 하옵소서! 아침이면 주께서 주시는 생기로 눈을 뜨게 하시고 딸아이 앞에 펼쳐지는 모든 날들이 주께서 허락하신 복되고 아름다운 날들이 되게 하옵소서!

여름날 주의 거룩한 성산에서 뛰노는 한 마리의 어린 사슴이 되게 하옵소서! 주께서 지으신 모든 사물이 궁금한 눈으로 비취게 하시고 알고 싶게 하시며 그 넘치는 의욕과 열정 위에 하나님께서 저 해양이 갈라지게 하실 때 쓰셨던 지혜를 부어 주시옵소서! 딸의 지성이 세상에서 말미암은 것이 아님을 사람들로 알게 하시고 그의 삶을 통해 하나님의 영광이 나타나게 하여 주시옵소서!

가을날엔 주의 성전모퉁이에 핀 한 송이의 코스모스가 되게 하옵소서! 저가 어디에 있던지 그 눈은 항상 주님을 바라게 하시고 그 마음으로 주의 말씀을 기억하게 하옵소서! 두려운 마음으로 시작한 그의 믿음은 두근거리는 마음으로 주를 사모하는 자리까지 나가게 하옵소서! 평생을 사는 동안 저의 신앙과 양심은 항상 하나님의 통제와 지도 아래 있게 하옵소서!

겨울에도 잎사귀가 마르지 않는 사철 푸른 나무가 되게 하옵소서!

시절과 때를 좇아 그 손으로 하는 모든 수고에 열매가 있게 하시고 하늘 위의 신령한 복과 땅위의 기름진 복이 임하게 하옵소서! 또한 저가 어려서 품은 비전대로 저가 어른이 되었을 때 그 꿈이 하늘의 별과 같이 빛나는 날이 이르게 하여 주시옵소서!

사랑하는 아버지의 면류관이 되게 하시고 금목걸이가 되게 하시고 진주반지가 되게 하시며 어딜 가든지 하나님과 사람 앞에 은총과 귀중히 여김을 받는 존귀한 하나님의 딸이 되게 하옵소서! 연약한 그릇이오니 항상 저를 도울 사람과 천사가 저 주위를 두르게 하시고 주께서 당신의 교회를 위해 목숨을 바치셨던 것처럼 딸을 목숨처럼 사랑하는 지혜와 용기의 사람이 평생 딸의 곁을 지키게 하시고 그와 평생을 잔치하며 보내는 날들이 되게 하옵소서!

모든 것을 구비하는 인내를 알게 하시고 성실하게 하시고 진실하게 하시고 현숙하게 하시고 착하고 정직한 딸이 되게 하옵소서! 강건한 몸으로 저의 날수가 길게 하시고 저로 인하여 복의 근원을 삼으시고 지혜와 아름다움을 겸비한 사라와 리브가와 라헬이 되게 하옵소서! 욥의 딸들에게 주셨던 아름다움을 종의 딸에게도 허락하여 주옵소서!

물댄 동산이 되게 하시며 물이 끊어지지 않는 샘이 되게 하옵소서! 저의 샘을 통해 많은 생명이 살게 하옵시고 퍼서 나눌수록 더 많은 생명이 그 속에서 넘쳐 나오는 신비롭고 은혜로운 샘물이 되게 하옵소서!

그리하여 추수 때에 얼음냉수 같이 한 시대를 통해 주의 마음을 시원케 해 드린 하나님의 딸이라 저의 후대에까지 불리우게 하옵소서 !

1998. 2. 15.

(저의 딸 방에 걸려 있습니다. 혹 같이 하실 분은 카피해서 걸어놓으셔도 무방합니다. 저작권 문제로 뭐라 할 사람 없습니다. 제가 쓴 거니까요)

주일학교기도문

(아래의 주일학교 기도문은 주일학교 예배시에 사도신경과 더불어 암송하게 하여서 성시교독 앞뒤에 큰 소리로 암송하게 하면 교회의 소속감이 증진되며 아이들 믿음생활에 도움이 됩니다.)

나는 ○○○교회 주일학교 어린이입니다.

○○○교회 주일학교 친구들은 눈에 보이지는 않지만 하나님이 살아계시는 것을 믿으며 사람에 몸은 밥을 먹어야 살지만 영혼은 하나님의 말씀을 먹어야 살기 때문에 주일이면 하나님의 말씀을 들으러 교회에 나오기를 즐겨하며 우리의 몸이 자라듯 우리 믿음이 자라나서 하나님을 기쁘시게 하고 주님 주시는 축복 받아서 학교에서 지혜로운 어린이, 집에서는 순종하는 어린이, 놀이터에서는 친구를 사랑하는 어린이로 자라납니다.

부록4: 명절(추모)예배 서식

추도(부모님추모)예배 식순 1

개회 : 사도신경 다함께

찬송 : 235 (통일 222장) 다함께

성경 : 에베소서 6:2 가족 중

"네 아버지와 어머니를 공경하라 이것은 약속이 있는 첫 계명이니 이로써 네가 잘되고 땅에서 장수하리라!"(에베소서 6:2)

말씀제목 : 〈약속 있는 첫계명〉 인도자

오늘 ○○○의 기일을 맞아 하나님 앞에 예배함으로 이렇게 모이게 하시니 감사합니다. 하나님은 우리에게 십계명을 주실 때에 사람 사이에 제일 되는 계명으로 부모공경을 주셨습니다.

그런데 한국 사람들의 부모공경은 부모가 돌아가신 후에 더 잘하는 경우가 많다고 합니다. 지금은 없어졌지만 부모님 사후에 삼년상을 살면서 묘를 돌보고 지극정성으로 제사하는 일이 유교의 영향도 있지만 돌아가신 부모님이 살았을 때는 별로 도움이 못되었어도 죽어서 귀신이 되어서는 날 도와 줄 것이다라는 헛된 미신이 있었기 때문입니다.

성경은 "한번 죽는 것은 사람에게 정한일이요 그 후에는 심판이 있다"고 하셨습니다. 영혼은 떠돌아다니지 못합니다. 마귀사단이 마치 떠돌아다니는 것 같은 궤휼로 사람들을 미혹시키지만 우리의 영혼은 죽어 천국에 가 있든지 지옥에 가든지 둘 중의 하나입니다.

그 중간인 연옥은 인본주의에 물든 천주교에서 하나 있었으면 해서 만들어낸 것일 뿐이지 성경에는 나오지 않습니다. 예수님 우편에 달린 강도가 "내 영혼을 주님께 맡깁니다!" 했을 때 "네가 나와 함께 오늘 낙원에 있을거라" 하셨지 연옥에 들려야 한다고 말씀하지 않으셨습니다.

부모님은 살아계실 때 지극정성으로 모셔야 합니다.

이것이 약속 있는 첫 계명이기 때문입니다. 하나님 말씀에 따르면 땅에서 내가 잘되고 싶으면 살아계신 부모님을 잘 모셔야 합니다.

하나님은 우리가 땅에서 잘되고 장수하는 방법을 말씀해 주실 때 네 부모에게 잘할 때 네가 하는 일에 복을 주시고 잘 되게 하실 거라 하셨기 때문입니다.

지금 보면 얼마나 많이 노쇠하신 부모님을 아무것도 모르는 뒷방 노인 취급하고 무시하는지 모릅니다. 노인학대의 90% 이상이 그 자녀들이라고 합니다. 이런 가정은 그 하는 일이 잘 안 될 것입니다. 하나님 말씀은 반드시 이루어지기 때문입니다.

그러니 메사에 부모님의 뜻을 묻고, 부모님의 살아오신 인생을 높이고, 인정할 때 그 길이 곧 내가 잘되고 오래 사는 길입니다.

세상 사람은 오늘 이 시간과 같은 기일이 되면 귀신이 되어 집을 찾은 귀신에게 복을 얻기 위해 지극정성으로 제사합니다.

그러나 우리는 복은 오직 하나님이 주시는 것임을 믿고 그 복을 얻기 위해 살아계신 부모님께 효도하는 사람들인 것을 믿습니다.

지금 우리의 부모님은 천국에 계십니다. 천국에 계신 부모님을 그리워하며 그분을 떠올릴 때에 우리의 살아계신 부모님과 웃어른을 더욱 공경하고 섬겨야 할 것입니다.

기도 : 가족 중

사랑과 은혜가 충만하신 하나님!

죄 많은 우리들을 하나님 백성으로 선택하여 주시고, 변함없는 사랑으로 오늘까지 인도하여 주심을 감사합니다. 오늘 ○○○ 기일을 맞아 ○○○의 추도예배를 하나님 앞에 갖고자 온가족이 이 자리에 모이게 하심을 감사드립니다.

먼저 기억할 것은 이 시간이 돌아가신 분을 높이며 넋을 기리는 시간이 아닌 것을 믿습니다. 세상 사람이 제사를 지내듯 돌아가신 분에게 복을 받기 위한 모임이 아닌 것을 믿습니다.

오직 예배의 대상은 하나님이시기에 이 시간 오직 홀로 한 분이신 하나님을 바라보기 원하옵나이다. 한번 죽는 것이 사람에게 정한 것이요 그 후에는 심판이 있다 하셨습니다. 우리의 영혼은 떠돌아다니는 것이 아니라 예수 믿은 영혼은 천국에 있음을 믿습니다. 우리에게 복을 주시는 분은 오직 하나님이신 것을 믿습니다.

살아계셨을 때는 아무렇게나 하다가 돌아가시면 귀신이 되어 나를 도와줄 거라는 생각에 지극정성으로 제사하는 어리석음이 우리 중에는 없음을 믿습니다.

　주님께서는 네 부모를 공경하는 자가 복을 받고 땅에 장수할 것이라 하셨습니다. 우리의 살아계신 부모님을 더욱 공경하게 하시고 웃어른에게 예를 다하는 것으로 주의 복을 받게 하여 주시옵소서!

　이 시간 우리 모두가 ○○○님이 이 땅에 계셨을 때 좀 더 바로 섬기지 못했음을 고백하며 회개합니다. 마음을 헤아리지 못하고, 육신을 봉양하지 못하고, 위하여 기도하지 못한 것을 회개하오니 주께서 불쌍히 여겨 주시옵소서!

　하오나 우리 후손들 모두가 앞서가신 ○○○님의 헌신과 충성 그리고 희생을 본받기를 원합니다. 주님을 향한 사랑하는 일과 몸된 교회를 섬기는 일에 열심을 내기 원합니다.

　주님께서 하나님 보좌 우편에서 우리를 위해 간구하시듯 우리 돌아가신 ○○○께서도 이 땅의 우리 자손들을 위해 기도하고 계심을 믿습니다. 우리 모두가 이제 천국에서 만나게 하시고 기쁨으로 재회할 수 있도록 이 세상을 사는 동안 예수반석 위에 온전히 서 있게 하여 주시옵소서!

　이 시간 우리가 마음을 다하여 부활의 소망이 되신 주님을 바라보기 원합니다. 우리 육신은 죽어 땅에 묻히지만 우리주님 다시 오시는 날 주님과 같은 영광스런 부활의 몸을 입는 것을 믿습니다.

　성령께서 역사하심으로 이 자리에 함께 한 모든 식구들이 더욱 확고한 천국에 대한 소망을 확신하는 시간이 되게 하여 주옵소서!

은혜로우신 주님!

이 시간 또한 기도하옵기는 온 가족이 믿음 안에서 하나가 되는 시간이 되기를 원합니다. 온 친척들이 화목한 가운데 아름다운 교제를 이루게 하시며 섬김과 나눔을 실천하게 하여 주시옵소서!

각자 맡은 일에 충성케 하시고, 그 일이 형통케 하시며 영육간의 강건함을 허락하여 주시옵소서!

또한 우리의 자녀들과 후손들이 우리 믿음 선조의 신앙을 잘 계승하여 대를 이어 하나님의 복을 받는 가정이 되게 하여 주시옵소서!

이 예배의 주인이 되신 우리주님 예수 그리스도의 이름으로 기도합니다. 아멘!

　　찬송 : 579(통일 304) 다함께
　　폐회 : 주기도문 다함께

추도(추모)예배 식순 2

개회 : 사도신경 다함께

찬송 : 384 (통일434장) 다함께

성경 : 베드로전서 1:3 가족 중

"우리 주 예수 그리스도의 아버지 하나님을 찬송하리로다! 그의 많으신 긍휼대로 예수 그리스도를 죽은 자 가운데서 부활하게 하심으로 말미암아 우리를 거듭나게 하사 산 소망이 있게 하시며"

말씀제목 : 〈금보다 귀한 믿음〉 인도자

오늘은 ○○○님 ○○주기 추도식 날입니다. 오늘 ○○○님 추도예배를 드리면서 우리가 이 세상을 살아갈 때 하나님 앞에 어떻게 살아가야 하는지에 대해서 말씀을 듣도록 하겠습니다.

우리에게는 우리가 지금 경험하고 살아가는 이 세상만 있지 않습니다. 새로운 세상이 있습니다.

사람은 이 세상에 태어날 때에 누구나 어머니 뱃속에서 10달을 있다가 세상에 나오게 됩니다. 만약에 아이가 생각할 수 있는 능력이 있어서 엄마 뱃속에서 생각하기를 '과연 밖에 세상이 있을까?' 하고 의심한다 하더라도 누구나 열 달이 채워지면 세상에 얼굴을 보이고 나서 과연 새로운 세상이 있긴 있었구나 하고서 놀라게 될 것입니다.

우리가 천국을 갈 때에도 마찬가지 입니다. 아기가 엄마 뱃속에서 살 때는 누구나 열 달을 있지만 이 세상에서 우리의 생애는 사람마다 하나님이 정해주신 시간이 있습니다.

우리는 저마다 하나님이 정해 주신 생을 마치고 새로운 세상을 갈 때에도 이 세상에 처음 나올 때처럼 두려움이 있을 수 있습니다. 그러나 예수 믿는 사람에게 하나님은 저 천국을 약속하셨습니다. 부활을 약속해 주셨습니다. 우리는 예수 안에 있는 천국을 믿고, 부활을 믿고, 영생을 믿습니다.

우리가 이 땅에서 눈감고 천국에서 눈뜰 때 '과연 천국이 있었구나!' 하고서 즐거워 할 것입니다. 아이가 세상에 나올 때는 이 세상이 고통이 많은 괴로운 세상이니까 울면서 오지만 우리가 천국 가는 그날에는 웃으며 들어갈 것입니다. 그리고 우리가 예수 믿은 것이 얼마나 큰 축복인지 거기서 분명히 알게 될 것입니다.

그러므로 예수 믿는 자에게 있어서 죽음은 더 이상 두려움이 아니라 천국 백성으로 하나님의 아들로 딸로 정식으로 입성하는 시간입니다.

그래서 우린 이 땅에서 이별의 슬픔을 잠시 경험하지만 우리의 마음에 기쁨이 있는 것은 다시 만날 소망이 있기 때문입니다.

이것은 예수 믿은 자 만이 누릴 수 있는 기쁨입니다. 예수 믿으시기 바랍니다.

세상에 있는 것에 집착하지 맙시다.

또한 아이가 세상에 태어날 때는 아무것도 가지고 오지 않습니다. 우리가 저 천국을 갈 때에도 아무것도 가지고 가지 않을 것입니다. 세상에 있는 것에 너무 집착해서는 안되겠습니다. 주님은 세상에 있는 돈과 명예 인기 같은 세상 것을 사랑치 말라고 하셨습니다.

세상과 짝하고 세상을 사랑하는 자는 하나님과는 원수가 된다고 하셨습니다. 예수 믿는 성도는 오직 천국을 바라보고, 천국을 소망하며, 천국에 기쁨을 이 땅으로 가지고 와서 사는 사람들입니다.

이 자리에 있는 우리 모두는 천국가야 합니다. 그렇다면 천국 문 앞에서 필요한 것은 오직 믿음입니다. 아무리 돈이 많아도 아무리 높은 권력을 누렸다고 해도 예수 믿음 없이는 들어갈 수 없습니다.

그래서 우리의 믿음은 금보다 귀한 믿음입니다. 이 세상을 살면서 우리가 재물을 지킬 줄 알고, 몸을 지키고 건강을 지킬 줄 알듯이, 예수 믿는 성도는 믿음을 지키고, 믿음을 관리하고, 믿음을 키울 줄 알아야 합니다.

금보다 귀한 믿음은 하찮은 돌덩이처럼 여기고 천국 문 앞에서는 아무 쓸데 없는 세상의 것들만을 금처럼 여기고 하나님께 가는 일은 없기를 소망합니다.

우리 보나 앞서가신 ○○○님도 믿음을 하나님께 드림으로 천국에 입성하셨듯이 우리 모두 금보다 귀한 믿음을 하나님 앞에 가지고 가기에 열심을 품은 성도들이 되시길 소원하며 말씀을 마치겠습니다.

기도 : 가족 중

사랑이 많으신 하나님 아버지!

오늘 ○○○님의 기일을 맞이해서 온 가족들이 함께 모여 ○○○님을 생각하며 주님께 감사하는 예배를 드리게 하심을 진심으로 감사합니다.

이 땅의 많은 사람가운데 우리 ○○○님을 사랑하시어서 예수 믿게 하시고 우리 후손들 모두가 그 믿음을 이어서 복되게 살 수 있도록 인도하신 하나님의 사랑에 무한감사를 드립니다.

지금의 우리 상황과 여건이 어렵다 하지만 지금의 우리와는 비교할 수 없는 어려움 속에서도 오직 희생과 사랑으로 온갖 어려움을 이겨내며 저희들을 양육하신 믿음의 선조이심을 믿습니다. 저희 인생길의 대부분이 그분들의 희생을 바탕으로 되어졌음을 잊지 않게 하여 주시옵소서!

긍휼이 풍성하신 주님!

오늘 우리 모두가 그와 같은 정신과 믿음을 본받아 사랑과 섬김으로 살라하시는 당부를 들을 수 있게 하옵소서! 아브라함과 이삭과 야곱 같이 믿음의 계보를 이어 하나님의 복을 받는 우리 후손들이 되게 하여 주시옵소서! 하나님의 말씀을 지키는 자는 자손만대에 복을 주신다는 약속 있는 계명을 우리 가정에 이루어 주시옵소서!

언제 어느 자리에 있든지 믿음의 주요 온전케 하시는 예수를 항상 바라보게 하시고, 영원토록 우리의 도움이 되시는 보혜사 성령을 의지하여 이 모든 어려움들을 이겨내게 하여 주시옵소서!

고마우신 주님!
이 자리에 함께 있고 싶지만 여러 가지 사정으로 함께 하고 있지 못하는 형제들을 불쌍히 보시고 저희들의 마음을 위로하여 주옵시고 다음에는 같이 자리하여 은혜를 나눌 수 있도록 주의 성령께서 역사하여 주시옵소서!
오늘의 이 예배를 통하여 온 가족들이 모든 불행의 원인인 우상숭배의 자리에서 벗어나고 영원한 하나님의 은총을 받을 수 있는 은혜가 있게 하여 주시옵소서!
천지만물을 창조 하시고 우리를 죄악에서 구원하신 우리주님 예수님 이름으로 기도하옵나이다. 아멘

　　찬송 : 438(통일 495) 다함께
　　폐회 : 주기도문 다함께

성묘예배 식순 1

개회 : 사도신경 다함께

찬송 : 450 (통일 376장) 다함께

성경 : 창세기 23:9 가족 중

"그로 그 밭머리에 있는 막벨라 굴을 내게 주게 하되 준가를 받고 그 굴을 내게 주어서 당신들 중에 내 소유 매장지가 되게 하기를 원하노라!"

말씀 : 〈장막에 거하게 하신 이유〉 인도자

우리의 믿음의 조상 아브라함은 기업으로 받게 될 약속의 땅을 향해 나갈 때 도대체 어디로 가야 얻게 되는지 갈 바를 알지 못하고 나왔다고 했습니다. 그리고 하나님께서 아브라함을 외방으로만 계속해서 돌리신 것은 그에게 약속의 땅을 얻고자하는 욕구를 더욱 갈급하게 하시기 위함이었습니다.

하나님은 그를 장막에 거하게 하셨다고 합니다. 그는 고향 갈대아 우르를 떠나서 하나님의 명령에 따라 이리저리 장막을 치고 유리하게 됩니다. 지금 말로하면 텐트치고 사는 것입니다. 하나님은 정식 돌로 쌓은 집을 그에게 주지 않으시고 언제고 이사가기 편하게 항상 장막인 텐트를 치고 살게 하셨다는 것입니다.

하나님께서 아브라함을 위시한 믿음의 조상들을 외지로 부쳐하시고 평생을 외국인으로 살게 하신 이유는 세상이 나그네 길임을 알리시기 위함이었습니다.

그 이유는 "하나님께서 따로 경영하고 지으실 터가 있는 성"을 바라보게 하심이었습니다. 아브라함은 그가 돌아가려고 마음만 먹었으면 언제든지 그의 고향인 갈대아우르로 갈수 있었지만 그는 가지 않았다고 합니다. 그는 비단 육적인 고향을 그리워하는 것보다 그보다 더욱 근원적인 그의 영적뿌리가 있는 더 나은 본향 하늘나라를 사모하며 외방에 보내졌다는 것입니다. 그 성은 새 예루살렘성이고 천국인 것을 믿습니다.

아무리 부인하려고 해도 본능적으로 우리는 우리가 태어난 고향을 그리워하듯이 우리의 육과 영을 창조하신 하나님께 나아가고자 하는 마음이 있습니다. 우리는 다 하나님의 형상대로 창조가 되었기 때문에 그렇습니다.

그런데 가만히 보면 그의 육체가 편하고 물질적으로 풍부하고 속 썩는 일도 없고 호의호식 하면서 사는 사람들은 그다지 하나님나라가 속히 오기를 바라지 않습니다.

왜냐하면 그곳이 꼭 천년만년 눌러 앉을 것 같은 천국으로 경험되기 때문입니다. 하지만 우리가 아무리 훌륭한 벽돌집에 산다해도 우리의 마음은 이제 곧 더 나은 본향이 있는 천국으로 떠날 것이라는 마음으로 사는 인생이 지혜로운 인생입니다.

우리의 인생에 어려움이 있고 쓴맛이 있고 또한 고난이 있음으로 인해서 우리의 믿음이 성숙되고 그럼으로 인해서 쉼과 안식을 위한 고향을 찾게 되는 것처럼 고난으로 인해서 우리는 영원한 천국을 소망하게 됩니다.

우리 믿음의 조상인 아브라함은 광야에서 유리하며 나그네로서 살았습니다. 외지인으로 광야에 거하면서 설움을 많이 받았습니다. 그런데 하나님은 아브라함에게 복을 주심으로 재산은 많게 하셨지만 부동산은 한 평도 사게 하지 않으셨습니다.

그런데 유일하게 아브라함 이름 앞으로 등기해서 돈 주고 사라고 한 부동산이 있는데 그 땅이 오늘 본문에 나오는 막벨라 동굴입니다. 이 동굴을 통해서 아브라함과 그의 모든 가족들이 묻히게 됩니다. 아브라함의 가족무덤입니다.

하나님께서 막벨라 동굴만이 진정한 네 것이라 한 것은 이곳을 통해서만 네가 본향에 들어온다는 것을 깨닫게 하심이었습니다.

우리 앞에 있는 무덤과 봉분과 매장지는 슬프고 아픈 곳이며 고난의 상징이지만 우리 예수 믿는 사람들에게는 소망의 자리입니다. 이곳을 통해 우리 영혼이 아브라함처럼 천국에 들어가고 또한 우리 주님 오시는 날 이 자리에서 부활하게 됨을 믿습니다. 하나님이 우리에게 가져다 주신 이 땅에서 겪는 어려움과 고난은 더 나은 본향인 하나님 나라를 소망하기 위한 하나님의 뜻인 줄로 믿습니다.

그 믿음이 기독교 2000년 교회역사를 이어 오게 했고 오늘도 저와 여러분에게 소망을 주시는 말씀인 줄로 믿습니다.

기도 : 가족 중

사랑이 많으신 하나님 아버지!

오늘 이렇게 명절을 맞이하여 온 가족이 조상이 누워계신 산소에 모이게 하시니 감사합니다. 이 시간 우리 일가친척이 함께 조상을 성묘하기에 앞서 우리 집안의 주인이 되신 살아계신 하나님 앞에 예배를 드리기 원하옵나이다. 우리의 예배에 함께 하시고 영광을 받아 주시옵소서!

우리가 명절이 되면 다른 곳을 찾지 않고 이렇게 조상이 누워계신 산소에 모여 하나님을 예배함은 우리 모두가 이 길을 통해 천국에 가게 됨을 기억하기 원함입니다.

거룩하신 주님!

우리의 인생은 나그네 인생인 것을 믿습니다. 죽어서 돌아가야 할 곳이 있으면 인생은 여행이지만 죽어서 가야 할 곳을 모르면 인생은 방황이 될 것입니다. 우리의 인생이 방황이 되지 않도록 주님이 역사하여 주시옵소서!

우리가 가야 할 곳을 분명히 알고 이 땅을 살아가는 지혜로운 인생들이 되게 하여 주시옵소서! 우리의 믿음이 세상 중심이 아니라 천국중심의 신앙생활이 될 수 있도록 역사해 주시옵소서!

우리 믿음의 조상 아브라함으로 하여금 본토친척 아비집을 떠나 광야로 들어가게 하신 것은 더 나은 본향인 천국을 사모하게 하기 위함인 것을 믿습니다. 우리의 인생이 어려움이 있다면 그것으로 하여금 아브라함처럼 천국에 소망을 두게 하기 위함인 것을 깨닫게 하여 주시옵소서!

또한 주님은 아브라함으로 광야를 유리하게 하시면서 그가 발 붙일 땅을 허락지 않으셨지만 장사될 막벨라동굴을 허락하셨습니다. 그와 같은 장사지가 바로 우리 앞에 있는 산소인 것을 믿습니다.

은혜로우신 주님!

막벨라 동굴은 오직 우리 주님이신 것을 믿습니다. 십자가와 함께 죽게 하시고 예수와 함께 우리 죄악이 장사될 때 우리가 의롭게 되며 거룩하신 하나님께서 우리를 받으시고 영접하심을 믿습니다.

우리 육신이 누워 부활의 몸을 입기까지 주님을 바라보며 천국을 소망하며 살아가게 하시고 이 땅을 살아가면서 필요한 모든 것도 시마다 때마다 공급하여 주시옵소서!

구약의 이스라엘 백성을 먹이시기 위해 하늘에서 만나와 메추라기를 내리심과 같이 천국 문을 여시고 내려 주시옵소서!

성묘를 마치고 내려가는 길도 주님께서 함께 하시고 다음 또 다시 만날 때까지 우리 모두를 지켜보호 하여 주시옵소서!

죄 많은 우리들의 죄를 사하시고 장차 천국으로 인도하실 우리주님 예수 그리스도의 이름으로 기도합니다. 아멘!

　　　찬송 : 559(통일305)
　　　폐회 : 주기도문 다함께

추석명절 예배 식순

개회 : 사도신경 다함께

찬송 : 589 (통일 308장) 다함께

성경 : 요한복음 7:37 가족 중

"명절 끝날 곧 큰 날에 예수께서 서서 외쳐 가라사대 누구든지 목마르거든 내게로 와서 마시라!"

말씀제목 : 〈천국소망〉 - 인도자

지난 한 해 동안 보호하시고 추석을 맞아 이렇게 다시 일가친척이 모이게 하심을 하나님께 감사합니다. 추석이 되면 많은 사람들이 저마다 일상을 잠시 접고 고향을 찾았습니다.

수구초심이라고 여우도 죽을 때면 자기가 태어난 쪽으로 머리를 두고 죽는다고 하니 사람은 더욱 말할 것도 없을 것입니다. 우리는 모두 겉으로는 아닌 척 해도 내심 마음으로는 모두 그리운 고향에 사는 사람들입니다.

태어난 고향이 그림 같은 자연속의 산촌이 아니라고 해도 따스한 어머니의 품과도 같은 고향의 정서를 느끼는 데는 모두가 똑같습니다. 그런데 이러한 고향의 정서를 감지하는 데에 꼭 세상의 쓴맛을 보고 철이 들고 나서야 공감할 수 있게 된다는 사실이 안타깝습니다.

세상 모르고 말썽만 피우던 아이가 어느 날 인생의 어려움을 맛보고는 갑자기 "할머니 할아버지 산소에 다녀오겠습니다" 하고 나오면 그때부터 그 아이는 철이 드는 것이랍니다.

출처와 뿌리를 알고서야 진정한 평안이 있습니다

　어쨌든 자신의 출처와 뿌리를 찾고 또 그 속에서 위로를 받고자 하는 본능은 동서양에 걸쳐서 지위고하를 막론하고 사람이라면 누가나 가지고 있는 정서입니다.

　결국 사람은 자신의 출처와 뿌리를 알고 또한 그곳에 있을 때에야 진정한 평안을 얻게 되는 것이기 때문에 그렇습니다.

　하나님이 그렇게 만드셨습니다. 지금 하나님을 믿고 예배하는 우리 모두는 이 세상 있기 전부터 하나님의 택하심을 입고 지금 이 세대에 부르심을 받아 하나님의 자녀가 되었습니다. 우리의 궁극적 근본은 하나님이고 하늘나라인 것을 잊지 마시기 바랍니다.

　이 세상에서 나그네길 잠시 살다가 우리의 돌아가야 할 고향인 하늘나라로 가야 한다는 것입니다. 마치 추석을 기다리며 우리 모두가 즐거운 마음이 되어 한 아버지 어머니 슬하에 모이는 것처럼 우리는 우리의 가야 할 본향이고 그리고 우리 영의 아버지가 계시는 하늘나라로 들어가길 간절히 사모하고 기다리며 살아야 한다는 것입니다.

　우리 모두는 한 부모님의 형제이고 자매인 것처럼 우리를 지으신 분은 홀로 한분이신 우리 하나님이십니다. 이렇게 형제자매가 풍성한 가을의 결실을 놓고 먹고 마시며 즐거워하는 일은 우리 부모님이 가장 기뻐하시고 흐뭇해 하시는 일인 것처럼 우리 하나님 앞에도 예수보혈로 형제와 자매가 된 우리 모두가 모여 기뻐하고 즐거워하는 일은 하나님의 기쁨인 것을 믿습니다.

그 기쁨을 누리는 곳은 오직 우리 하나님이 계신 천국인 것을 믿습니다.

오늘 이 시간 우리 모두가 우리의 영원한 안식처인 천국의 소망을 갖게 되시기를 예수님의 이름으로 축원합니다.

기도 : 가족 중

사랑이 많으신 하나님 아버지!

오곡백과가 무르익는 추석명절을 맞이하여 이와같이 좋은 날씨를 주시고 일가친척들이 한자리에 모여 하나님을 예배하게 하시니 감사합니다.

이 풍성한 결실의 계절에 잠시 떨어져 살던 가족들이 함께 모여 교제하며 정담을 나누며 이 가을에 주신 하나님의 풍성함을 나누게 하시니 또한 감사합니다.

주님은 명절 끝날에 말씀하시길 누구든지 목마르거든 내게로 와서 마시라고 하셨습니다. 주님 주신 은혜를 맛보아 아는 우리 모두가 되길 원합니다. 너희는 여호와를 맛보아 알지이다 말씀하신대로 주님 말씀 안에 거하는 참다운 맛인 마음의 기쁨과 심령의 자유함을 우리 모든 식구들이 누리게 하여 주시옵소서!

은혜로우신 주님!

　이 시간이 감사의 시간이 되길 원합니다. 우리가 지금까지 살아온 모든 것이 하나님의 은혜 아닌 것이 없음을 이 시간 고백합니다. 전능하신 하나님의 손길이 보호하시고 인도하시며 지키심으로 오늘 이렇게 우리 모두가 같이 할 수 있음을 믿습니다.

　오래간만에 가족들이 이렇게 만나는 일이 이처럼 반갑고 기쁜 일인데 우리 모두가 천국에서 다시 만나는 것이 어찌 기쁘지 않겠습니까? 이 자리에 함께 한 우리가족 모두가 주님주신 언약의 말씀을 끝까지 지키고 순종함으로 한 사람도 헤어짐 없이 천국에서 모두 만나기를 소원합니다.

　이 세상을 살아가는 동안 가족들의 건강을 지켜주시고 모든 이웃에게 모범이 되는 신앙생활을 하게 하시며 신실한 믿음의 가정들이 되게 하여 주시옵소서!

　자손이 번성하게 하시고 가정이 화목하고 평안하게 하시며 범사에 계획하고 마음먹은 모든 일들이 주안에서 형통하게 하여 주시옵소서!

　명절을 기뻐하며 즐거워하는 모든 시간 가운데 주님이 우리와 함께 같이 하심을 믿사오며 우리의 구원이신 우리주님 예수 그리스도의 이름으로 기도합니다. 아멘!

　　　　중보기도 : 〈가족의 공동 기도제목을 놓고 합심기도하는 시간〉
　　　　찬송 : 620 다함께
　　　　폐회 : 주기도문

설 명절 예배 식순

개회 : 사도신경 다함께

찬송 : 552 (통일 358장) 다함께

성경 : 시편 121:1~8 가족 중

"내가 산을 향하여 눈을 들리라 나의 도움이 어디서 올까 나의 도움은 천지를 지으신 여호와에게서로다! 여호와께서 너를 실족하지 아니하게 하시며 너를 지키시는 이가 졸지 아니하시리로다 이스라엘을 지키시는 이는 졸지도 아니 하시고 주무시지도 아니하시리로다! 여호와는 너를 지키시는 이시라 여호와께서 네 오른쪽에서 네 그늘이 되시나니 낮의 해가 너를 상하게 하지 아니하며 밤의 달도 너를 해치지 아니하리로다! 여호와께서 너를 지켜 모든 환난을 면하게 하시며 또 네 영혼을 지키시리로다! 여호와께서 너의 출입을 지금부터 영원까지 지키시리로다"

말씀제목 : 〈 지키시는 하나님 〉 - 인도자

새해를 맞이해서 이렇게 가족모두가 한자리에 모일 수 있도록 은혜를 베푸신 하나님께 감사를 드립니다. 지난 일 년 동안 많은 일이 있었지만 그 가운데 하나님께서 자상하신 손길로 우리 모든 식구들의 삶을 인도 하시고 지켜주신 것을 믿습니다.

매년 새해를 맞이하면 사람들은 떠오르는 태양 앞에 가서 복을 빌고 새해다짐을 하지만 우리들은 이렇게 하나님 앞에 온가족이 모여 세상을 지으시고 태양을 지으신 전능하신 하나님께 예배를 드리고 우리의 믿음을 새롭게 하는 시간을 갖는 이것이 정말 참다운 새해를 맞는 일인 것을 믿습니다.

하나님을 모르는 사람들은 태양의 도움을 입으려하고, 우상의 도움을 입으려 하고, 귀신의 도움을 입기 위해 지극정성을 다하지만 그것은 다 헛된 일입니다.

태양은 하나님이 지으신 것이고, 우상은 사람이 만든 것이며, 귀신은 거짓된 미혹의 영이기 때문입니다.

우리를 도와주시고 지켜주시는 분은 오직 여호와 우리 하나님 아버지 뿐인 것을 믿습니다.

우리가 인생길을 살다가 보면 반드시 누군가의 도움이 필요할 때가 옵니다. 그때 우리는 습관처럼 흔히 먼 산을 잘 쳐다봅니다. 한숨을 크게 한번 쉬면서 먼 산을 쳐다보며 되뇌이는 말이 있습니다. 그것은 "누가 나의 도움이 될꼬?"하는 탄식조의 말입니다.

앞을 봐도, 옆을 봐도, 뒤를 봐도 나를 도와 주실 분이 없을 때는 위를 봐야 합니다. 오늘 다윗이 탄식하며 먼 산을 쳐다보고 있습니다. 내가 산을 향하여 눈을 들리라 나의도움이 어디서 올꼬 하면서 탄식할 때 그는 참으로 자신의 도움이 될 분은 그 산을 지으시고 천지를 지으신 하나님에게서 온다는 신앙고백을 하게 됩니다.

다윗의 신앙고백처럼 하나님은 졸지도 주무시지도 않고 나를 지키시는 분인 것을 믿어야 합니다. 내가 잠들었을 때도 하나님은 내 고달픈 육신을 치유하시고, 내 모든 문제와 짐을 맡아 해결하시는 하나님이신 것을 믿을 때에 우리는 두 다리 뻗고 잘 수 있습니다.

이스라엘이 속한 중동지방은 낮에는 태양이 작렬하고 밤에는 추운 곳입니다. 뜨거운 태양이 작렬하고 어둠과 추위가 24시간 우리를 엄습한다고 해도 하나님이 우리 우편에서 그늘이 되시면 우리는 우리에게 임한 모든 어려움과 환란을 이길 수 있습니다.

하나님은 너를 지키는 자라 했습니다. 오늘 본문에 3번 반복되고 있습니다. "하나님은 누구시냐?" 했을 때에 적어도 오늘 다윗을 통해서 말씀하시는 하나님은 나를 지키는 하나님이십니다.

나의 육신을 지키시고 나의 영혼을 지키시며 나의 들고나는 모든 출입을 지키시는 하나님이십니다.

하나님 백성을 지키시는 이 하나님의 지키심이 우리 모든 가족 구성원들에게 임하시기를 축원합니다. 또 다시 시작되는 일 년을 하나님이 지켜주실 것을 믿습니다. 우리의 가정을 지켜주시고, 우리의 건강을 지키시며, 우리의 자녀를 지키시며, 우리의 일터와 산업을 지켜주시고, 우리의 영혼을 지켜주실 것입니다.

오늘 다윗이 한 이 신앙고백을 우리가족 모두가 마음에 품을 때에 다윗에게 함께 하신 하나님은 동일하게 우리에게도 역사해 주실 것을 믿습니다. 우리를 지켜주실 것을 믿습니다. 그때나 이제나 동일하게 살아 계시는 하나님은 우리의 도움이 되어주실 것입니다. 할렐루야!

기도 : 가족 중

사랑이 많으신 하나님 아버지!

설 명절을 맞이해서 우리 모든 자손들이 이렇게 모였습니다. 이 시간 하나님을 예배하는 것으로 한해를 시작하려 합니다. 주님께서 이 예배에 좌정 하시고 우리 집안의 주인이 되어 주시옵소서!

지난날을 돌이켜 보면 하나님께서 베풀어 주신 은혜가 너무나도 많은 것을 고백합니다. 그러나 우리의 믿음이 부족하여 다 감사드리지 못한 저희들의 죄와 허물을 용서하여 주옵소서.

새해를 맞이하여 저희의 모든 가정들을 주의 사랑과 은총아래 거할 수 있도록 인도하여 주옵소서! 우리 형제 일가친척 모두가 주안에서 화목하게 하시며, 영육 간에 강건하게 하시며, 구습을 좇는 옛 사람을 벗어 버리고 오직 성령을 새롭게 되어 의와 진리로 거룩함을 입은 새사람이 되게 하여 주시옵소서!

때로는 문제와 어려움을 만난다고 하더라도 그때마다 십자가에서 승리하신 주님을 바라보며 굳센 믿음으로 극복할 수 있게 하시고 모든 염려와 걱정을 주님께 맡길 수 있는 믿음을 허락하여 주시옵소서!

은혜로우신 주님!

이 기쁜 명절에 우리 모든 형제들이 함께 모여 어른을 모시고 세배를 드림으로 부모를 공경하는 법을 배우게 하시고 그것으로 우리의 복을 삼게하여 주시옵소서! 또한 우리 부모님의 건강을 붙들어주시고 장수하심으로 우리 집안의 기둥이 되게 하여 주시옵소서!

음식을 준비하며 나누는 모든 시간들이 복이 가득한 시간 되게 하시며 서로를 배려하며, 위로하며, 축복하는 귀하고 아름다운 시간이 되게 하시기를 간절히 소망합니다.

우리의 모임 가운데 악한 마귀가 틈타지 못하게 하시고 주님 주신 화평과 사랑이 이 자리 함께 한 우리 모두에게 가득하게 하여 주시옵소서!

긍휼이 풍성하신 주님!

이렇게 좋은 명절이지만 국방의 의무를 다하기 위해서 그리고 복음을 전하기 위해서 그리고 여러 가지 이유로 인해서 가족과 같이 하지 못하는 이들에게도 주님께서 긍휼히 여기시고 그들의 마음을 어루만져 주시고 위로하여 주시옵소서!

이 자리에 참석 못한 가족들, 어려움을 당하고 있는 가족들에게도 하나님께서 꼭 함께 하시어 주님 주시는 능력으로 새 힘 받아 살게하여 주시옵소서. 다음에는 꼭 같이 자리할 수 있도록 은혜 베풀어 주시옵소서!

특별히 새해에는 나라경제가 살아나게 하시고 우리들 가정마다 소원하는 모든 기도를 응답하여 주시고, 우리 자녀들의 학업에 진보가 있게 하시며, 우리 모든 가정에 하나님의 축복이 가득히 임하는 새해가 되게 하여 주시옵소서!

우리 가족과 함께 하심으로 또 다시 시작하는 새해를 통해서 우리의 모든 삶을 새롭게 하시는 우리주님 예수 그리스도의 이름으로 기도합니다. 아멘!

중보기도 : 〈가족의 공동기도 제목을 놓고 합심기도 하는 시간〉
찬송 : 563(통일 411) 다함께
폐회 : 주기도문